Fürsten ohne Thron

Frank-Lothar Kroll

Fürsten ohne Thron

Schicksale deutscher Herrscherhäuser im 20. Jahrhundert

BeBra Verlag

Umschlagabbildung links:
Friedrich Franz IV., Großherzog von Mecklenburg-Schwerin mit seiner Familie, um 1915
© bpk / Coll. ES / adoc-photos

Umschlagabbildung rechts:
Adolf II., Fürst zu Schaumburg-Lippe, undatiert © bpk

Bibliografische Information der Deutschen Nationalbibliothek
Die Deutsche Nationalbibliothek verzeichnet diese Publikation
in der Deutschen Nationalbibliografie; detaillierte bibliografische
Daten sind im Internet über http://dnb.d-nb.de abrufbar.

2., aktualisierte Auflage 2023

Asternplatz 3, 12203 Berlin
post@bebraverlag.de
Lektorat: Robert Zagolla, Berlin
Umschlag: hawemannundmosch, Berlin
Satz: typegerecht berlin
Schriften: Dante, Avenir
Druck und Bindung: GGP Media GmbH, Pößneck
ISBN 978-3-89809-203-6

www.bebraverlag.de

Meinen lieben Freunden und Kollegen
Peter Brandt und Lothar Machtan
in herzlicher Verbundenheit

INHALT

VORWORT

Der Sturz aller deutschen landesfürstlichen Dynastien im November 1918 stellte die entthronten Monarchen vor neue, bisher unbekannte Herausforderungen. Keiner von ihnen verlor in der Revolution sein Leben. Doch manche verließen ihr Land und residierten hinfort weit entfernt von der angestammten Heimat. Einige nahmen Teil am politischen Geschehen in Deutschland und unterstützten Hitlers Weg zur Macht. Andere wiederum distanzierten sich vom Nationalsozialismus und knüpften lockere Kontakte zu einzelnen Regimegegnern und Attentätern vom 20. Juli 1944. Vermögensrechtlich gelang den meisten ein erträglicher finanzieller Ausgleich mit den nunmehr republikanisch regierten Freistaaten. In den kleineren Residenzen war und blieb der gesellschaftliche Einfluss der früheren Landesherrn erheblich. Hoffnungen auf eine Rückgewinnung des verwaisten Thrones hegten hingegen nur die wenigsten.

Während dem großen Monarchiesterben, das vor gut einem Jahrhundert stattfand, jubiläumsbedingt eine ganze Reihe neuerer Darstellungen gewidmet wurde, fanden die Lebenswege der Entthronten nach ihrem Sturz in der Regel nur geringe Beachtung. Stärkeres allgemeines Interesse erregten neben den Hohenzollern – hier zuletzt vor allem wegen ihres Verhältnisses zum Nationalsozialismus – lediglich noch die Wittelsbacher in Bayern und das Haus Hessen. Das Nachleben der meisten anderen depossedierten landesstaatlichen Dynastien liegt hingegen abseits der öffentlichen Wahrnehmung und wird selbst von der regionalgeschichtlichen Forschung eher nur am Rande zur Sprache gebracht. Zumeist versickert es in den Niederungen der Regenbogenpresse.

Überhaupt tut sich Deutschland erheblich schwerer damit, sein royales Erbe in die offiziell gepflegte Erinnerungskultur einzubinden als manch andere einst monarchisch verfassten Länder Europas. Der Umgang mit diesem Erbe erscheint oft merkwürdig verkrampft, nicht selten zeugt er von erheblichen Kenntnislücken. Darin unterscheidet sich das kulturelle Gedächtnis hierzulande etwa von dem des republikanischen Frankreich, wo die royalen und imperialen Traditionen des Landes nicht marginalisiert und verdrängt, sondern als integrale Bestandteile der eigenen Nationalgeschichte akzeptiert werden. Auch jene Staaten des europäischen Südostens, die im Gefolge des Ersten und Zweiten Weltkriegs ihre Königshäuser einbüßten – Rumänien und Bulgarien, Serbien, Albanien und Montenegro – beziehen die Erinnerung an die Zeiten der Könige ganz selbstverständlich in das öffentliche Leben ein. Dort weiß man das nach 1989 wiedererlangte symbolische Kapital der Monarchie – oftmals nostalgisch verklärt, doch ohne jeden politisch aufgeladenen Subtext – zur Stärkung nationaler Identität ebenso zu schätzen, wie man die Nachkommen früherer Königsdynastien als willkommene Bindeglieder zur Beförderung internationaler Kontakte nutzt.

Die deutsche politische Kultur hat sich in eine andere Richtung entwickelt, und dafür gibt es gute Gründe. Wenn daher auf den folgenden Seiten die späteren Lebenswege der im November 1918 entthronten deutschen Herrscherfamilien nachgezeichnet werden, so geschieht dies nicht in der Absicht, einem monarchischen Revisionismus das Wort zu reden. Die Herrschaft der Fürsten ist unwiderruflich vorbei, und niemand kann ernsthaft mit ihrer Wiederkehr rechnen. Hier soll vielmehr eine von der historischen Forschung bisher weitgehend unerkundete Geschichtslandschaft erschlossen und – eigentlich erstmals zusammenhängend – einem breiten Lesepublikum vorgestellt werden. Dass dies nur in groben Umrissen und unter Vernachlässigung zahlreicher Details geschieht, mag angesichts der Fülle des Stoffes entschuldbar sein: Immerhin werden 19 bis zur Revolution amtierende Fürsten in 22 landesstaatlichen Monarchien und die dem Novembersturm nachfolgenden Entwicklungswege ihrer Dynastien vorgestellt.

Viele der damals Entthronten besaßen persönliches Format und ausgewiesenes Verantwortungsgefühl, entfalteten rege kultur-, bildungs- und wohlfahrtspflegerische Aktivitäten und waren aufs Ganze gesehen doch weit mehr als bloße Winkelfürsten einer Duodezherrschaft. Im Fokus dieses Buches steht nicht nur die Frage, wie sie nach ihrem Abgang den Verlust von Amt und Würden bewältigten und in einer neuen, nunmehr republikanisch geprägten Umgebung gesellschaftlich »oben« zu bleiben versuchten. Es geht auch darum, mit welch unterschiedlichen Strategien ihre jeweiligen Nachfolger als Familienchefs die teils als Verpflichtung, teils als Belastung empfundenen Traditionen ihres Hauses fortführten und wie sie sich in den unterschiedlichen politischen und gesellschaftlichen Systemen bewährten – oder ihnen gegenüber versagten. So entsteht ein facettenreiches Kaleidoskop hochadliger Lebenswege, mit ihren Kontinuitäten und Brüchen, ihren Höhepunkten und ihren Verirrungen, die auf ihre Weise deutsche Schicksale im 20. Jahrhundert widerspiegeln.

Chemnitz, im August 2022
Frank-Lothar Kroll

Vorwort zur Neuauflage

Die überraschend schnell erforderlich gewordene Neuauflage verweist nicht nur auf ein gesteigertes Interesse des Publikums an monarchie- und dynastiegeschichtlichen Themen. Sie bietet auch dem Verfasser eine willkommene Gelegenheit zu Korrekturen und Ergänzungen zu seinem Text, die infolge aktueller Entwicklungen erforderlich wurden. Weiterführende Hinweise und Anregungen engagierter Leser konnten gleichfalls berücksichtigt werden.

Chemnitz/Budapest, im April 2023

KEIN ABSCHIED ZWEITER KLASSE
Das Ende des monarchischen Zeitalters

Im Verlauf von wenig mehr als einer Woche verschwanden im November 1918 alle deutschen Fürstenhäuser gleichsam über Nacht von der Bühne der Geschichte, die viele von ihnen fast ein ganzes Jahrtausend lang maßgeblich mitbestimmt hatten.[1] Es war ja nicht nur die Hohenzollernherrschaft in Berlin und Potsdam, die damals vor dem Ansturm revolutionärer Gewalten kapitulierte. Auch die Wittelsbacher in Bayern, die Wettiner in Sachsen und in den Thüringischen Staaten, die Zähringer und die Welfen in Baden und in Braunschweig, die Häuser Württemberg und Hessen, Oldenburg und Mecklenburg, Anhalt und Lippe, Schaumburg, Reuss und Schwarzburg – sie alle verloren im Revolutionsmonat der Reihe nach ihre angestammten Herrschaftsrechte.

Denn unter den insgesamt 25 Bundesstaaten des 1871 gegründeten Deutschen Kaiserreichs gab es nur drei Republiken: die Hansestädte Hamburg, Bremen und Lübeck. Alle anderen 22 Bundesstaaten waren monarchisch verfasst. Neben den vier Königreichen Preußen, Bayern, Württemberg und Sachsen waren das die sechs Großherzogtümer Baden, Mecklenburg-Schwerin, Mecklenburg-Strelitz, Oldenburg, Hessen und Sachsen-Weimar-Eisenach, die fünf Herzogtümer Braunschweig, Anhalt, Sachsen-Coburg und Gotha, Sachsen-Meiningen und Sachsen-Altenburg sowie die sechs Fürstentümer Lippe, Waldeck, Schaumburg-Lippe, Schwarzburg-Rudolstadt, Schwarzburg-Sondershausen, Reuss jüngerer Linie und Reuss älterer Linie. Bis auf den mecklenburgischen Sonderfall, von dem noch die Rede sein wird, firmierten alle diese Staaten als konstitutionelle Monarchien, besaßen eine Verfassung und Landesparlamente, deren

Abgeordnete nach einem von Land zu Land variierenden ungleichen Wahlrecht gewählt wurden, das die Besitzenden begünstigte und die Arbeiterschaft benachteiligte. Dieses bunt gemischte Ensemble ganz unterschiedlicher politisch-gesellschaftlicher Biotope hat schon manche zeitgenössischen Beobachter zu gönnerhaft-herablassenden Kommentaren über die vermeintlich vollkommen aus der Zeit gefallene Duodezherrlichkeit kleinstaatlicher Herrschaftsstrukturen verleitet.

Erst recht haben dann die meisten späteren Interpreten den erstaunlich raschen, relativ geräuschlosen und nirgendwo auf ernsthaften Widerstand treffenden Sturz der deutschen Fürstenhäuser für eine unabwendbare Gegebenheit gehalten – so als sei ihr Untergang seit langem überfällig oder gar im Interesse einer fortschrittsorientierten Weiterentwicklung der deutschen Gesellschaft zwingend erforderlich gewesen.[2] Wer so urteilt, verkennt allerdings Funktion und Bedeutung der Monarchien in mehrfacher Hinsicht. Das gilt zunächst und vor allem für ihren verfassungsrechtlichen Rang. Die Bismarcksche Reichsverfassung von 1871 hatte die seit langem diskutierte Föderalismus-Problematik im Rahmen eines Kompromisses gelöst. Sie war darum bemüht, zwischen den beiden denkbaren Extremen des Staatenbundes und des Einheitsstaates ein sorgfältig ausbalanciertes Gleichgewicht zu halten. Das Kaiserreich blieb bis zu seinem Untergang im November 1918 ein Bundesstaat, in dem die Gliedstaaten ihre Souveränität – und damit ihre völkerrechtliche Handlungsfreiheit – unwiderruflich auf den Gesamtstaat übertragen hatten. Ihrer Eigenschaft als Staat waren sie dabei jedoch nicht verlustig gegangen, anders als in der nachfolgenden Weimarer Reichsverfassung von 1919. Allerdings nahm die Sichtbarkeit der landesstaatlichen Souveräne im Lauf der Zeit immer mehr ab.

Das lag zum einen an ihren stetig schwindenden politischen Handlungsspielräumen.[3] Denn die bundesstaatliche Ordnung von 1871 hatte zwar dem föderalen Gedanken, der im deutschen Staats- und Rechtsleben traditionell überliefert war, weitgehend Rechnung getragen und dessen Fortexistenz dauerhaft gesichert. Zugleich jedoch wurden die Herrschaftsbefugnisse und die realen politischen

Gestaltungsmöglichkeiten der Bundesfürsten mit ihrem Eintritt in den Reichsverband nachhaltig eingeschränkt. Der seit den 1880er Jahren schnell voranschreitende Zentralisierungsprozess auf Reichsebene hatte ihre Kompetenzen zusätzlich marginalisiert.[4] Zum anderen entwickelte die Strahlkraft des preußisch-deutschen König- und Kaisertums in der Verfassungspraxis des Bismarckreiches eine immer stärkere Eigendynamik, die sich vor allem nach dem Regierungsantritt Wilhelms II. auf die Reputation der landesfürstlichen Souveräne auswirkte. Bis heute wird das Bild der Monarchie in Deutschland primär von den schillernden Auftritten des letzten deutschen Kaisers geprägt. Sein stilbildendes Wirken in den dreißig Jahren der nach ihm als »wilhelminisch« benannten Epoche trat derart dominant zutage, dass die Aktivitäten seiner fürstlichen Amtskollegen schon im Bewusstsein vieler Mitlebender verblassten und in der Erinnerungskultur der Deutschen heute weitgehend unbekannt sind.

Gerade im Kontrast zu den oft als zu prahlerisch und selbstherrlich empfundenen Attitüden des kaiserlichen Reichsoberhauptes erschien das weitaus bescheidenere und bürgernäher anmutende Auftreten vieler mittel- und kleinstaatlicher Souveräne jedoch umso vorteilhafter. Die meisten deutschen Bundesfürsten waren bis 1914 in die Rolle persönlich integerer und überparteilich agierender Landesväter hineingewachsen, und sie wurden von der Mehrheit ihrer Untertanen in dieser Rolle respektiert. Nicht jeder von ihnen ging dabei so weit wie die Großherzöge Friedrich I. und Friedrich II. von Baden, die zu ihren Audienzen sozialdemokratische Politiker und Parlamentarier luden. Doch in fast allen Fürstenstaaten des Reiches wurden die gekrönten Häupter in der Endphase monarchischer Herrschaft – die zugleich deren Spätblüte gewesen ist – nicht mehr nur, wie oftmals zuvor, als Exponenten einer volksfernen sozialen Oberschicht wahrgenommen. Und sie empfanden sich – abgesehen von wenigen Ausnahmen, wie dem letzten regierenden Herzog von Sachsen-Coburg und Gotha Carl Eduard – auch nicht unbedingt als Repräsentanten einer bestimmten politischen Gesinnung, sondern als unabhängige und neutrale, um Ausgleich und Vermittlung bemühte Instanzen, die man

Deutschlands Bundesfürsten
im Kriegsjahr 1914/15

1. König v. Sachsen. 2. Großh. v. Hessen. 3 Großh. v. Oldenburg. 4. König v. Bayern. 5. Herzog v. S.-Meiningen. 6 Großh. v. S.-Weimar. 7. Herzog v. Anhalt. 8 Fürst v. Lippe-Detmold 9. Fürst v. Schaumb.-Lippe. 10. Herzog v. S.-Altenburg. 11. Fürst v. Schwarzb.-Rudolstadt u. Schwarzb.-Sondersh. 12. Fürst v. Reuß j. L. u. Reuß ä. L. 13. Fürst v. Waldeck. 14. Bürgerm. Predöhl v. Hamburg. 15. Wilh. II., Deutscher Kaiser, König v. Pr. 16. Bürgerm. Eschenburg v. Lübeck. 17. Großh. v. Meckl.-Strelitz. 18. Großh. v. Meckl.-Schwerin. 19. Bürgerm. Stadtlaender v. Bremen 20. König v Württ. 21 Herzog v. Braunschweig. 22. Herzog v. S.-Koburg-Gotha. 23. Großh. v. Baden.

Die deutschen Bundesfürsten im Jahr 1914

schätzen konnte, weil sie sämtliche Gesellschaftsklassen zu umfassen vermochten. Weitgehende Schlichtheit im Auftreten – wie im Fall des bayerischen Prinzregenten Luitpold –, unprätentiöse Umgangsformen – wie beim letzten sächsischen König Friedrich August III. – oder ein allseits sichtbares Bemühen, die Entwicklung ihrer Länder voranzutreiben – wie beim letzten König von Württemberg, Wilhelm II. – machte diese landesstaatlichen Regenten populär, ja beliebt.[5] All das konnte die Institution der landesstaatlichen Monarchie in den letzten Jahren vor Ausbruch des Ersten Weltkriegs noch einmal in einem Ausmaß festigen, wie man dies ein gutes halbes Jahrhundert zuvor für undenkbar gehalten hatte. Damals, im revolutionsgeschüttelten Krisenjahr 1848/49, befanden sich die deutschen Dynastien bekanntlich in einer schweren Legitimationskrise, die ihre Existenzberechtigung prinzipiell in Frage gestellt hatte.

Dass sich vor allem die klein- und mittelstaatlichen Landesfürsten in überraschend kurzer Zeit aus dieser Krisensituation wieder herausarbeiten konnten, hing unter anderem mit ihrer nicht selten gepflegten politischen Zurückhaltung zusammen, mit ihrer zunehmenden Beschränkung auf die Wahrnehmung repräsentativer Aufgaben und zeremonieller Verpflichtungen. Ihre konkreten Machtbefugnisse waren in der Regel durch konstitutionelle Verfassungen eingehegt und ließen für eigenmächtiges Handeln wenig Raum. Zwar waren die formalen Befugnisse der meisten Herrscher in vielen Fällen noch immer erheblich, doch das monarchisch-konstitutionelle System war in seiner Struktur dualistisch angelegt. Es beruhte auf der Anerkennung des Prinzips der Fürstenherrschaft einerseits und des parlamentarischen Mitbestimmungsrechts des Volkes andererseits. Keines dieser beiden Verfassungselemente war ohne das jeweils andere funktionsfähig. Der Monarch konnte nicht ohne das Parlament agieren, aber auch das Parlament war ohne Verständigung mit dem Monarchen und dessen Regierung in seinen Handlungsmöglichkeiten beschränkt. Doch längst waren die Zeiten vorbei, in denen sich Herrscher über die Wünsche und Mehrheitsmeinungen der Volksvertretungen hinwegsetzen konnten. So hat denn auch kaum ein landesstaatlicher

Die deutschen Bundesstaaten im Kaiserreich

PREUSSEN
PREUSSEN
Sondershausen
Schwarzburg-Sondershausen
Sachsen-Weimar-Eisenach
Erfurt
Gotha
Weimar
Reuß j.L.
Altenburg
Gera
Sachsen-Coburg-Gotha
Sachsen-Altenburg
Rudolstadt
Reuß ä.L.
Greiz
Schwarzburg-Rudolstadt
Meiningen
SACHSEN
Sachsen-Meiningen
BAYERN
Coburg
0 10 20 30 km
Ghzm. Sachsen-Weimar-Eisenach
Hzm. Sachsen-Coburg und Gotha
Hzm. Sachsen-Meiningen
Hzm. Sachsen-Altenburg
Fsm. Schwarzburg-Sondershausen
Fsm. Schwarzburg-Rudolstadt
Fsm. Reuß jüngere Linie
Fsm. Reuß ältere Linie

Regent aus den letzten Jahrzehnten des Kaiserreichs die ihm verfassungsmäßig zustehenden Rechte jemals voll auszureizen gewagt.

Das politisch zurückhaltende Agieren, das auf direkte Einmischung in die laufenden Regierungsgeschäfte weitgehend verzichtete, entsprach im Übrigen einem gesamteuropäisch vorherrschenden Trend. Dort, wo sich die gekrönten Häupter diesem Trend frühzeitig anpassten, in Großbritannien und den skandinavischen Ländern ebenso wie in Belgien oder den Niederlanden, vermochte sich die monarchische Staatsform relativ unangefochten zu behaupten. Die Monarchen standen hier im Windschatten ihrer Ministerien und konnten daher für politische Fehlentscheidungen kaum persönlich zur Verantwortung gezogen werden. Dass die deutschen Bundesfürsten in einer vergleichbaren Rolle und trotz ihrer Popularität den Novembersturm des Jahres 1918 nicht überlebten, war weniger ein Ergebnis ihrer politischen Passivität oder ihres vermeintlichen Funktionsverlustes im Kaiserreich. Es war vielmehr eine unmittelbare Folge des eklatanten Versagens der Hohenzollernmonarchie auf Reichsebene im Ersten Weltkrieg. Denn das Kaiseramt hatte es in der Person Wilhelms II. überraschenderweise nicht vermocht, seinen verfassungsmäßigen Auftrag einer Koordinierung militärischer Interessen mit den politischen Erfordernissen zu erfüllen. Spätestens seit Juli 1917 hatte es stattdessen der diktatorisch agierenden Dritten Obersten Heeresleitung unter Führung der beiden deutschen Unheilsgestalten Paul von Hindenburg und Erich Ludendorff freie Hand für deren ungehemmten Kriegskurs gewährt. Die weitgehende Hilflosigkeit, dem desaströsen Furor dieser Militärdiktatoren rechtzeitig Einhalt zu gebieten und der ebenso weit verbreiteten Friedenssehnsucht der deutschen Bevölkerung Rechnung zu tragen, erscheint rückblickend als die wohl entscheidende Ursache für den Zusammensturz einer im Grunde noch immer akzeptierten Staatsform, die für eine Politik in Haft genommen wurde, die sie nicht unmittelbar verschuldet hatte, deren Auswüchsen sie aber auch nicht rechtzeitig Einhalt gebot. Es war wohl kein Zufall, dass in jenen beiden Kleinstaaten, die bis 1866 zum Deutschen Bund gehört hatten, die nach dessen Auflösung jedoch nicht in den Sog der Eingliederung in den kleindeutschen Nationalstaat gerieten – im Großherzogtum Luxemburg und im Fürstentum Liechtenstein – die monarchische Staatsform bis heute erfolgreich überlebt hat.

Aufs Ganze gesehen bündelten die deutschen landesstaatlichen Monarchien im späten Kaiserreich, kurz vor ihrem endgültigen Abschied aus der Geschichte, noch einmal die Möglichkeiten und Grenzen dynastischen Agierens im Kleinen. Ein intensiv gepflegtes Kommunikationsnetz verklammerte die traditionell dem Land verbundenen Herrscherhäuser auf vielfältige Weise mit dessen Bevölkerung. Hofbälle und Militärparaden, Theateraufführungen, Stadtfeste oder kirchliche Festtage boten den deutschen Dynasten willkommene Gelegenheiten zur Demonstration ihres landesstaatlichen Engagements. Man nahm Teil an familiären Ereignissen und festlichen Gedenktagen der Dynastie – etwa der aufwendig begangenen 800-Jahr-Feier des Hauses Wettin im Juli 1889 in Dresden; man feierte gemeinsame Spektakel wie die Enthüllung von Denkmälern oder die Einweihung von öffentlichen Gebäuden; man profitierte von der Möglichkeit fürstlicher Gunsterweisungen im Rahmen von Nobilitierungen, Ordensverleihungen oder Titelvergaben, etwa des begehrten Prädikats eines »Hoflieferanten«. Mit alledem festigten sich die Bindungen zum Landesherrn, der als Inkarnation spezifisch regionaler Befindlichkeiten im weithin preußisch dominierten deutschen Nationalstaat wahrgenommen wurde und vielerorts, etwa in den Königreichen Bayern, Sachsen und Würtemberg, als Verkörperung territorialstaatlichen Eigenbewusstseins galt.

Zu den unbestreitbaren Aktivposten der deutschen landesstaatlichen Monarchien in den Jahren bis zum Ausbruch des Ersten Weltkriegs gehörte das bildungsbezogene und kulturelle Engagement der Höfe in den Residenzstädten. Unter den um 1900 amtierenden Landesfürsten profilierten sich ausgesprochene Künstler-Monarchen, deren Bemühen um Kultur, Geistigkeit und Gelehrsamkeit sie in der Rückschau geradezu als einen historischen Typus erscheinen lässt.[6] Manche ihrer Unternehmungen überschritten dabei deutlich die Grenzen konventioneller Kunst- und Wissenschaftsförderung und prägten das geistig-künstlerische Leben der Zeit nachhaltig und unmittelbar. Auch dadurch konnten sie der Institution der Monarchie in ihren Ländern einen Zuwachs an Ansehen und Legitimität verschaffen.[7] Herrscherpersönlichkeiten wie der »Theaterherzog« Georg II. von Sachsen-Meiningen, der »Wagnerherzog« Friedrich II. von Anhalt oder der »Jugendstilherzog« Ernst Ludwig von Hessen bündelten durch weitstrahlendes Mäzenatentum nicht nur ein beachtliches Potenzial regionalen Kunstschaffens; sie schufen darüber hinaus ein Korrektiv gegenüber den vermehrten ökonomischen Sachzwängen bürgerlichen Kulturkonsums. Fürstliche Privatschatullen ermöglichten es unzähligen bildenden Künstlern, Schriftstellern und Musikern, in einer mehr und mehr von Marktinteressen bestimmten Gesellschaft ihre schöpferische Individualität – unabhängig von öffentlichen Steuergeldern oder von aktuellen Modetrends – zu entfalten, wovon auch die Etablierung der Avantgardekunst profitierte.

Vergleichbares galt für den weiten Bereich des sozialen Engagements, ein Betätigungsfeld, das in den Jahren und Jahrzehnten bis in die Jahre des Ersten Weltkriegs zu den herausragenden Kennzeichen landesfürstlichen Einsatzes zählte. Unabhängig von den Aktivitäten staatlicher Stellen ließen schon im 19. Jahrhundert[8] zahlreiche deutsche Herrscherhäuser beträchtliche Summen aus ihrem Privatvermögen in den Bau von Schulen, Krankenhäusern und Seniorenheimen einfließen, gründeten mildtätige Stiftungen, übernahmen Schirmherrschaften karitativer Vereinigungen, kümmerten sich um Bedürftige und förderten allgemeine Lehr- und Bildungsinstitutionen im Dienst der Volkswohlfahrt. In vielen Fällen taten sich dabei Frauen hervor. Königin Carola von Sachsen, Großherzogin Luise von Baden oder die letzte preußische Königin und deutsche Kaiserin Auguste Viktoria entwickelten in diesem Bereich eine intensive und weit verzweigte Tätigkeit.[9]

Wie die kulturellen und mäzenatischen Unternehmungen wurde auch der karitative Einsatz vieler deutscher Fürstenhäuser durch ihren Sturz im November 1918 und die damit zunächst verbundene Beschlagnahmung royaler Eigentumswerte unterbrochen. Nicht wenige enteignete Dynastien nahmen ihr Engagement in der Folgezeit indes wieder auf und bewahren die damit verbundene Tradition bis heute.

Das abrupte Ende des landesfürstlichen Regiments entsprach in vielen Fällen nicht den Wünschen der überwiegenden Bevölkerungsmehrheit und wurde von manchem Zeitgenossen als herber Verlust empfunden – in München, Dresden und Stuttgart ebenso wie in Darmstadt oder Karlsruhe, in Altenburg oder Meiningen, Bückeburg oder Arolsen, Dessau, Detmold oder Oldenburg. Allenfalls in Weimar, und vielleicht noch in Gotha, dürften manche Bürger froh gewesen sein, ihre dort amtierenden gekrönten Häupter verabschieden zu können. Doch in den meisten kleineren deutschen Residenzen hätte die Fürstenherrschaft, wie bis heute vielerorts in West- und Nordeuropa, den Weg in Richtung einer modernen, zur demokratischen Staatlichkeit hin offenen Form nehmen können. Dass der militärische Zusammenbruch des Kaiserreichs im November 1918 die Entwicklung dann in andere Bahnen lenkte, war nicht die Schuld, sondern – wenn man so will – das Schicksal aller damals entthronten deutschen Fürsten.

VERSPIELTE ALTERNATIVEN
Die Hohenzollern

Die preußische Königs- und deutsche Kaiserdynastie war nicht das erste Herrscherhaus, dessen exponierter Repräsentant im November 1918 den revolutionären Umwälzungen in Deutschland zum Opfer fiel. Kurz vor dem vielbeschriebenen Kaisersturz[1] waren bereits zwei andere der insgesamt 19 damals noch amtierenden deutschen Bundesfürsten ihrer Herrschaft verlustig gegangen. Beide hatten erst fünf Jahre zuvor nahezu zeitgleich die Regierung in ihren Ländern angetreten: der König von Bayern, Ludwig III., resignierte am 7. November 1918, der Herzog von Braunschweig, Ernst August, folgte am 8. November 1918. Doch das Zurückweichen der beiden vor der anbrandenden Revolutionswelle hätte noch nicht den Sturz aller anderen landesstaatlichen Monarchien nach sich ziehen müssen. Erst der unrühmliche Abgang Wilhelms II. (1859–1941), seit 1888 König von Preußen und Deutscher Kaiser, letzter souveräner Repräsentant einer europäischen Herrscherfamilie, die seit 1415 in ununterbrochener Folge die Regenten des Kurfürstentums Brandenburg (und ab 1618 auch Preußens) stellte und seit 1871 das Amt des Reichsoberhaupts innehatte,[2] wirkte als eine Art Initialzündung. In deren Folge verzichteten bis zum Jahresende 1918 sämtliche noch regierenden deutschen Monarchen auf ihre Herrschaftsrechte – mit einer einzigen Ausnahme, dem Fürsten von Waldeck.

Wilhelm II. hatte durch seine Abreise aus Berlin ins Große Hauptquartier der Obersten Heeresleitung ins belgische Spa bereits am 29. Oktober 1918 die Chance vertan, auf die von verschiedenen Seiten vorgetragenen Pläne, Vorschläge und Forderungen zur Rettung der existentiell bedrohten Monarchie angemessen reagieren zu können. Solche Überlegungen zielten allesamt darauf ab, den in seiner Reputation stark angeschlagenen Kaiser und seinen gleichfalls wenig geschätzten Sohn, den preußisch-deutschen Kronprinzen Wilhelm (1882–1951), zum freiwilligen Thronverzicht zu bewegen und stattdessen eine Regentschaft bzw. Reichsverweserschaft für den ältesten Kaiserenkel, den 1906 geborenen Prinzen Wilhelm, zu etablieren. Prinz Wilhelm wäre nach Erreichen der Volljährigkeit im Jahr 1924 Deutscher Kaiser und König von Preußen geworden. Ob auch er sich in dieser Stellung im Januar 1933 – wie später die Unheilsgestalt Paul von Hindenburg – dazu hergegeben hätte, Adolf Hitler zum Reichskanzler zu ernennen, mag – mit Blick auf seinen Lebensweg – einigermaßen bezweifelt werden. Jedenfalls schob sein kaiserlicher Großvater unter dem verhängnisvollen Einfluss seiner militärischen Umgebung, namentlich des Generalquartiermeisters Wilhelm Groener, den Entschluss zur Abdankung auch nach Ausbruch der revolutionären Unruhen in Berlin am 9. November immer wieder hinaus, bis es für eine Rettung der Monarchie zu spät war. Auf Druck Hindenburgs überquerte Wilhelm II. am Morgen des Folgetages die Grenze vom besetzten Belgien in die neutralen Niederlande.

Mit diesem von den allermeisten Zeitgenossen als Flucht empfundenen Abgang des Obersten Kriegsherrn war der Mythos des preußischen Königtums und seiner Dynastie für immer dahin.[3] Selbst konservative Beobachter – etwa der vielgelesene und entschieden kaiserfreundliche Historiker Johannes Haller (1865–1947) – haben den 10. November 1918 als einen »Abschied auf Nimmerwiedersehen«[4] interpretiert und jede Möglichkeit einer zukünftigen monarchischen Restauration ausgeschlossen. Der gestürzte Monarch unterzeichnete am 28. November 1918 in seinem niederländischen Zufluchtsort Amerongen eine Abdankungserklärung. Sein Sohn, Kronprinz Wilhelm, verzichtete am 1. Dezember 1918 auf alle seine Rechte an der preußischen Krone und am deutschen Kaisertum. Er hatte, zwei Tage nach seinem Vater, ebenfalls die niederländische Grenze überschritten und lebte in den nächsten Jahren auf der Zuidersee-Insel Wieringen. Dort verfasste er in rascher Folge mehrere umfängliche Memoirenbände

Kaiser und Kronprinz fliehen in die Niederlande, November 1918

und Rechtfertigungsschriften.[5] Als »Ghostwriter« bediente er sich dabei der Hilfe mehrerer Publizisten, allen voran des österreichischen Schriftstellers und Journalisten Karl Rosner (1873–1951), der von 1915 bis 1918 als Kriegsberichterstatter im Hauptquartier des Kronprinzen gearbeitet hatte und seitdem mit ihm befreundet war.

Anders als die meisten 1918 entthronten deutschen Bundesfürsten hat Wilhelm II. den Boden seiner Heimat niemals wieder betreten. Im Frühjahr 1920 übersiedelte er nach Doorn, wo er die ihm noch verbleibenden 21 Jahre seines Lebens in weitgehender Gleichförmigkeit, ja Monotonie, verbringen sollte. Hier widmete er sich seinen gärtnerischen Hobbys und seinen intellektuellen, vor allem kulturgeschichtlichen Interessen und veröffentlichte – neben zwei Memoirenbänden[6] – zahlreiche Abhandlungen in renommierten deutschen Verlagshäusern mit durchaus wissenschaftlichem Anspruch, wenngleich teilweise etwas verschroben anmutenden Fragestellungen.[7] Einen institutionellen Rahmen für derartige Unternehmungen bildete die »Doorner Arbeitsgemeinschaft«, die zwischen 1927 und 1938 in

Buchveröffentlichungen Wilhelms II.: »Die chinesische Monade« (1934) und »Studien zur Gorgo« (1936)

Form von Jahrestagungen religionshistorische, ethnologische und mythengeschichtliche Probleme diskutierte. Zu den regelmäßigen Teilnehmern dieser Zusammenkünfte zählten durchweg prominente Repräsentanten ihrer Fächer, etwa die Ethnologen Leo Frobenius[8] und Adolf Ellegard Jensen, der Islamforscher Friedrich Sarre oder die Altphilologen Karl Reinhardt und Walter F. Otto.

Von der politischen Entwicklung in Deutschland blieb Wilhelm II. im Exil weitgehend abgeschnitten. Seine Hoffnungen auf eine Wiedereinführung der Hohenzollernmonarchie hat er dennoch niemals aufgegeben und pflegte rege Kontakte zu monarchietreuen Verbänden, Vereinen und Persönlichkeiten im Reich. Welch starke Sympathien das entthronte Königshaus, besonders aber die frühere Kaiserin Auguste Viktoria (1858–1921) in großen Teilen der deutschen Öffentlichkeit weiterhin genoss, hatte sich bereits im April 1921, anlässlich der Überführung nach Deutschland erwiesen. Die äußerst populäre Ehefrau des Monarchen[9] war zuvor in Doorn verstorben, ihre sterbli-

Beisetzung Kaiserin Auguste Viktorias, April 1921

chen Überreste wurden in Potsdam beigesetzt. Dort begleiteten etwa 100 000 Anhänger der Monarchie den Trauerzug – eine eindrucksvolle Demonstration gegen die durchaus nicht allseits gewünschte republikanische Staatsform.

Auch der Kaiser selbst hätte wohl unter gewissen Umständen als Privatmann nach Deutschland zurückkehren können. Dem Kronprinzen Wilhelm hatte Reichskanzler Gustav Stresemann schon 1923 die Einreise nach Deutschland ermöglicht. 1926 war dem exilierten Monarchen Wohnrecht in Schloss Homburg vor der Höhe eingeräumt worden, das ihm während seiner Regierungszeit als Sommerresidenz gedient hatte. Die Gewährung des Wohnrechts erfolgte damals im Zusammenhang mit einer vertraglichen Einigung zwischen dem Freistaat Preußen und dem Haus Hohenzollern über die Aufteilung des im Gefolge der Revolution zunächst beschlagnahmten hohenzollernschen Gesamtvermögens. Ein vom Preußischen Landtag mit den Stimmen der SPD verabschiedetes Gesetz sprach der Familie 1926 insgesamt 30 Millionen Reichsmark, zahlreiche Grundstücke, Güter und Forsten sowie das Eigentum an über 20 Schlössern, Villen, Burgen, Denkmälern, Kirchen, Mietshäusern und zahlreichen Kunstgegenständen zu.[10] Die meisten von ihnen – so das 1959 abgerissene Schloss Monbijou oder die Schlösser Rheinsberg und Cecilienhof – lagen auf dem Territorium der späteren Sowjetischen Besatzungszone und wurden zwischen 1945 und 1948 mitsamt den darin befindlichen Möbeln und Kunstgegenständen entschädigungslos enteignet. Die darüber geführten Auseinandersetzungen dauern bis heute an. Kunsthistorisch bedeutende Gebäude – wie die Burg Hohenzollern, Schloss Rheinsberg, das an der Oder gelegene Schloss Schwedt, das Palais Kaiser Wilhelms I. in Berlin oder die antike Villa Sarabodis neben der Erlöserkirche in Gerolstein – wurden vorrangig museal genutzt und waren für die Öffentlichkeit zugänglich. Ein großer Teil der Kunstsammlungen verblieb zwar im Eigentum des ehemaligen Königshauses, darunter das in Schloss Monbijou untergebrachte Hohenzollernmuseum oder die Bestände der Königlichen Hausbibliothek. Unter der Maßgabe, sie öffentlich zu präsentieren und zugänglich zu machen, wurden sie jedoch hinfort vom Staat betreut. Die Bestände des bedeutenden Brandenburgisch-Preußischen Hausarchivs wurden ab 1926 von beiden Seiten gemeinsam verwaltet.

Die sozialdemokratisch geführte preußische Regierung hatte mit alledem Versöhnlichkeit und Verständigungswillen gegenüber dem ehemaligen preußisch-deutschen Herrscherhaus offenbart und seinen Mitgliedern eine Integration in den demokratischen Staat von Weimar ermöglichen wollen. Doch namentlich Wilhelm II. war zu einem solchen Schritt weder fähig noch willens. Er wollte nur als Kaiser nach Deutschland zurückkehren. Gerade diese Haltung jedoch entzog allen Restaurationsbestrebungen im Reich das Fundament. Wenn überhaupt, dann war eine Monarchie in Deutschland nach 1918 nur auf parlamentarischer Grundlage, etwa nach britischem Vorbild, denkbar. Wilhelm II. indes erging sich in seinen Doorner Verlautbarungen in ungebrochener Geringschätzung des parlamentarischen Systems. Andererseits war er nicht bereit, den Thronanspruch zugunsten jüngerer Mitglieder seines Hauses hintanzustellen. Eifersüchtig wachte er darüber, dass ihm niemand seine Position streitig machte. Als Kronprinz Wilhelm 1932 als möglicher Bewerber für das Amt des Reichspräsidenten ins Spiel gebracht wurde,[11] erzwang der Vater von ihm den Verzicht auf die Kandidatur.

Der Schriftsteller Reinhold Schneider (1903–1958) legte kurz nach der Machtübernahme der Nationalsozialisten ein vielbeachtetes Buch über die Hohenzollern vor, dessen Inhalt sich von vielen anderen damals erschienenen Publikationen zum Thema deutlich unterschied und 1953 eine Neuauflage erfahren sollte.[12] Schneider unternahm darin den Versuch, das Herrscherleben der drei bedeutendsten brandenburgisch-preußischen Monarchen des 17. Jahrhunderts – Kurfürst Friedrich Wilhelm (1620–1688), König Friedrich Wilhelm I. (1688–1740) und König Friedrich der Große (1712–1786) – unter einer gleichsam geschichtsmetaphysischen Perspektive in anspruchsvoller Diktion auszuloten und erhielt dafür viel Zustimmung. Große Teile des zeitgenössischen Publikums erblickten in den von Schneider gezeichneten Portraits der drei Hohenzollernherrscher einen Gegenentwurf zu den Repräsentanten des heraufziehenden »Dritten Reiches« mit ihren auf die Etablierung einer menschenverachtenden Tyrannis zielenden politischen Absichten und Aktionen.

Der exilierte Kaiser hatte Schneiders Buch aufmerksam studiert und mehrfach an Freunde und Weggenossen verschenkt. Im April 1935 lud er den Verfasser zu sich nach Doorn ein. Schneider hat den Eindruck, den der gestürzte Herrscher damals auf ihn machte, in starken Worten festgehalten. »Aus der echten Repräsentanz«, so berichtete er später in seinen Lebenserinnerungen, »war Wilhelm II. im Suchen nach dem Effekt in das Leere geglitten. […] Das Zerstörende war der unstillbare Durst des Schauspielers nach Beifall. […] Da er keine Ruhe hatte, konnte er nicht reif werden. Es machte ihn zum Vorläufer des Zerstörers [Hitlers], der seine Karikatur wurde […]. Heute [1954] erscheint er mir wie eine viel zu kleine Gestalt in einem riesenhaften Raum. […] Und doch war Wilhelm II. noch ein fürstlicher Mensch, der die Welt in großen Zusammenhängen sah.«[13]

Wilhelm II. in Doorn. Eines der letzten Fotos des ehemaligen Kaisers, Mai 1940

Das neuerdings vieldiskutierte und äußerst kontrovers interpretierte Verhältnis einzelner Angehöriger der Dynastie zum Nationalsozialismus war maßgeblich von ihren Hoffnungen auf Restauration bestimmt. Während ein erstes Treffen zwischen Wilhelm und Hermann Göring im Januar 1931 noch recht unterkühlt ablief, bestärkte dessen zweites Erscheinen bei dem ehemaligen Kaiser in Doorn dessen vollkommen abwegige Illusion, dass Hitler ihn auf den Thron zurückbringen werde – gegen eine Kooperation seiner Anhänger mit NS-Gruppierungen hatte er daher zunächst nichts einzuwenden. Den ideologischen Vorgaben des Nationalsozialismus stand er indes kritisch gegenüber, und zwischen seiner nach 1918 aufkeimenden Judenfeindschaft und dem kollektiven Vernichtungsantisemitismus der Nationalsozialisten bestanden große qualitative Unterschiede.

Hitler seinerseits hatte – wie auch die meisten anderen Führungsfiguren des Regimes – nicht die geringsten Sympathien für die Monarchie. »Die Fürsten«, so trompetete er am 5. September 1942 vor seinen Satrapen, »sind Zuchtergebnisse, die einmalig sind in Bezug auf Dummheit, eine Rassenauslese nach rückwärts. [...] Das liebe Vieh wird dauernd höher gezüchtet, hier hat man das letzte Produkt einer verkehrten Auslese. Auch bei den Hohenzollern hat jeder irgendeinen Schuß [...]. Man müsste sämtlichen Prinzessinnen zur Pflicht machen, daß sie nur mit Pferdeburschen und Chauffeuren verkehrten!«[14] Noch weitaus primitiver und menschenverachtender tönte in diesem Sinne Joseph Goebbels, Hitlers Minister für Propaganda und Volksaufklärung, über »die fürstlichen Parasiten Europas«: »Pack! Muß ausgerottet werden.«[15]

Das Verbot aller monarchistischen Verbände im Februar 1934 ließ dann die Hoffnungen Wilhelms II. endgültig zerstieben, mit Hitlers Hilfe auf den Thron zurückzukehren. Schon zuvor hatte er zu einer kritischeren Haltung zurückgefunden: »Die Führer der nationalsozialistischen Republik«, äußerte er bereits im September 1933, »unterscheiden sich von den bisherigen dadurch, daß sie noch radikaler sind als die Novembermänner, nur haben sie sich den Mantel Friedrichs des Großen umgehängt. Alles andere wird von den Leuten ja beseitigt: die Fürsten, der Adel, die Offiziere, die Stände usw.; aber das wird sich rächen, man wird die einzige Fahne, die sie noch übrig gelassen haben, die mit dem Hakenkreuz, noch einmal verfluchen, und die Deutschen selber werden sie eines Tages verbrennen.« Und fünf Jahre später, im November 1938, packte ihn die blanke Wut angesichts der Judenpogrome im Reich mit Hunderten von Ermordeten und weit über tausend zerstörten Synagogen: »Es ist ja eine Schande, was da jetzt zu Hause vor sich geht [...], da müssen [...] alle anständigen Deutschen protestieren. Aber alle sehen dieses Morden und Brennen – und rühren keinen Finger. [...] Länder müssten ihre Gesandten und Vertretungen abberufen, dann würden die Nazis schon klein beigeben.«[16] Das waren an Deutlichkeit kaum zu übertreffende Aussagen, die in ihrer Weltfremdheit freilich kaum einen Bezug zur politischen Realität im Dritten Reich besaßen. Nach dem deutschen Überfall auf das neutrale Königreich der Niederlande im Mai 1940 war den Soldaten und Offizieren der kämpfenden Truppe strikt untersagt, vom Kaiser in Doorn Notiz zu nehmen oder gar in näheren Kontakt mit ihm zu treten. Vielmehr kam der anstelle der holländischen Polizei abkommandierten Formation der deutschen Wehrmacht nun die Rolle einer strengen Überwachungsinstanz zu. Sein Tod am 4. Juni 1941 wurde vom nationalsozialistischen Deutschland mit Stillschweigen übergangen.

Andere Mitglieder des Hauses Hohenzollern standen der NS-Bewegung weniger ablehnend gegenüber. Wilhelms II. zweite Ehefrau Hermine von Schönaich-Carolath (1887–1947), eine Tochter des regierenden Fürsten Heinrich XXII. Reuß älterer Linie, die er im November 1922, kaum zwei Jahre nach dem Tod seiner ersten Frau geheiratet hatte, war und blieb eine überzeugte Anhängerin Hitlers.[17] Unerquicklich entwickelte sich in dieser Hinsicht auch der Lebensweg des viertältesten Kaisersohnes, des homosexuell veranlagten Prinzen August Wilhelm (1887–1949). Er trat 1930 in die NSDAP ein und machte dort rasch Karriere. 1932 firmierte er bereits als Spitzenkandidat der Partei für die preußische Landtagswahl, war seit 1933 Reichstagsabgeordneter, Mitglied des Preußischen Staatsrats unter

Prinz August Wilhelm als »Volksredner«, 1932

Hermann Göring und wurde bei großen öffentlichen Kundgebungen der NSDAP mit einigem Erfolg als »Volksredner« eingesetzt.[18] In dieser Funktion hat er – wie nicht wenige Abkömmlinge einstmals regierender deutscher Fürstenhäuser[19] – erheblich dazu beigetragen, den Nationalsozialismus in konservativen Kreisen salonfähig zu machen. Seit Hitlers Machtübernahme wurde er zwar zusehends kaltgestellt und 1942 gar mit einem Redeverbot belegt. Trotzdem blieb er bis zuletzt ein überzeugter Anhänger des Nationalsozialismus. Ohne Einsicht in dessen verbrecherischen Charakter, ohne Reue und Verständnis für das eigene Verschulden, wurde er nach Kriegsende lediglich als »Belasteter« verurteilt.

Aufs Ganze gesehen war das Haus Hohenzollern, wie die deutsche Gesellschaft insgesamt, in seiner Stellung gegenüber Hitler zutiefst gespalten. Zwei der fünf noch lebenden Söhne Kaiser Wilhelms II., Prinz Eitel Friedrich (1883–1942) und Prinz Oskar (1888–1958), galten als überzeugte Gegner des Nationalsozialismus und fielen schon

Kronprinz Wilhelm als »Landarbeiter«, 1916

lange vor 1933 bei den braunen Gesellen in Ungnade. Der drittälteste Kaisersohn, Prinz Adalbert (1884–1948), lebte seit 1928 zurückgezogen in der Schweiz und nahm keinen Anteil am deutschen politischen Leben.[20]

Kronprinz Wilhelm, bis 1918 preußisch-deutscher Thronfolger, bezog eine gegenüber dem Nationalsozialismus ambivalente Haltung.[21] Vor allem in der ersten Jahreshälfte 1932 war seine Zusammenarbeit mit den zur Macht strebenden Nationalsozialisten eindeutig erkennbar. Sein Ziel – die Wiederherstellung der Hohenzollernmonarchie im Modus einer »kaiserlichen Diktatur auf Basis der Volksmassen«[22] – schien ihm im Bündnis mit der Massenbewegung NSDAP realisierbar. Er unterstütze daher 1932 im zweiten Wahlgang zur Reichspräsidentenwahl öffentlich den NSDAP-Kandidaten Adolf Hitler gegen den amtierenden Amtsinhaber und Hohenzollerngegner Paul von Hindenburg, kritisierte das Verbot von SA und SS durch den Reichswehrminister Wilhelm Groener im April 1932 und spielte durch seine Teilnahme am »Tag von Potsdam« im März 1933 als Statist eine Nebenrolle – eine Rolle, die lange Zeit im Sinne einer symbolischen Versöhnung zwischen altpreußischer »Tradition« und nationalsozialistischer »Revolution« interpretiert wurde,[23] zuletzt jedoch durch eine luzide Analyse des derzeit besten Kenners der kronprinzlichen Biographie weitgehend relativiert worden ist. [24] Gleichwohl nahm der Kronprinz das frisch installierte Regime in offenen Briefen und Presseartikeln auch weiterhin gegen ausländische Kritiker in Schutz und beschönigte durch unappetitliche und frivole Kommentare dessen rasch anlaufende Unterdrückungsmaßnahmen.

Eindeutig nachgewiesen sind jedoch auch kronprinzliche Aktivitäten, die auf eine Unterstützung des letzten vor Hitler amtierenden und 1934 von der SS ermordeten Reichskanzlers Kurt von Schleicher abzielten. Schleicher wollte die braune Machtergreifung durch Bildung einer »Querfront« aus rechten Sozialdemokraten und linken Nationalsozialisten unter maßgeblicher Beteiligung der Reichswehr und der Gewerkschaften verhindern.[25] Zudem pflegte der Kronprinz seit Ende der 1930er Jahre verstärkt Kontakte zu prominenten Hitlergegnern und (späteren) Repräsentanten des deutschen Widerstands. Mit Carl Friedrich Goerdeler (1884–1945) und Generaloberst Ludwig Beck (1880–1944), dem unumstrittenen militärischen Kopf der Verschwörer vom 20. Juli 1944, stand er bis kurz vor dem Attentat in persönlichem Austausch.

Die Möglichkeit, sich in die Staatsstreichplanungen der Widerstandskreise einbinden zu lassen oder gar im Falle eines geglückten Attentats auf Hitler für die Zeit danach eine führende Rolle als eine Art Reichsverweser zu übernehmen, hat der Kronprinz allerdings zu keiner Zeit ernsthaft erwogen. Zu Beginn der 1940er Jahre hatten ihm Goerdeler, der frühere Zentrumspolitiker Josef Wirmer (1901–1944) und der konservative pommersche Rittergutsbesitzer Karl Magnus von Knöbel Doeberitz (1890–1942) eine solche Funktion angetragen, wobei unter anderem Hans Globke (1898–1973), der später so umstrittene Kanzleramtschef unter Konrad Adenauer, als politischer Berater des Kronprinzen vorgesehen war.[26]

Prinz Wilhelm von Preußen, 1920

Die jüngere Generation des Widerstands, allen voran Claus Graf Schenk von Stauffenberg (1907–1944) und Fritz-Dietlof von der Schulenburg (1902–1944) – er war ein Sohn des Stabschefs des Kronprinzen im Ersten Weltkrieg – verwarfen dann derartige Optionen allerdings mit großer Entschiedenheit. Sie zählten zu den schärfsten Kritikern des Kronprinzen, monierten seinen moralisch bedenklichen Lebenswandel, sein Versagen im Ersten Weltkrieg und sein Verhalten während des 9. Novembers 1918 und schlossen die Einbeziehung seiner Person in jegliche Widerstandsaktivitäten Ende 1943 kategorisch aus.[27] Der Kronprinz war und blieb bis zuletzt eine politisch und persönlich inferiore Gestalt.

Anders verhielt es sich in dieser Hinsicht mit seinen beiden Söhnen, den Prinzen Wilhelm (1906–1940) und Louis Ferdinand von Preußen (1907–1994). Sie entstammten der 1905 geschlossenen Ehe des Kronprinzen mit Prinzessin Cecilie (1886–1954), einer Schwester des letzten regierenden Großherzogs von Mecklenburg-Schwerin, Friedrich Franz IV.[28] Im Gegensatz zu ihrem durch zahlreiche Affären charakterlich diskreditierten Ehemann erfreute sich die Kronprinzessin großer Popularität und erwarb sich durch ihr sozialpolitisches Wirken und ihr karitatives Engagement verdiente Anerkennung.[29] Ihr ältester Sohn, Prinz Wilhelm von Preußen, hatte durch seine ihm vom Vater und Großvater untersagte Liebesheirat mit Dorothea von Salviati (1907–1972) seinen Thronanspruch 1933 verwirkt, da die Ehe nach hausgesetzlichen Bestimmungen als nicht ebenbürtig galt. Seiner Reputation in monarchiefreundlichen Kreisen hatte das indes keinen Abbruch getan – im Gegenteil. Die als jungenhaft und unprätentiös beschriebene Umgangsart des sportlichen und kameradschaftlich auftretenden Prinzen ließen ihn vor allem bei vielen Angehörigen seiner Alterskohorte zu einem politischen Hoffnungsträger avancieren.

Im September 1938 spielte Prinz Wilhelm in den Überlegungen deutscher Oppositionskreise eine zentrale Rolle, als ihn eine Verschwörergruppe um den Freikorpskämpfer Friedrich Wilhelm Heinz (1899–1968) und den Chef der »Abwehr« Hans Oster (1887–1945) als Regenten für die Zeit nach Hitlers Sturz favorisierte. Wilhelm war in den Plan einer Gefangennahme und wohl auch Tötung des Diktators eingebunden und wäre bereit gewesen, die ihm zugewiesene Stellung als künftiges deutsches Staatsoberhaupt zu übernehmen – zumal ihn auch Kontakte mit jungen Sozialdemokraten, Gewerkschaftern und bürgerlichen Regimegegnern verbanden.[30] Bekanntlich scheiterten die Staatsstreichplanungen bereits im Vorfeld an der Konzessionsbereitschaft der britischen Appeasement-Politik, die Hitlers Forderungen in Bezug auf die Annexion der Sudetengebiete auf der Münchener Konferenz im September 1938 billigte – womit einem möglichen Militärputsch gegen den erfolgreichen »Führer« jede Grundlage entzogen war.

Prinz Wilhelms Beisetzung im Mai 1940 in Potsdam – er war wenige Tage nach Beginn des Frankreichfeldzugs als Soldat der Deutschen Wehrmacht in Belgien gefallen – gestaltete sich zu einer letzten, so von niemandem erwarteten Demonstration für die entthronte und von den Nationalsozialisten vollends marginalisierte Dynastie. Etwa 60 000 Trauernde begleiteten damals in spontaner Aufwallung kilometerlang den Begräbniszug zum Antikentempel im Park von Sanssouci – zum großen Missfallen des Monarchiefeindes und Hohenzollernhassers Adolf Hitler, der daraufhin allen Angehörigen ehemals regierender deutscher Herrscherhäuser den Fronteinsatz in der Wehrmacht verbot.

Der regimekritische Schriftsteller Jochen Klepper (1903–1942), den der NS-Rassenwahn wenige Jahre später in den Selbstmord treiben sollte, war damals Augenzeuge dieses Geschehens und hat seine Eindrücke in emotional geprägten Worten festgehalten: »Hier war noch einmal, aus alter und neuer Zeit«, so notierte Klepper in sein Tagebuch am 27./29. Mai 1940, »ein Kern des wahren Deutschlands [...]. Unzählbar die hohen Offiziere der alten und neuen Armee; unübersehbar, wider jedes Erwarten, die Menschenmengen, die zum Schluß dem Kronprinzenpaar zuriefen. [...] Dieser Prinz [...] wäre in einer deutschen Monarchie der Kaiser meiner Generation geworden! [...] Die Monarchisten tun gut daran, mit diesem Prinzen mehr zu Grabe zu tragen als einen Sohn dieses großen Fürstenhauses, den Sohn, auf den als einzigen zum ersten Male wieder die Allgemeinheit blickt. Der Gedanke an die Monarchie muß begraben sein.«[31]

Auch Prinz Louis Ferdinand von Preußen, der zweitälteste Sohn des Kronprinzenpaares und erklärte Lieblingsenkel Kaiser Wilhelms II., verkehrte – nun schon in seiner Stellung als künftiger Hauschef – bis unmittelbar vor den Ereignissen des 20. Juli 1944 in Kreisen der am Attentat auf Hitler Beteiligten.[32] Ähnlich wie bei seinem gefallenen Bruder beschränkten sich solche Kontakte nicht auf das Umfeld bürgerlich-konservativer Honoratioren, sondern schlossen auch Sozialdemokraten, Gewerkschafter und Vertreter des politischen Katholizismus ein. Manche von ihnen fassten den Prinzen, wie schon zuvor seinen verstorbenen Bruder Wilhelm, für den Fall einer geglückten Beseitigung des Tyrannen als mögliches deutsches Staatsoberhaupt ins Auge. Das Haus Hohenzollern war damit aufs Ganze gesehen allenfalls indirekt in widerständige Aktivitäten einbezogen, denn auch Kronprinz Wilhelm – nach dem Tod seines Vaters 1941 zum Chef des Hauses avanciert – verwarf bis zuletzt jede Möglichkeit, sich im Falle irgendwelcher Umsturzplanungen gegen das NS-Regime zur Verfügung zu stellen. Doch stand die Dynastie zumindest durch ihre beiden jüngsten Repräsentanten seit den späten 1930er Jahren vielen Gegnern des Regimes nahe – allen wohlfeilen Urteilen zum Trotz, die der Familie eine einhellige Komplizenschaft mit den Nationalsozialisten unterstellen.[33]

Prinz Louis Ferdinand hatte, als er 1951 nach dem Tod des Kronprinzen Wilhelm neuer Chef des Hauses wurde, ein bewegtes Leben hinter sich. Bereits in jungen Jahren zeichnete er sich durch eine ungewöhnliche musikalische Begabung aus, die ihn später in öffentlichen Auftritten als Pianist und Violinist brillieren und mit zahlreichen eigenen Lied- und Orchesterkompositionen hervortreten ließ. 1989, fünf Jahre vor seinem Tod, trugen ihm diese Schöpfungen die Ehrendoktorwürde der Universität Seattle ein. Seine Reisen um die halbe Welt waren von einer besonderen Vorliebe für die »Hispanidad«, für Spanien und den süd- und mittelamerikanischen Raum, geprägt. 1929 war er nach einem extensiv betriebenen Studium in den Fächern Philo-

Prinz Louis Ferdinand (3. v. l.) in Argentinien, 1927/28

Die Prinzen Louis Ferdinand (l.) und Friedrich (r.) mit US-Präsident Franklin D. Roosevelt (2. v. l.), 1932

sophie, Geschichte, Rechts- und Staatswissenschaften an der Berliner Friedrich-Wilhelms-Universität mit einer Arbeit zur seinerzeit eher randständigen, heute jedoch brennend aktuellen Migrationstheorie promoviert worden.[34]

Der Betreuer der Dissertation, der Nationalökonom Ludwig Bernhard (1875–1935), hatte sich während des letzten Vorkriegsjahrzehnts in mehreren Publikationen als entschiedener Kritiker der auf eine verstärkte Germanisierung zielenden Polenpolitik des preußischen Staates einen Namen gemacht und blieb bis zum Tod mit seinem prominenten Doktorschüler in freundschaftlicher Verbindung. Das Hauptinteresse der prinzlichen Untersuchung galt den verschiedenen Kriterien, die über eine Aufnahme von Einwanderern entschieden. Am Beispiel Argentiniens, das der Prinz aus eigener Anschauung kennengelernt hatte, arbeitete Louis Ferdinand einen Katalog von Merkmalen heraus, die Migranten für das aufnehmende Land attraktiv machten und stellte einen Zusammenhang zwischen Zuwanderung und der Gesamtwirtschaft des Gastlandes her.

Auf einer Nordamerikareise, die ihn bis in das von den USA völkerrechtswidrig annektierte frühere Königreich Hawaii führte,[35] hatte der Prinz den damaligen Gouverneur von New York, Franklin D. Roosevelt (1882–1945), kennengelernt. Auch nachdem dieser 1933 zum Präsidenten der USA gewählt wurde, rissen die persönlichen Kontakte und der briefliche Austausch zwischen ihnen nicht ab. Politische Konsequenzen oder ein belastbares Netzwerk ergaben sich daraus jedoch nicht. Eine Zusammenkunft Louis Ferdinands mit dem Automobilhersteller Henry Ford (1863–1947) hatte hingegen zur Folge, dass der Prinz mehrere Monate lang in den Ford-Fabriken von Buenos Aires und Detroit beschäftigt war, zunächst eingebunden in den am Fließband vollzogenen mechanischen Fertigungsprozess, danach als Verkaufsleiter in der Marketingabteilung und zuletzt, 1934, als Repräsentant der Firma Ford in Deutschland. Henry Ford und der Prinz blieben einander auch später freundschaftlich verbunden.

1938 heiratete Louis Ferdinand Kira Kirillowna Romanowa (1909–1967), eine Tochter des Großfürsten Kyrill Wladimirowitsch

Hochzeit von Prinz Louis Ferdinand und Kira Kirillowna Romanowa, 1938

Romanow (1876–1938), der seit 1918 als Oberhaupt des Hauses Romanow und russischer Thronprätendent firmierte. Das Paar lebte bis zur Flucht vor den Truppen der Roten Armee 1944 auf Gut Cadinen, der ehemaligen kaiserlichen Sommerresidenz in Ostpreußen, danach für kurze Zeit in Bad Kissingen, bevor sich die Familie 1951 zunächst im Bremer Vorort Oberneuland und später in Borgfeld, 1954 dann auch in West-Berlin niederließ. Bis in die 1980er Jahre zeigte der preußisch-deutsche Thronprätendent starke Präsenz im öffentlichen Leben der Bundesrepublik. Zum politischen Geschehen hielt er Distanz, bekundete aber mehrfach seine Bereitschaft, ein überparteiliches Staatsamt anzunehmen. 1952 brachte ihn der preußenfreundliche Erlanger Historiker Hans-Joachim Schoeps (1909–1980) gar als Kandidaten für das Amt des Bundespräsidenten ins Gespräch, um auf diese Weise einer Restauration der Monarchie vorzuarbeiten.[36] Der Prinz beschränkte sein Engagement in der Folgezeit indes weitgehend auf die Teilnahme an gesellschaftlichen Ereignissen und kulturellen

Prinz Louis Ferdinand:
Als Kaiserenkel durch die Welt,
Buchveröffentlichung 1954

Veranstaltungen, vor allem im musikalischen Bereich. Hinzu kamen karitative Aktivitäten. Die von Louis Ferdinand und seiner Gattin 1952 gegründete »Prinzessin Kira von Preußen Stiftung« fördert durch jährliche Benefizkonzerte auf der bei Hechingen gelegenen Burg Hohenzollern Kinder und Jugendliche aus sozial benachteiligten Schichten. Einen seiner letzten Auftritte vor großem Publikum hatte der Prinz im August 1991 anlässlich der Überführung des Sarges Friedrichs des Großen von der Kapelle der Burg Hohenzollern zur Gruft auf der Terrasse von Schloss Sanssouci im Beisein von Bundeskanzler Helmut Kohl.[37] Bei seiner Aufbahrung im Berliner Dom – der Prinz war am 25. September 1994 in Bremen gestorben – defilierten über 20 000 Menschen an seinem Sarg vorbei.

Der älteste Sohn Louis Ferdinands, Prinz Friedrich Wilhelm (1939–2015) wurde vom Vater nach einer als unebenbürtig geltenden Heirat 1967 von der Erbfolge ausgeschlossen. Prinz Friedrich Wilhelm, ein studierter Historiker, geriet in die Schlagzeilen, als ihm auf

Grund von Plagiatsvorwürfen 1972 der Doktorgrad entzogen wurde, den er im Jahr zuvor mit einer bei Hans-Joachim Schoeps in Erlangen eingereichten Dissertation[38] erworben hatte. Eine 1981 dann bei den Historikern Thomas Nipperdey und Gerhard A. Ritter in München erneut vorgelegte Dissertation zu einem Thema aus der eigenen Familiengeschichte[39] überwand alle universitären Hürden indes anstandslos. Seitdem machte sich Prinz Friedrich Wilhelm mit zahlreichen populärwissenschaftlichen Veröffentlichungen zur preußisch-deutschen Geschichte einen Namen. Sein jüngerer Bruder, Prinz Michael von Preußen (1940–2014) hat über ihrer beider gemeinsam verbrachte Jugendzeit ausführlich berichtet.[40]

Neuer Chef des Hauses ist seit 1994 Prinz Georg Friedrich von Preußen, der 1976 geborene Enkel Louis Ferdinands. Dieser hatte ihn noch zu Lebzeiten als zukünftigen Nachfolger nominiert, nachdem sein Vater Prinz Louis Ferdinand Junior (1944–1977) in Folge einer Wehrübung der Bundeswehr ums Leben gekommen war. Prinz Georg Friedrich widmet sich nach einem betriebswirtschaftlichen Studium an der Technischen Universität Bergakademie Freiberg in Sachsen nicht nur der Verwaltung des der Dynastie nach 1945 verbliebenen Familienbesitzes. Gemeinsam mit seiner Ehefrau Sophie Prinzessin von Isenburg (geb. 1978) erfüllt er von seinem Wohnsitz in Potsdam aus zahlreiche karitative, kulturbezogene und wirtschaftliche Verpflichtungen, die seine Rolle als Chef des Hauses Hohenzollern in der Öffentlichkeit sichtbar werden lassen. Das gilt, einmal mehr, nach dem Eintritt großer Teile der einstigen brandenburgischen Stammlande der Dynastie in die Bundesrepublik seit der deutschen Vereinigung im Herbst 1990. Vor allem auf dem Feld des Denkmal- und Kulturgüterschutzes der Berlin-Potsdamer Schlösserlandschaft ist das Haus seit Jahren stark engagiert.

Mit der schwäbischen Stammburg bei Hechingen betreibt die Familie bis heute eines der größten privat geführten Schlossmuseen Deutschlands mit mehreren hunderttausend Besuchern pro Jahr. Seit über siebzig Jahren ist das Haus Hohenzollern zudem der größte unentgeltliche Leihgeber in Museen und Schlössern im Raum Ber-

Prinz Louis Ferdinand und Prinzessin Kira mit dem Regierenden Bürgermeister von Berlin, Willy Brandt, beim Berliner Presseball 1962

lin-Brandenburg. Bemühungen um Restitutionsleistungen für jenes mobile und immobile Eigentum, das der Familie nach 1945 auf dem Gebiet der späteren DDR – wie allen anderen dort beheimateten deutschen Fürstenhäusern – von der sowjetischen Besatzungsmacht bzw. dem von ihr installierten kommunistischen Regime in Ost-Berlin geraubt wurde, blieben bisher ohne Erfolg.

Nach der deutschen Vereinigung sollte die Bundesrepublik Deutschland zunächst bis 2014 das Nießbrauchsrecht an den in Rede stehenden Kulturgütern ausüben, danach sollte auf dem Weg von Verhandlungen zwischen den Beteiligten – dem Haus Hohenzollern, der Bundesrepublik sowie den Bundesländern Berlin und Brandenburg – ein gütlicher, alle Seiten zufriedenstellendender Vermögensausgleich herbeigeführt werden. Vergleichbare Abmachungen hat es bereits mit einigen ehemals regierenden mitteldeutschen Fürsten gegeben. Und auch in den vom Kommunismus befreiten Ländern des europäischen Südostens gibt es mittlerweile überall konsensorientierte Regelun-

Prinz Louis Ferdinand mit seinem Enkel, Prinz Georg Friedrich, 1987

gen strittiger Restitutionsfragen zwischen den jeweiligen Regierungen und den in ihre Heimatländer zurückgekehrten und dort wieder lebenden ehemaligen Herrscherfamilien – dem Haus Hohenzollern in Rumänien, dem Haus Sachsen-Coburg-Koháry in Bulgarien, den Häusern Karađorđević in Serbien, Zogu in Albanien und Petrović-Njegoš in Montenegro.[41] Sie alle haben einen Teil der ihnen einst von sowjetischen Satellitenregimen geraubten Vermögenswerte zurückerhalten. Doch alle südosteuropäischen Königshäuser haben die ihnen restituierten Güter keineswegs nur für private Zwecke genutzt, sondern erhebliche Summen in karitative Stiftungen und zivilgesellschaftliche Organisationen einfließen lassen. Das hat ihnen einen erheblichen Popularitätsgewinn in ihren Heimatländern verschafft.

Den Hohenzollern blieb eine solche Lösung bis heute versagt, wobei das teilweise ungeschickte, mittlerweile indes korrigierte Agieren des Hauschefs Georg Friedrich die Chancen für eine gütliche Regelung nicht unbedingt erhöht hatte. Doch auch bei anderen mitteldeutschen Dynastien, die durch den Raubzug der Kommunisten nach 1945 ihr Eigentum einbüßten, geriet der Entschädigungsprozess immer wieder ins Stocken. Das galt selbst für die Repräsentanten jener Häuser – wie etwa Mecklenburg-Strelitz oder Anhalt –, deren Angehörige nachweislich durch das NS-Regime verfolgt und inhaftiert worden waren und damit eindeutig zu den Begünstigten des »Ausgleichsleistungsgesetzes« von 1994 zählten. Dieses Gesetz schließt nämlich nur jene Antragsteller von Restitutionen aus, die dem nationalsozialistischen (und dem im Osten nachfolgenden kommunistischen) Herrschaftssystem »erheblichen Vorschub« leisteten. Über die Frage, ob der preußische Kronprinz Wilhelm dieser Personengruppe zugerechnet werden muss, ist eine heftig geführte geschichtspolitische Kontroverse unter deutschen Historikern entstanden, deren Ausgang offen ist.[42] Nach langwierig erörterten Verhandlungsoptionen, die auf einen außergerichtlichen Vergleich zwischen den Restitutionsansprüchen der Familie und den ihnen entgegenstehenden Vorbehalten gezielt hatten, verzichtete Prinz Georg Friedrich im März 2023 auf die Entschädigungsklagen seines Hauses. Damit ebnete er den Weg für eine von aktuellen Streitfragen weitgehend unbelastete wissenschaftliche Erforschung der hohenzollernschen Familiengeschichte.

UNGEKRÖNTER KÖNIG
Die Wittelsbacher

Der letzte regierende Vertreter der seit 1180 in Bayern fest verankerten Dynastie der Wittelsbacher, die ab 1806 den Königstitel trug, verlor im November 1918 als erster deutscher Bundesfürst Thron und Krone. Anders als die Hohenzollern blieb die Familie von späteren Restitutionsstreitigkeiten unberührt. Das lag zum einen daran, dass ihr Territorium nach 1945 nicht von der Besetzung und Okkupation durch die Sowjets betroffen war, sodass die bereits 1923 geschlossene Vereinbarung über einen Finanzausgleich zwischen dem Haus Wittelsbach und dem Freistaat Bayern, auf die noch zurückzukommen sein wird, bis heute unverändert in Kraft blieb. Zum anderen hatten alle Mitglieder des bayerischen Königshauses ihre Ablehnung des Nationalsozialismus stets öffentlich bekundet – und standen daher nie in Verdacht, dem NS-Regime jemals irgendwelche Zuträgerdienste geleistet zu haben.

Ein Sturz des Königtums war in Bayern, dem nach Preußen mit Abstand zweitgrößten Staat des kaiserlichen Deutschlands, noch Anfang November 1918 höchst unwahrscheinlich erschienen.[1] Allerdings erfreute sich der amtierende Monarch, König Ludwig III. (1845–1921), keiner übermäßig großen Beliebtheit,[2] was ihn von seinem Vater und Vorgänger, Prinzregent Luitpold (1821–1912), unterschied, der das Land seit 1886 in Vertretung des herrschaftsunfähigen Königs Otto (1848–1916) mit milder Hand regiert hatte.[3] Ebenso leutselig, redlich und pflichtbewusst wie unprätentiös im persönlichen Umgang, schlugen Ludwig III. die betonte Nüchternheit seiner individuellen Lebensführung und die Nachlässigkeit seiner äußeren Erscheinung nicht zum Vorteil aus.[4] Sein mangelndes Charisma vermochte wenig

Vier Generationen Wittelsbach: Kronprinz Rupprecht, Herzog Albrecht, Prinzregent Luitpold, König Ludwig III.

Sympathien zu erwecken. Viele Bürger Bayerns nahmen ihm zudem übel, dass er, anders als Prinzregent Luitpold, im November 1913 offiziell den Königstitel angenommen hatte – zu einem Zeitpunkt, als der in vollkommener geistiger Umnachtung dahinvegetierende »legitime« König Otto, der jüngere Bruder des »Märchenkönigs« Ludwig II. (1845–1886), noch lebte.

Obgleich sich die allgemeine Stimmung in der Residenzstadt München Anfang November 1918 auch gegen die Person des Monarchen zu richten begann, kam sein Sturz doch überraschend.[5] Eine Kundgebung auf der Münchner Theresienwiese, an der am Nachmittag des 7. Novembers 1918 bis zu 60 000 Menschen teilnahmen, galt in erster Linie der Forderung nach sofortiger Beendigung des Krieges. Die Situation geriet erst außer Kontrolle, nachdem der linkssozialistische Schwärmer, Agitator und verhinderte Poet Kurt Eisner mit einer kleinen Minderheit gewaltbereiter Soldaten die Münchner Regierungsgebäude besetzte, die Monarchie für abgeschafft erklärte

König Ludwig III. und Königin Marie Therese in München, 1914

und sich selbst zum bayerischen Ministerpräsidenten ernannte. Sein Staatsstreich traf nirgendwo auf ernsthaften Widerstand, zumal der ohnehin als wenig entschlussfreudig geltende König es unmittelbar bei Bekanntwerden des drohenden Aufruhrs vorzog, seinen Posten in der Residenz zu verlassen.

Die zeitweise grotesken Begleitumstände dieser Flucht gaben schon manchen Zeitgenossen Anlass für Hohn und Spott. Ludwig III., nur ausgestattet mit einer Zigarrenschachtel, ließ aus Angst vor revolutionären Übergriffen die Königskronen auf den Türen seines Wagens vor dessen Start mit grauer Farbe übermalen. Das ohne Beleuchtung fahrende Gefährt kam auf der Strecke nach Wildenwart im Chiemgau mehrfach vom Weg ab und musste von den Pferden eines herbeigeeilten Bauern aus einer versumpften Wiese auf die Fahrbahn zurückgezogen werden. Bei der Ankunft vor Schloss Anif in Österreich, dem Ziel der Flucht, wollte man schließlich der etwas mitgenommen wirkenden Reisegesellschaft zunächst keinen Einlass gewähren und öffnete erst nach einigem Hin und Her die Pforten des Hauses. Von Schloss Anif aus entband der König am 13. November 1918 die bayerischen Beamten, Offiziere und Soldaten von ihrem ihm gegenüber geleisteten Treueeid, verzichtete aber ausdrücklich nicht auf seinen Thron.

Die Bürger Bayerns waren bei alledem nicht um ihre Meinung befragt worden, und es ist anzunehmen, dass sie den von einer kleinen Minderheit betriebenen Novemberumsturz überwiegend missbilligten – umso mehr, als ihnen die wenig schmeichelhaften Begleitumstände der königlichen Flucht noch unbekannt waren.[6] Wie es um die Mehrheitsverhältnisse tatsächlich stand, erwies sich bereits im Januar 1919 bei der Wahl zum Bayerischen Landtag, die der Partei des selbsterklärten Ministerpräsidenten Eisner, der linksradikalen USPD, nur 2,5 Prozent der Wählerstimmen brachte und sie damit zur Bedeutungslosigkeit verurteilte. Demgegenüber erwiesen sich knapp zwei Jahre später die Begräbnisfeierlichkeiten für Ludwig III. – der entthronte König war am 18. Oktober 1921 bei einem Besuch auf seinem ungarischen Schloss Nádasdy in Sárvár unerwartet verstorben – als eindrucksvolle Demonstration zugunsten der gestürzten Dynastie. Den Trauerzug mit den Särgen Ludwigs III. und seiner bereits zuvor verstorbenen Ehefrau Marie Therese (1849–1919)[7] begleiteten auf dem Weg von der Ludwigskirche zur Fürstengruft im Münchner Dom über 100 000 Menschen, unter ihnen die Mitglieder der bayerischen Staatsregierung.[8] Zu einem vielfach erwarteten »Königsputsch« ist es damals allerdings nicht gekommen.

Auf die monarchiefreundliche Stimmung in weiten Kreisen der bayerischen Bevölkerung vertraute hinfort der Thronfolger, Kronprinz Rupprecht (1869–1955), der zum Zeitpunkt des Münchner Umsturzes noch das Oberkommando der nach ihm benannten Heeresgruppe innehatte, welches er erst am 11. November niederlegte. Der Kronprinz war im Krieg als ebenso tapferer wie umsichtiger Truppenführer hervorgetreten. Er hatte immer wieder vergeblich für eine auf Verständigung und Augenmaß zielende Politik geworben und war seit 1917 in heftige Gegnerschaft zur Dritten Obersten Heeresleitung

König Ludwig III. nach seiner Entthronung

unter Paul von Hindenburg und Erich Ludendorff geraten, deren verhängnisvolles Festhalten an einem schon längst nicht mehr zu erlangenden »Siegfrieden« von ihm entschieden – und ebenso vergeblich – missbilligt wurde. Seine diesbezüglichen Erfahrungen präsentierte er später in drei umfänglichen Erinnerungsbänden der Öffentlichkeit.[9]

Anders als sein Vater genoss der Kronprinz schon vor Kriegsbeginn große Popularität im Land.[10] Nach dem raschen Tod Ludwigs III. im Oktober 1921 avancierte er zum Hoffnungsträger einer zahlenmäßig starken monarchistischen Bewegung in Bayern. 1921 heiratete er in zweiter Ehe die luxemburgische Prinzessin Antonie (1899–1954), eine jüngere Schwester der dort seit 1919 regierenden Großherzogin Charlotte (1896–1985). Aus der Ehe gingen sechs Kinder hervor, als Erbprinz firmierte jedoch Prinz Albrecht von Bayern (1905–1996), das einzig überlebende Kind aus Rupprechts erster Ehe mit Marie Gabriele Herzogin in Bayern (1878–1912).[11] Erbprinz Albrecht heiratete 1930 die kroatische Gräfin Maria Draskovich von Trakostjan (1904–1969), die bis 1948 gemäß des Wittelsbacher Hausgesetzes als nicht ebenbürtig galt. Der Erbprinz übernahm daher vorerst keine Aufgaben für das königliche Haus und entzog sich, sehr zum Kummer des Vaters, weitgehend repräsentativen Verpflichtungen.

Kronprinz Rupprecht war ein welterfahrener und überaus gebildeter Mann mit weitgespannten wissenschaftlichen und künstlerischen Interessen. Seit den 1890er Jahren hatte er bis kurz vor Kriegsausbruch 1914 rasch aufeinander folgende Weltreisen unternommen – nach Indien und China, nach Japan und Nordamerika, nach Italien und Spanien, Südosteuropa, Ägypten und in den gesamten Vorderen Orient. Seine umfangreichen Tagebuchaufzeichnungen arbeitete er später zu voluminösen Reisebeschreibungen aus, die zu Beginn der 1920er Jahre in rascher Folge als Bücher erschienen und durchaus von wissenschaftlichem und kulturhistorischem Wert waren.[12] Der versierte Kunstkenner, Kunstsammler und Kunstliebhaber zählte zu seinen engen Freunden den in Florenz lebenden Bildhauer Adolf von Hildebrand (1847–1921), der ihn 1913 auch portraitierte. Das Münchner Kultur- und Geistesleben um die Jahrhundertwende, in das Rupprecht durch vielfältige persönliche Kontakte eingebunden war, verdankte ihm besondere Förderung. Doch auch andere Orte und Regionen im Land profitierten damals von seinem kulturpolitischen Engagement, das noch 1953 mit einer Festschrift namhafter Historiker, Kunsthistoriker und Denkmalpfleger gewürdigt wurde.[13] Er war aktives Mitglied zahlreicher wissenschaftlicher Vereinigungen und gelehrter Gesellschaften; 1909 verlieh ihm die Juristische Fakultät der Berliner Friedrich-Wilhelms-Universität die Ehrendoktorwürde, und 1911 wählte ihn die Bayerische Akademie der Wissenschaften zu ihrem Ehrenmitglied.[14]

In den 1920er Jahren trat der Kronprinz häufig in der Öffentlichkeit auf. Von seinen ihm 1923 zugesprochenen Wohnsitzen in München, Berchtesgaden, Hohenschwangau und Leutstetten aus bereiste er die bayerische Heimat, hielt besonders im Münchner Palais Leuchtenburg »Hof« und wurde bei Festen, Feiern und Empfängen zumeist wie ein regierender Monarch behandelt. Auch seinen Thronanspruch hielt er unverdrossen aufrecht. Ein erneuertes Wittelsbacher König-

Kronprinz Rupprecht.
Porträtbüste von Adolf
von Hildebrand, 1913

tum galt ihm zeitlebens als Garant der Eigenstaatlichkeit Bayerns und als ein überparteilicher ruhender Pol im Staatsganzen. Zugleich jedoch verwarf er mit großer Entschiedenheit alle Pläne und Vorschläge, die darauf abzielten, die Monarchie durch einen Staatsstreich, einen ihm mehrfach empfohlenen »Königsputsch« oder durch die Loslösung Bayerns vom Reich wiederherzustellen. Er wollte nur legal, auf verfassungsmäßigem Weg, den Thron seiner Väter besteigen. Das aber war ein illusionäres und in jeder Hinsicht vollkommen aussichtsloses Unterfangen.

So ist es denn zu einer Restauration des bayerischen Königtums niemals gekommen. Die in den Jahren der Weimarer Republik dominierende politische Kraft in Bayern, die Bayerische Volkspartei, arrangierte sich mit der republikanischen Staatsform. Eine 1919 gegründete Bayerische Königspartei blieb bedeutungslos. Allerdings vermochte der 1921 ins Leben gerufene »Bayerische Heimat- und Königsbund« als überparteiliche Sammlungsbewegung – mit dem Ziel einer Wiedereinsetzung der Wittelsbacher und unterstützt von zahlreichen monarchistisch eingestellten Persönlichkeiten des öffentlichen Lebens – in der Folgezeit eine flächendeckende Organisation im ganzen Land aufzubauen. 1926 zählte er über 65 000 eingeschriebene Mitglieder in über 1 330 Ortsvereinen.

Seit Sommer 1932 bemühten sich bayerische Royalisten immer intensiver darum, das Wittelsbacher Königtum unter Kronprinz Rupprecht als letztes Rettungsmittel gegen die stetig anwachsende Bedrohung durch den Nationalsozialismus wieder zu errichten. Adolf Hitler hasste nicht nur die Monarchie als Staatsform, sondern empfand auch eine heftige Abneigung gegen den bayerischen Kronprinzen, der ihm nur ein einziges Mal 1922 persönlich begegnet war – die Abneigung beruhte auf Gegenseitigkeit. Führende Vertreter der Bayerischen Volkspartei erwogen an der Jahreswende 1932/33, unter Berufung auf Artikel 64 der Bayerischen Verfassung von 1919 und im Blick auf einen früheren Präzedenzfall aus dem Jahr 1923, den Kronprinzen als Generalstaatskommissar zu installieren und ihn dabei mit der Königswürde auszustatten.

Dieses Projekt einer monarchischen Restauration in Bayern hätte sich damals einer breiten öffentlichen Unterstützung sicher sein können – bis weit in die Reihen der Sozialdemokratie hinein. Wilhelm Hoegner (1887–1980), damals SPD-Reichstagsabgeordneter und entschiedener Gegner der Nationalsozialisten, hat in seinen Lebenserinnerungen über die damals unternommenen Bemühungen berichtet, die darauf abzielten, den bayerischen Ministerpräsidenten Heinrich Held (1868–1938) für eine solche Lösung zu gewinnen. Held jedoch wollte, Hoegner zufolge, »ein Schattenkönigtum«, das es ihm erlaubt hätte, »in der Personalpolitik die Gepflogenheiten der letzten dreizehn Jahre fortzusetzen. Dazu gab sich wohl der bayerische Kronprätendent nicht her, und aus diesem Grunde kamen die Verhandlungen über die Einführung der Monarchie nicht vom Fleck.«[15] Jedenfalls fehlten Held und den Entscheidungsträgern in seiner Umgebung in den maßgeblichen Wochen und Tagen Wille und Weitsicht zu entschlossenem Handeln. Schon im März 1933 waren die Ereignisse über das vieldiskutierte bayerische Königsprojekt hinweggegangen.

Buchveröffentlichungen Kronprinz Rupprechts: Reiseerinnerungen aus Indien (1922) und Ostasien (1923)

Kronprinz Rupprecht entzog sich den Verhören, denen er seitens der Gestapo mehrfach unterzogen wurde, 1940 durch Übersiedlung nach Ungarn auf sein Schloss Nádasdy, dann nach Italien. Er ging zunächst nach Rom, wo seit den frühen 1920er Jahren sein Cousin Georg von Bayern (1880–1943) lebte, ein Enkel des Prinzregenten Luitpold, der nach einem Theologiestudium 1921 zum Priester geweiht und danach vom Heiligen Stuhl mit hohen und höchsten Ehrentiteln ausgezeichnet worden war. Später lebte der Kronprinz in Florenz. Dort führte er, als Kenner und Liebhaber der italienischen Kultur mit historischen und kunstgeschichtlichen Studien beschäftigt, das zurückgezogene Leben eines Privatgelehrten. Er pflegte jedoch weiterhin rege Kontakte zu NS-kritischen deutschen Intellektuellen, die sich dem Regime gleichfalls durch Emigration nach Italien entzogen hatten, etwa zu dem jüdischen Schriftsteller Rudolf Borchardt (1877–1945). Der aus Sachsen stammende Autor Max Krell (1887–1962), damals ebenfalls in der Stadt am Arno lebend, behielt ihn als fleißigen

Kronprinz Rupprecht beim deutschen Katholikentag, 1922

Besucher und Benutzer der Bibliothek des dortigen Kunsthistorischen Instituts in Erinnerung: »ein älterer Herr [...] an einem Ecktischchen des Lesesaals [...], ein schlanker Siebziger, mit einem kurzgehaltenen grauen Bärtchen auf der Oberlippe, das Haar fast weiß, die Haltung signoril. [...] Der Diener hatte die Weisung, ihn nicht ins Besuchsregister einzutragen. Dem nationalsozialistischen Aufpasser wurde seine Anwesenheit verschwiegen. Als nach Mussolinis Sturz die deutschen Truppen auf Florenz zu rückten, verschwand er«.[16]

Dennoch wurde Rupprecht nach der Besetzung der Stadt durch Verbände der Wehrmacht 1943 von Agenten des Regimes bespitzelt, überwacht und entging mehrfach nur knapp der Verhaftung durch die Gestapo. Seine ebenfalls nach Italien emigrierte Familie – Kronprinzessin Antonie und ihre fünf Töchter – wurde in den Dolomiten nach dem Attentat des Grafen Stauffenberg vom 20. Juli 1944 auf persönliche Anweisung Hitlers mit Sippenhaft belegt und ins Konzentrationslager Sachsenhausen, später nach Flossenbürg und zuletzt nach

Dachau deportiert. Dieses Schicksal teilten Erbprinz Albrecht und seine Frau mit ihren vier Kindern, die sich im Sommer 1944 in Ungarn aufgehalten hatten. Auf dem Transport ins Gebirge wurde die gesamte Familie im April 1945 bei Ammerwald an der Tiroler Grenze von amerikanischen Truppen befreit.

In den Jahren danach erwiesen sich alle Bemühungen um eine Reaktivierung der monarchischen Staatsform in Bayern als aussichtslos. Die amerikanische Militärregierung stand einer Neugründung der Bayerischen Heimat- und Königspartei ablehnend gegenüber. Und auch führende Vertreter der nunmehr dominierenden bayerischen Regionalpartei CSU, allen voran die intrigante Figur ihres ersten Vorsitzenden und späteren bayerischen Justizministers Josef Müller (»Ochsensepp«), verwarfen den Gedanken an eine monarchische Restauration. Der 1950 wiedergegründete Bayerische Heimat- und Königsbund »In Treue fest« e. V. konnte, anders als seine Vorgängerorganisation in den Jahren der Weimarer Republik, keine echte Breitenwirkung mehr erzielen. Hochachtung und ungebrochenen Respekt gegenüber dem Kronprinzen bekundete hingegen, einmal mehr, der von der amerikanischen Besatzungsbehörde nach Kriegsende als bayerischer Ministerpräsident eingesetzte Sozialdemokrat Wilhelm Hoegner, der nach einer seiner Zusammenkünfte mit Rupprecht bekannte: »So einen König können wir [Sozialdemokraten] uns gefallen lassen.«[17] Nach der Kriegszerstörung des Palais Leuchtenburg legte Hoegner die künftige Münchener Repräsentanz des Hauses Wittelsbach in Schloss Nymphenburg fest.

Wilhelm Hoegner war es dann auch, der in seiner zweiten Amtszeit als bayerischer Ministerpräsident persönlich dafür Sorge trug, dass die Beisetzungsfeierlichkeiten des im August 1955 verstorbenen Kronprinzen »wie für einen König« abgehalten wurden und der Katafalk mit dem Sarg für das Requiem und die Beisetzung in der Münchener Theatinerkirche mit der bayerischen Königskrone geschmückt wurde, die man dafür eigens aus der Schatzkammer der Residenz holte. Das aufwendig inszenierte Staatsbegräbnis wurde von einer überwältigenden öffentlichen Anteilnahme begleitet – mehr als

Kronprinzessin Antonie mit ihren fünf Töchtern nach der Entlassung aus dem Konzentrationslager Dachau, 1945

Drei Generationen: Kronprinz Rupprecht, Prinz Franz, Prinz Max Emanuel, Erbprinz Albrecht, 1950

50 000 Menschen defilierten am offenen Sarg des Verstorbenen in der Ludwigskirche vorbei. Neuer Chef des Hauses Wittelsbach wurde Rupprechts Sohn, Erbprinz Albrecht, nun Herzog von Bayern. Unter den gewandelten Zeitumständen vermochte er jedoch nicht mehr jene Strahlkraft zu entfalten, die sein Vater einst besessen hatte. Als gelernter Forstwirt machte Herzog Albrecht vor allem durch seine Jagdleidenschaft von sich Reden.

Sein Sohn Prinz Franz (geb. 1933), seit 1996 als Familienoberhaupt Herzog von Bayern, profiliert sich bis heute – neben karitativen Unternehmungen – in erster Linie als Kenner, Förderer und Sammler zeitgenössischer Kunst. Damit steht er in der mäzenatischen Tradition der bayerischen Könige – einschließlich seines Großvaters, des kunstliebhabenden Kronprinzen Rupprecht –, denen Kunstförderung und Wissenschaftspflege stets ein wichtiges Anliegen gewesen sind. Den finanziellen Unterhalt sichern ihm und seiner Dynastie die jährlichen Ausschüttungen des »Wittelsbacher Ausgleichsfonds«. Dieser war 1923, im Rahmen einer vermögensrechtlichen Einigung mit dem Freistaat Bayern, als Stiftung des öffentlichen Rechts eingerichtet worden. Die bis heute unverändert gültige Vereinbarung brachte seinerzeit für beide beteiligte Parteien Vorteile. Der bayerische Staat übertrug die zunächst enteigneten Hauptbesitzungen der Familie nicht direkt wieder an das Haus Wittelsbach. Er brachte stattdessen die Eigentumsrechte an den Schlössern Neuburg (bis 1939), Fürstenried (1929), Berchtesgaden, Hohenschwangau, Berg und Grünau, der Villa Ludwigshöhe (bis 1975) und zahlreichen Wohnhäusern, Liegenschaften und Forsten in den »Ausgleichsfond« ein. Zudem wurde die Familie verpflichtet, das Geheime Hausarchiv und das Privatvermögen einschließlich zahlreicher Kunstgegenstände, darunter die Sammlungen König Ludwigs I. (1786–1868), in den »Ausgleichsfond« zu überführen. Im Gegenzug werden die daraus erzielten Erträge und Gewinne an das Haus Wittelsbach abgeführt. Die Bilanz des Fonds betrug 2018 444 Millionen Euro.

Aus dem in den Jahrhunderten vor 1803 gebildeten Kunstbesitz errichtete Kronprinz Rupprecht darüber hinaus die »Wittelsbacher

Schloss Nymphenburg in München

Landesstiftung für Kunst und Wissenschaft«, die zwar Eigentümerin der Kunstsammlungen ist, die Pflege der Objekte jedoch dem bayerischen Staat überließ. Davon unberührt blieben Teile des Privatbesitzes, darunter die Schlösser Wildenwart, Leutstetten und Kaltenberg, Schloss Tegernsee und das Wildbad Kreuth. Seit 2007 dokumentiert das dynastische »Museum der Bayerischen Könige« in Hohenschwangau die Kunstpatronage des Hauses Wittelsbach.

Der gegenwärtige Hauschef Herzog Franz ist unverheiratet und kinderlos geblieben.[18] Da auch sein als Nachfolger geltender jüngerer Bruder Prinz Max Emanuel Herzog in Bayern (geb. 1937) keine männlichen Nachkommen hat, ist als künftiger Chef des Hauses Wittelsbach der 1951 geborene Prinz Luitpold vorgesehen – ein Sohn des Prinzen Ludwig (1913–2008) und der Prinzessin Irmingard von Bayern (1923–2010), Tochter des Kronprinzen Rupprecht aus dessen zweiter Ehe mit Prinzessin Antonie von Luxemburg.

UNVERDIENTES ENDE
Das Haus Württemberg

Anders als in Bayern erfreute sich im benachbarten Königreich Württemberg der letzte Monarch bei seinen Landeskindern außerordentlicher Beliebtheit. Wilhelm II. (1848–1921) lebt noch heute im Gedächtnis vieler geschichtsbewusster Schwaben als »der gute König« weiter.[1] Schon unter zeitgenössischen Beobachtern galt sein zurückhaltender Regierungsstil als eine Art Gegenmodell zum pompösen Gebaren des in Berlin und Potsdam residierenden königlich-kaiserlichen Namensvetters und Amtskollegen. Beide Herrscher schätzten einander nicht. Und dass es 1907 zwischen ihnen nicht zum offenen Bruch gekommen ist, war wohl nur der konzilianten Art des württembergischen Landesherrn zu verdanken. Damals hatte der König – gegen den lautstark erhobenen und öffentlich artikulierten Protest des deutschen Kaisers – dafür gesorgt, dass der Siebte Internationale Sozialistenkongress in der württembergischen Residenz- und Landeshauptstadt Stuttgart stattfinden konnte. Es war die bis dahin erste und vor 1914 einzige Zusammenkunft dieser Art auf deutschem Boden.

Württemberg war mit einem Gebietsumfang von knapp 20 000 Quadratkilometern und zuletzt etwa zweieinhalb Millionen Einwohnern das drittgrößte der nach 1866 in Deutschland noch existierenden vier Königreiche – nach Preußen und Bayern und weit vor Sachsen. Die Dynastie, der das Land seinen Namen verdankt, war seit ihrer Ersterwähnung 1083 in der Region fest verwurzelt – zunächst als Grafen, später als Herzöge und Kurfürsten, seit 1806 als Könige eines territorial erheblich vergrößerten Staates. Wilhelm II., der letzte regierende Repräsentant des Hauses Württemberg, hatte sich seit Beginn seiner Amtszeit 1891 durch eine bemerkenswerte Souveränität

Württembergs letzter König: Wilhelm II., um 1912

beim Umgang mit allen politischen Parteien und gesellschaftlichen Gruppen im Land ausgezeichnet und sich dadurch auch und gerade die Sympathien der schwäbischen Arbeiterschaft erworben. Das karitative Engagement, das er und seine Ehefrau Königin Charlotte (1864–1946), eine Prinzessin aus dem Haus Schaumburg-Lippe, an den Tag legten, machten ihn weit über die württembergischen Landesgrenzen hinaus bekannt. Gleichzeitig ließen ihn die Kontakte, die er nach 1914 zur pazifistisch gesinnten »Deutschen Friedensgesellschaft« unterhielt, in führenden Kreisen der Obersten Heeresleitung verdächtig erscheinen.[2]

Seine Amtsführung als konstitutioneller Monarch galt allgemein als vorbildlich, verfassungskonform und verantwortungsvoll. Noch im Oktober 1916, anlässlich seines fünfundzwanzigjährigen Regierungsjubiläums, erschien eine fast 1000-seitige Festschrift, in der die namhaftesten Vertreter des öffentlichen Lebens in Württemberg sämtliche Bereiche seiner Regierungstätigkeit würdigten.[3] Damals hatten den König überwältigende Beweise der Zuneigung, Anhänglichkeit und Verehrung aus allen Kreisen der Bevölkerung erreicht – bis hin zur öffentlichen Bekundung des prominenten sozialdemokratischen Reichstags- und Landtagsabgeordneten Wilhelm Keil (1870–1968), der damals verlauten ließ, dass »wenn morgen in Württemberg an die Stelle der Monarchie die Republik treten würde«, kein zweiter Kandidat mehr Aussichten hätte, »an die Spitze des Staates gestellt zu werden, als der jetzige König«.[4]

Nur zwei Jahre später, im November 1918, erwiesen sich solche wohlfeilen Lobreden und Lippenbekenntnisse als wertlos. Wilhelms II. humane und soziale Gesinnung, die vornehme Bescheidenheit seiner persönlichen Lebensführung, die ungeschmälerte Akzeptanz, die ihm parteiübergreifend entgegengebracht wurde – all das vermochte den alten König nicht davor zu bewahren, seinen Thron auf besonders demütigende und verletzende Weise zu verlieren.[5]

Als am Vormittag des 9. November 1918 am Rand einer Großkundgebung auf dem Stuttgarter Schlossplatz eine kleine Gruppe Revolutionäre zur königlichen Residenz im nahegelegenen Wilhelmspalais vordrang, erwies sich das Gebäude als militärisch vollkommen ungesichert. Nur ein einziger diensttuender Soldat, der später in Untertürkheim als Pfarrer wirkende Oberleutnant der Reserve Karl Botsch, fand sich zur Verteidigung des hilflosen Monarchen bereit und wurde von der aufgeputschten Menge blutig zugerichtet – der damalige württembergische Finanzminister Theodor von Pistorius (1861–1939) hatte die wüsten Szenen miterlebt und hielt sie in einem Augenzeugenbericht fest.[6] Wilhelm II. wurde persönlich nicht angegriffen, musste aber schweigend zusehen, wie Eindringlinge seine Räumlichkeiten verwüsteten, auf dem Dach des königlichen Schlosses die Standarte des Monarchen herunterrissen und statt ihrer eine mitgebrachte Rote Fahne aufzogen.[7]

Viele Stuttgarter Bürger, Staatsbeamte und Offiziere der Königlich Württembergischen Armee, die diese Szenen beobachteten, mussten sich im Nachgang die vorwurfsvolle Frage gefallen lassen, warum kein einziger von ihnen den so sehr geschätzten Herrscher in dieser bedrohlichen Situation zu schützen versuchte. Eskortiert von schwerbewaffneten Angehörigen des Arbeiter- und Soldatenrates, nahm der Monarch in den Abendstunden des Revolutionstages für immer Abschied von seiner Residenz und verkündete am 30. November von Schloss Bebenhausen aus in einem auch heute noch bewegenden »Scheidegruß« an das »Württemberger Volk« seinen Thronverzicht.

Nach Ablegung des Königstitels verbrachte der nunmehrige Herzog von Württemberg die letzten drei ihm noch verbleibenden Jahre abwechselnd in Bebenhausen und Friedrichshafen. Er lebte anspruchslos als »Bürger unter Bürgern«, zuletzt doch noch versöhnt mit seinem unverdienten Sturz und auch von der neuen republikanischen Regierung mit Respekt, Entgegenkommen und ausdrücklichem Dank für sein langjähriges Wirken im Dienst des Landes bedacht. Es war vor allem der erste Ministerpräsident des nunmehrigen »Volksstaates Württemberg«, der zeitlebens um gesellschaftlichen Ausgleich bemühte sozialdemokratische Historiker, Publizist und Schriftsteller Wilhelm Blos (1849–1927), dem der entthronte Herrscher eine großzügigen Regelung seiner Eigentumsverhältnisse ver-

König Wilhelm II. beim Aktenstudium, um 1910

dankte. Dazu zählte, unter anderem, die Überlassung der Schlösser Bebenhausen, Friedrichshafen, Monrepos und Altshausen. Die frühere Residenz Stuttgart freilich mochte er, in Erinnerung an die demütigenden Geschehnisse des 9. November 1918 und an das als Versagen empfundene Verhalten des Stuttgarter Bürgertums, niemals wieder betreten. Seinem mehrfach geäußerten Wunsch entsprechend, mied der Trauerzug bei der Überführung seiner sterblichen Überreste zur Familiengruft nach Ludwigsburg denn auch den Weg über die ehemals königliche Landeshauptstadt – Wilhelm II. war nach kurzer Krankheit als erster der 19 im November 1918 entthronten deutschen Landesfürsten am 2. Oktober 1921 in Bebenhausen gestorben.

An den schlicht gehaltenen Beerdigungsfeierlichkeiten nahmen damals mehr als 100 000 Trauernde teil – unter ihnen die gesamte Regierung des »Volksstaates Württemberg«. Sie verliehen damit einer monarchiefreundlichen Stimmung Ausdruck, wie sie wenige Monate zuvor bereits beim Begräbnis der sehr populären Kaiserin Auguste

Viktoria vorgeherrscht hatte und kurze Zeit später noch einmal den Trauerzug des weitaus weniger beliebten bayerischen Königs Ludwig III. prägen sollte – ohne freilich politische Konsequenzen nach sich zu ziehen. Eugen Gerstenmaier (1906–1986), überlebender Vertrauensmann der am Attentat auf Adolf Hitler vom 20. Juli 1944 unmittelbar Beteiligten und von 1954 bis 1969 Präsident des Deutschen Bundestags, erinnerte sich noch 1981 an den Tod des Königs, »bei dessen Beisetzung [...] das Land weinte«.[8]

Kurt Georg Kiesinger (1904–1988), der zwischen 1966 und 1969 als Bundeskanzler amtierte und wie sein CDU-Parteifreund Gerstenmaier in Schwaben geboren war, zeigte sich damals dem König derart zugetan, dass er ihm bei dessen Tod eine jugendliche Elegie widmete.[9] Selbst das strikt anti-royalistisch gesinnte, in Heilbronn erscheinende sozialdemokratische »Neckar-Echo« mochte in einem Nachruf auf den Verstorbenen mit verhaltener Zuneigung nicht sparen. »Wilhelm II.«, so stand es dort am 3. Oktober 1921, »war als Mensch und Persönlichkeit hochachtbar und er hat sich auch in seiner Eigenschaft als Monarch immer und überall Sympathie erworben. [...] Wenn alle Monarchen ihre Rolle so klug und mit weiser Zurückhaltung gespielt hätten, wie Wilhelm II. von Württemberg, so würde das monarchische System nicht [...] bankrott gemacht haben. An der Bahre des toten Herzogs senken auch wir Sozialisten und Republikaner in Achtung und persönlicher Sympathie unsere Fahne.«[10]

Da die beiden Ehen des letzten Königs ohne überlebende männliche Nachkommen geblieben waren, firmierte hinfort der frühere Thronfolger Herzog Albrecht (1865–1939) aus der katholischen Linie der Dynastie als neuer Chef des Hauses. Albrecht hatte 1893 die dann sehr früh verstorbene österreichische Erzherzogin Margarethe Sophie (1870–1902) geheiratet. Seine Bewährungsprobe bestand er in den Schlachten des Ersten Weltkriegs an der Westfront als einer der fähigsten Oberbefehlshaber an der Spitze einer Heeresgruppe.[11] Ebenso wie sein ältester Sohn, Herzog Philipp Albrecht, hatte er sich dem Thronverzicht des Königs seinerzeit nicht angeschlossen. Er residierte bis zu seinem Tod zurückgezogen in Schloss Altshausen bei Ra-

Württembergs Thronfolger:
Herzog Albrecht

vensburg, das bis heute der herzoglich-württembergischen Familie als Wohnsitz dient. Bemühungen zur Rückgewinnung der Krone hat es seitens der Dynastie nicht gegeben. Die Mitglieder des nunmehrigen Herzogshauses unterhielten jedoch enge Kontakte zu prominenten Hitlergegnern, unter anderem zu Claus Schenk Graf von Stauffenberg, dessen Vater Alfred Schenk Graf von Stauffenberg (1860–1936) dem verstorbenen König Wilhelm II. als langjähriger Oberhofmarschall und enger Vertrauter gedient hatte.

Herzog Albrechts ältester Sohn Philipp Albrecht (1893–1975), ein promovierter Jurist, verließ nach heftigen Auseinandersetzungen mit örtlichen NS-Größen 1934 die Landeshauptstadt Stuttgart und widmete sich – seit dem Tod des Vaters 1939 – als neuer Chef des Hauses der Verwaltung des Familienbesitzes in Altshausen. Sein jüngerer Bruder Herzog Carl Alexander (1896–1964), 1926 zum Priester geweiht und als Benediktinermönch (»Pater Odo«) in der katholischen Jugendarbeit aktiv, wurde 1936 von den Nationalsozialisten aus Deutschland ausgewiesen und 1943 in Abwesenheit zum Tode verurteilt. Er emi-

Herzog Carl Alexander von Württemberg, seit 1926 »Pater Odo«, bei der Ankunft in den USA, 1940

grierte zunächst in die Schweiz, später in die USA. Von dort aus half er vertriebenen Juden und setzte sich bis zu seiner Rückkehr nach Deutschland 1949 mit Nachdruck und Erfolg für Kriegsflüchtlinge und Kriegsgefangene ein.

Seit dem Tod Herzog Philipp Albrechts 1975 amtierte dessen zweitältester Sohn Herzog Carl (1936–2022) als Chef des Hauses, nachdem sein Bruder Herzog Ludwig (1930–2019) 1959 und erneut 1960 für sich und seine Nachkommen auf die Zugehörigkeit zum vormals regierenden königlichen Haus und auf alle damit verbundenen Rechte verzichtet hatte, weil seine Ehe mit dem damaligen Hausgesetz unvereinbar war. Herzog Carl war bis zu seinem Tod in zahlreiche soziale, karitative, wissenschaftliche und kulturelle Unternehmungen eingebunden. Er wurde dabei tatkräftig begleitet von seiner aus Frankreich stammenden Frau Herzogin Diane (geb. 1940), geborene d'Orlèans (-Braganca), Tochter des Grafen von Paris und Ururenkelin des letzten brasilianischen Kaisers Pedro II. (1825–1891), die als Malerin, Graphi-

Herzog Carl von Württemberg und Herzogin Diane, 2010

Schloss Altshausen im Landkreis Ravensburg

kerin und Bildhauerin bekannt geworden ist. Das württembergische Herzogspaar unterstützte unter anderem Stiftungen und Vereine zum Denkmalschutz, zur Krebshilfe und zur Jugendfürsorge und genoss dadurch eine jahrzehntelang unverändert anhaltende Wertschätzung im Land. Herzog Carl starb im Juli 2022 in Ravensburg. Seiner Beisetzung folgten nicht nur mehrere gekrönte und ungekrönte Häupter Europas. Auch zahlreiche württembergische Landespolitiker – Ministerpräsidenten und Minister, Oberbürgermeister und Landtagsabgeordnete – waren bei der Trauerfeier zugegen.

Als neuer Chef des Hauses firmiert der Enkel des Verstorbenen, Herzog Wilhelm (geb. 1994). Dessen Vater, Herzog Friedrich (1961–2018), der älteste Sohn Herzog Carls, zu Lebzeiten gleichfalls stark durch mäzenatische Aktivitäten in der Region eingebunden, kam 2018 durch einen Autounfall im Landkreis Ravensburg ums Leben. Das Familienunternehmen »Hofkammer des Hauses Württemberg« mit Sitz in Schloss Friedrichshafen – es betreibt Weinbau und Forstwirtschaft, verwaltet Grundstücke und Immobilien und unterhält darüber hinaus diverse Kulturdenkmäler, etwa die Schlösser Altshausen, Friedrichshafen und Monrepos – leitet seit 2022 der drittälteste Sohn des verstorbenen Herzogs Carl, der 1965 geborene Herzog Michael.

BIS ZULETZT POPULÄR
Die Albertinischen Wettiner in Sachsen

Von allen deutschen Bundesfürsten, die infolge der Novemberrevolution 1918 Amt und Thron verloren, war Sachsens letzter König zweifellos einer der populärsten – und wurde von nicht wenigen sächsischen Landeskindern nach seinem Sturz schmerzlich vermisst. Ein Grund für seine Beliebtheit war zweifellos die Tatsache, dass er die Sprache seines Landes mit ihrer charakteristischen dialektalen Färbung sprach. Außerhalb Sachsens wurde dieser Umstand mitunter gönnerhaft vermerkt – so etwa von Reichskanzler Bernhard von Bülow (1849–1929), der sich gelegentlich über den »komischen Anstrich« mokierte, den Friedrich August III. »nicht nur seine gar zu ausgesprochen sächsische Mundart, sondern auch die Unbeholfenheit seines Wesens und die läppische Art seiner Fragen und Bemerkungen« verliehen; daher sei es schwer, »ihm gegenüber den Ernst zu bewahren, der sich für den Reichskanzler im Verkehr mit Bundesfürsten ziemt«.[1] Aus der Perspektive eines überheblichen Berliner Aristokraten mochte sich dies vielleicht so darstellen. Doch in Dresden, Leipzig oder Chemnitz sah man das völlig anders und empfand »dn Geenich« – nach einem Diktum des Leipziger Erfolgsschriftstellers Hans Reimann (1889–1969)[2] – mit landespatriotischer Genugtuung als »Inkarnation des Sachsentums«.

Friedrich August III. (1865–1932)[3] amtierte seit 1904 als letzter regierender Repräsentant einer Dynastie, die seit 1089 im sächsisch-thüringischen Raum verwurzelt war – länger als die Hohenzollern in Brandenburg-Preußen, länger auch als die Wittelsbacher in Bayern.[4] Er erwies sich im Verlauf seiner nicht übermäßig langen Regierungszeit als ein streng konstitutionell agierender Monarch. Er vermied

Der letzte König Friedrich August III., um 1910

konsequent jeden persönlichen Eingriff in die laufenden Regierungsgeschäfte und füllte die in der sächsischen Verfassung von 1831 für das Staatsoberhaupt vorgeschriebene Funktion als vermittelnde Instanz jenseits aller tagespolitischen Parteiinteressen mustergültig aus. Durch diese strikt eingehaltene politische Neutralität, mehr jedoch durch sein warmherziges, liebenswürdiges und kontaktfreudiges Auftreten, erwarb er sich allgemeine Beliebtheit. Unzählige Reisen in nahezu jede Region seines Landes verschafften ihm zudem einen hohen Bekanntheitsgrad bei der heimischen Bevölkerung. Die Bescheidenheit und Anspruchslosigkeit seiner persönlichen Lebensführung tat ein Übriges, um ihn als das Idealbild eines verantwortungsbewussten Landesvaters von beinahe bürgerlich anmutendem Zuschnitt erscheinen zu lassen. Mit ihm und durch ihn entwickelte sich das seit 1806 existierende sächsische Königtum in Richtung einer modernen, zur demokratischen Staatlichkeit hin offenen Form der Monarchie,[5] wie sie in manchen europäischen Ländern, etwa im Königreich Belgien, im Königreich der Niederlande oder im Königreich Dänemark, bis heute eine zentrale identitätsstiftende Funktion erfüllt.[6]

Bei Kriegsausbruch 1914 hatte Friedrich August III. – obgleich von Jugend auf einer ungebrochen positiven Einstellung zum Soldatischen verpflichtet – als einziger der vier amtierenden deutschen Könige nicht den formellen Oberbefehl über seine Armee übernommen, deren Chef er war. Sein Engagement in den Kriegsjahren galt stattdessen rein repräsentativen Einsätzen – Frontreisen, Inspektionsfahrten, Lazarettbesuchen –, um die Moral der kämpfenden Truppen zu festigen, was ihm infolge seines in Friedenszeiten angesammelten politischen Kapitals vielfach auch gelang. So waren die revolutionären Ereignisse, die im November 1918 zum Umsturz führten, denn auch nicht gegen ihn persönlich gerichtet. Seine bis zuletzt völlig unangefochtene Stellung implodierte vielmehr im Strudel von Kriegsniederlage, militärischem Zusammenbruch und eines sich an Eigendynamik rasch überschlagenden Geschehens. Nach der Bildung von Arbeiter- und Soldatenräten in den meisten größeren sächsischen Städten besetzten meuternde Soldaten am 9. und 10. November 1918 öffentliche

Königliches Exil: Schloss Sibyllenort in Niederschlesien

Gebäude und Ämter in Dresden, hissten eine rote Fahne auf dem Turm des Residenzschlosses und erklärten die Monarchie für abgeschafft. Friedrich August untersagte den zu ihm stehenden Offizieren und Soldaten, mit Waffengewalt gegen die Meuterer vorzugehen. Ohne nennenswerte Aktivitäten mehr zu entfalten, verließ er seine Hauptstadt und erklärte am 13. November von Schloss Guteborn bei Ruhland aus seinen Thronverzicht – allerdings wie sein bayerischer Amtskollege nur für seine Person, nicht im Namen des Hauses Wettin und folglich auch nicht für seine Nachkommen. Dennoch entfaltete in den folgenden Jahren kein Mitglied der gestürzten Dynastie – anders als die Häuser Hohenzollern oder Wittelsbach – nennenswerte politische Aktivitäten oder strebte aktiv nach der Rückgewinnung des Thrones – erst recht nicht in Verbindung mit völkisch-nationalistischen oder gar nationalsozialistischen Umtrieben.

Friedrich August III. nahm nach seinem Sturz ständigen Wohnsitz im Schloss Sibyllenort bei Breslau, das 1884 durch eine Erbschaft in wettinischen Besitz gelangt war und vor dem Krieg als Sommerresidenz und Jagdschloss gedient hatte. Es war mit etwa 600 Räumen eines der größten und schönsten Schlösser Schlesiens, größer noch als das Dresdner Königsschloss. Nahezu völlig intakt, wurde es nach dem Zweiten Weltkrieg als vermeintliche »Junkerburg« von den Kommunisten gesprengt. Der entthronte Monarch verbrachte dort ab November 1918 die ihm noch verbleibenden 14 Jahre seines Lebens in heiterer Gelassenheit, ganz so wie es seinem Naturell entsprach. Über politische Angelegenheiten sprach er nach seinem Sturz öffentlich nicht mehr. Ebensowenig fanden sich übelwollende oder gar gehässige Bekundungen von ihm über die republikanische Verfasstheit des neuen Reiches.

Bald schon kam es zu Verhandlungen mit dem Freistaat Sachsen über einen Vermögensausgleich mit dem Albertinischen Zweig des Hauses Wettin. 1924 fand sich eine beide Seiten zufriedenstellende vertragliche Lösung. Als ihre wichtigsten Resultate galten der Verzicht der Dynastie auf alle Rechte am Staatsvermögen einerseits sowie der Verbleib von Schloss Moritzburg, dem Weinberg bei Wachwitz und der Königlichen Villa in Strehlen im Besitz der Wettiner sowie die Zahlung einer Barabfindung an das frühere Fürstenhaus andererseits. Zudem gründete die Familie nach der Abschaffung des Adels und seiner staatsrechtlichen Funktion den Familienverein »Haus Wettin Albertinischer Linie e. V.«, um das Vermögen, mit den vom Staat übertragenen Liegenschaften, Schlössern und Sammlungen, zu erhalten. So verabschiedeten sich die Wettiner in der Person ihres letzten regierenden Monarchen versöhnlich aus der Geschichte.[7]

Das galt auch für andere Mitglieder des ehemaligen sächsischen Königshauses – allen voran für die beiden Brüder Friedrich Augusts III. Der ältere, Prinz Johann Georg von Sachsen (1869–1938), hatte in Freiburg im Breisgau und Leipzig zunächst Rechts- und Staatswissenschaften studiert. Danach entwickelte er sich durch Vorlesungen in den Fächern Geschichte, Philosophie und Kunstgeschichte bei Anton Springer, Wilhelm Wundt und August Schmarsow – allesamt erstrangige Vertreter ihrer Disziplinen – zu einem ausgewiesenen Kunstkenner. Seine Mäzenatentätigkeit, Sammelleidenschaft und Ankaufspolitik stand im krassen Gegensatz zu der vollkommen musenfernen Veranlagung seines regierenden Bruders und hatte dem Dresdener Hof in den Jahren vor 1914 allgemeine Anerkennung in ganz Europa verschafft. 1918 verließ Prinz Johann Georg seine sächsische Heimat und lebte seitdem bis zu seinem Tod in Freiburg. Von dort aus bereiste er in den 1920er und frühen 1930er Jahren Russland, den gesamten Vorderen Orient und weite Teile des Nahen Ostens.[8] Er verfasste gelehrte Abhandlungen über die Kunst des frühen Christentums in Ägypten, Syrien und Palästina[9] und brachte von seinen Forschungsaufenthalten unzählige Objekte für seine Sammlung mit. Sie befindet sich seit 1981 als Leihgabe im Landesmuseum Mainz[10] und ist mittlerweile ein fester Bestandteil der dortigen Dauerausstellung.

Ungewöhnliche Wege beschritt auch der jüngste Bruder des entthronten Königs, Prinz Maximilian (Max) von Sachsen (1870–1951). Er hatte zunächst in Rechtswissenschaften, danach in Katholischer Theologie promoviert und war 1898 zum Priester geweiht worden. Ab 1900 wirkte er an der Universität Freiburg (Schweiz) als Professor für Kirchenrecht, später als Dozent für Orientalische Kulturen und Fragen der Ostkirche, deren Erforschung sein gesammeltes wissenschaftliches Interesse galt und die sich in einer Fülle von Publikationen niederschlug.[11] Im Ersten Weltkrieg als Feldgeistlicher verpflichtet, wurde Prinz Max zu einem überzeugten Pazifisten und engagierte sich hinfort stark in der Internationalen Friedensbewegung. In seiner persönlichen Lebensführung bis zur Selbstverleugnung des eigenen Körpers asketisch und entsagungsvoll, war er stets auch seelsorgerisch aktiv. Er war nicht der einzige Angehörige eines ehemals regierenden deutschen Herrscherhauses, der nach 1918 den Weg in den geistlichen Stand beschreiten sollte.

Und Friedrich August III.? Er pflegte in seinem schlesischen Exil zwar keine asketische, aber doch eine betont anspruchslose Existenz. Er bevorzugte schlichte Hobbys – Jagen und Reiten, Kegeln und Skatspielen –, betrieb die Verwaltung seiner Gutswirtschaft mit Passion und Geschick, hielt jedoch auch Kontakt zu Professoren der nahge-

Kronprinzessin Luise von Toskana, um 1895

legenen Breslauer Universität, die er gelegentlich zu wissenschaftlichen Vorträgen nach Sibyllenort einlud. Gern und häufig reiste er in seine sächsische Heimat, die er ungehindert besuchen durfte. Auch andernorts war er in den 1920er Jahren unterwegs – man sah ihn in den Alpen und an der Nordsee ebenso wie in Brasilien, Indien oder auf Ceylon.

Familiär lebte Friedrich August in großer Geborgenheit, zuletzt umgeben von sechs Kindern und 18 Enkeln. Seine Ehefrau, Prinzessin Luise von Österreich-Toskana (1870–1947), eine Tochter des letzten 1859/60 kurzzeitig regierenden Großherzogs Ferdinand IV. von Toskana (1835–1908), hatte ihn freilich schon vor seiner Thronbesteigung verlassen.[12] Sie war Ende 1902 mit einem ihrer Liebhaber aus Dresden verschwunden und führte nach Annullierung ihrer Ehe ein unstetes, von zahlreichen Affären begleitetes Leben, ohne ihren Mann und ihre Kinder jemals wiederzusehen. Friedrich August gestand ihr in den folgenden Jahren eine großzügige Leibrente zu, die er aus eigenen Mitteln zahlte. Luise hat es ihm nicht gedankt. In ihren 1926 veröffentlichten Lebenserinnerungen schilderte sie ihren mittlerweile entthronten Gatten als zwar gutmütigen, aber einfältigen und langweiligen Ehemann und erging sich in larmoyanten, von Selbstmitleid getragenen Klagen über die unverdiente Härte ihres angeblich unverschuldeten Schicksals.[13] Die zeitlebens in Illusionen, Emotionen und glücklose Liebesaffären verstrickte ehemalige sächsische Kronprinzessin starb verarm, vergessen und völlig heruntergekommen 1947 in einem drittklassigen Hotel in Brüssel.

Ihr geschiedener Ehemann war ihr um anderthalb Jahrzehnte im Tod vorausgegangen. Die Beisetzung Friedrich Augusts III. am 22. Februar 1932 in Dresden erwies sich als eine postume Huldigung für das frühere Staatsoberhaupt. Über eine halbe Millionen Menschen, weitaus mehr als ganz Dresden damals an Einwohnern zählte, beteiligte sich damals am Trauerzug. Die Regierung des Freistaates Sachsen einschließlich des sächsischen Ministerpräsidenten war ebenso vertreten wie die Oberbürgermeister aller sächsischen Städte, darunter auch zahlreiche Repräsentanten sozialdemokratisch regierter Kommunen. Angehörige aller Gesellschaftsschichten, unabhängig von ihrer parteipolitischen Einstellung, bewiesen durch die Teilnahme an den Beisetzungsfeierlichkeiten ihre Anhänglichkeit an den alten Souverän – fast anderthalb Jahrzehnte nach dem Sturz des Monarchen und seinem Gang ins Exil.

Das traurige Schicksal seines ältesten Sohnes, des 1893 geborenen Kronprinzen Georg, der seinem verstorbenen Vater einen warmherzigen Nachruf widmete,[14] hat Friedrich August III. nicht mehr erlebt. Der ehemalige sächsische Thronfolger, ein hochbegabter Intellektueller voll starker persönlicher Ausstrahlungskraft, studierte nach dem Sturz des Königtums Katholische Theologie und wurde – wie sein Onkel, Prinz Max von Sachsen – 1924 zum Priester geweiht. 1925 trat Pater Georg von Sachsen in den Jesuitenorden ein und wirkte in den 1930er Jahren als überzeugter Verfechter der Ökumenischen Bewegung als Prediger am Canisius-Kolleg, einem vom Jesuitenorden geleiteten Gymnasium in Berlin. Am 14. Mai 1943 ertrank er unter

Beisetzung König Friedrich Augusts III., 1932

niemals vollständig geklärten Begleitumständen beim Baden in Groß Glienicke, seine Leiche wurde erst Wochen später gefunden. Man munkelte noch lange über das jähe und mysteriöse Ende des Fürstensohnes – zumal sich am Todestag auffällig viele Angehörige der Geheimen Staatspolizei am Groß Glienicker See aufgehalten hatten. Pater Georg galt als Philosemit und war – wie alle Angehörigen des Albertinischen Königshauses – ein dezidierter Gegner des nationalsozialistischen Regimes. Er pflegte rege Kontakte zu zahlreichen am Attentat auf Hitler vom 20. Juli 1944 Beteiligten, namentlich zu Ulrich von Hassell (1881–1944), Friedrich Olbricht (1888–1944) und Paul von Hase (1885–1944). »Die gegenwärtigen Verhältnisse in Deutschland«, so schrieb Pater Georg bereits zu Beginn der NS-Herrschaft, »sind für mich [...] unerträglich: Beschimpfung und Zerschlagung alles dessen, was mir teuer und lieb ist. [...] Verwerfung der ganzen Vergangenheit – vor allem die Blasphemien, die Beschimpfung Gottes, Christi und seiner Kirche. [...] Einengung der apostolischen Arbeiten, scharfe

Kronprinz Georg als Pater Georg von Sachsen, um 1930

Überwachung [...]. Die Wirkung von allem ist ein ungeheurer fast lähmender Druck fürs Gemüt«.[15]

Die beiden jüngeren Söhne des verstorbenen Königs – Prinz Friedrich Christian (1893–1969), der nach dem Tod seines Vaters als neuer Hauschef den Namen eines »Markgrafen von Meißen« annahm, vor allem jedoch sein jüngerer Bruder Prinz Ernst Heinrich (1896–1971) – gerieten nach 1933 in lebensbedrohliche Konflikte mit dem nationalsozialistischen Regime. Prinz Ernst Heinrich, ein begeisterter Kunstliebhaber und enger Freund der Bildhauerin und Graphikerin Käthe Kollwitz (1867–1945), stand nach mehrtägiger Lagerhaft im Juli 1934 unter Beobachtung durch die Geheime Staatspolizei. Er begann nach Kriegsende ein neues Leben als Landwirt in Irland.[16] Prinz Friedrich Christian war wie sein jüngerer Bruder Sammler und Kunstliebhaber. Er öffnete das Schloss Moritzburg für die Öffentlichkeit und ließ dort zahlreiche der Familie verbliebene Kunstschätze ausstellen. Kurz vor der Flucht der Familie nach Süddeutschland ließ er 43 Kisten mit Porzellan, Silber, Goldschmiedearbeiten und zahlreichen anderen

Preziosen im Moritzburger Forst vergraben. Bis auf drei der Kisten wurden alle von der sowjetischen Besatzungsarmee aufgespürt und als Kriegsbeute nach Russland verbracht. Die drei verbliebenen Kisten konnten 1996 gefunden und an das Haus Wettin restituiert werden.

Friedrich Christians ältester Sohn Prinz Maria Emanuel (1926–2012) wurde aufgrund NS-feindlicher Äußerungen angeklagt und entkam nur knapp einer Verurteilung wegen Wehrkraftzersetzung. Seit dem Tod seines Vaters 1968 firmierte er als Markgraf von Meißen und Chef des Hauses. Zusammen mit seinem Vater und seinem jüngeren Bruder Prinz Albert (1934–2012), einem bei Karl Bosl (1908–1993) in München mit einer Arbeit zur sächsischen Industrialisierungsgeschichte im 19. Jahrhundert promovierten Historiker,[17] gründete er 1961 in München die »Studiengruppe für Sächsische Geschichte und Kultur e. V.« und bemühte sich in den Jahrzehnten der deutschen Teilung intensiv um die Pflege und Aufrechterhaltung sächsischen und wettinischen Selbstverständnisses diesseits wie jenseits des Eisernen Vorhangs. Unter schwierigsten persönlichen Lebensumständen – Prinz Albert war von Kindheit an stark körperbehindert – legte er eine bewundernswerte Vielzahl von teilweise sehr umfänglichen Veröffentlichungen zur Geschichte seiner Heimat vor[18] und veranstaltete entsprechende Vortragsreisen und Konferenzen. Nach der Wiederherstellung des Freistaates Sachsen kandidierte er erfolglos für einen Sitz im Sächsischen Landtag.

Im Gefolge des deutschen Vereinigungsprozesses kam es zeitweise zu heftigen Auseinandersetzungen zwischen der sächsischen Landesregierung und Vertretern des Hauses Wettin über strittige Restitutionsansprüche, ein Vergleich konnte erst 1999 erzielt werden. Nicht einvernehmlich geregelt ist hingegen bis heute die Stellung des Familienoberhauptes. Markgraf Maria Emanuel und sein Bruder Prinz Albert blieben beide kinderlos. Der damalige Chef des Hauses hatte das Nachfolgeproblem 1999 durch Adoption seines Neffen, des Prinzen Alexander von Sachsen-Gessaphe (geb. 1954), dem ältesten Sohn von Prinzessin Maria Anna (1929–2012), zu lösen versucht. Nach dem Tod Maria Emanuels im Juli 2012 beanspruchte indes sein mit ihm

Hauschef Prinz Friedrich Christian, Anfang der 1960er Jahre

zerstrittener Bruder, Prinz Albert, die Stellung als Chef des Hauses, und er wurde dabei von den Nachkommen seines Onkels, des Prinzen Ernst Heinrich, unterstützt.

Nur wenige Monate nach dem Tod seines Bruders starb im Oktober 2012 auch Prinz Albert. Seither forderte Ernst Heinrichs Enkel, Prinz Rüdiger (1953–2022), Sohn des morganatisch verheirateten Prinzen Timo von Sachsen (1923–1982), ebenfalls die Stellung als Chef des Hauses der Albertinischen Wettiner für sich und seinen ältesten Sohn, Prinz Daniel von Sachsen (geb. 1975), öffentlich ein. Eine abschließende Klärung des Nachfolgestreits konnte trotz Einholens verschiedener Rechtsgutachten bisher nicht erreicht werden – zumal das deutsche Adelsrecht mit seinen im europaweiten Vergleich vollkommen aus der Zeit gefallenen frauen- und gleichstellungsfeindlichen Bestimmungen über morganatische (also vermeintlich unebenbürtige) Eheverbindungen ohnehin dringend einer Neufassung bedürfte.

VERKANNTER REGENT
Die Ernestinischen Wettiner in Weimar-Eisenach

Das Territorium der Wettiner, einst einer der bedeutendsten fürstlichen Herrschaftsräume im Alten Reich, war infolge der dynastisch bedingten Leipziger Landesteilung 1485 unter den beiden zuvor gemeinsam regierenden Brüdern Ernst und Albrecht in zwei selbständige Gebietseinheiten zerfallen. Das nach Albert benannte Albertinische Sachsen mit Dresden als Landeshauptstadt blieb bis zur Abtretung der nördlichen Landeshälfte an Preußen 1815 in seinem Kernbestand weitgehend ungeteilt erhalten.[1] Hingegen zersplitterte das nach Ernst benannte Ernestinische Sachsen im Thüringer Raum durch immer erneut vorgenommene Erbteilungen in zahlreiche kleinere Herrschaften. Anfang November 1918 existierten noch vier Ernestinische Linien mit jeweils eigenen Kleinstaaten: das Großherzogtum Sachsen-Weimar-Eisenach, das Herzogtum Sachsen-Coburg und Gotha, das Herzogtum Sachsen-Meiningen und das Herzogtum Sachsen-Altenburg.[2] Mit einem Gebiet von 3 600 Quadratkilometern und zuletzt etwa 420 000 Einwohnern war das Großherzogtum Sachsen-Weimar-Eisenach – geteilt in drei miteinander nicht verbundene Territorien – der bei weitem größte und bedeutendste Ernestinische Landesstaat. Sein Rang gründete vor allem im kulturpolitischen Engagement der dort regierenden Dynastie.

Das Weimarer Fürstenhaus hatte seit den Zeiten des »Musenhofes« der früh verwitweten Herzogin Anna Amalia (1739–1807) durch sein mäzenatisches Engagement von sich reden gemacht.[3] Während der langen, 60-jährigen Regierungszeit ihres Sohnes, des Herzogs (seit 1815 Großherzogs) Carl August (1757–1828) war die kleine thüringische Residenz durch die Anwesenheit Wielands, Herders, Schil-

Der letzte Großherzog: Wilhelm Ernst mit seiner zweiten Frau Feodora, um 1910

lers und Goethes zu einer europaweit beachteten Kulturmetropole aufgestiegen, in der sich die Weimarer Klassik mit ihren Höchstleistungen entfalten konnte. Zudem hatte der Großherzog – als erster deutscher Souverän – seinem Land 1816 eine für damalige Verhältnisse betont fortschrittliche Verfassung gewährt. Sein Enkel, der seit 1853 regierende Großherzog Carl Alexander (1818–1901), führte die fürstliche Kunstförderung und Kulturpflege dann auf einen neuen Gipfel.[4] Gemeinsam mit seiner literaturbegeisterten Ehefrau Sophie – einer Prinzessin aus dem Haus Oranien-Nassau (1824–1897), Tochter des zweiten niederländischen Königs Wilhelm II. (1792–1849), der seinem Land 1848 eine liberale, mit einigen Modifikationen bis heute gültige Verfassung gewährte –, pflegte er vor allem das Erbe Goethes. Er versuchte durch Gründung von Archiven, Museen, Bibliotheken und Memorialstätten sein Land als Hüter nachklassisch-neuidealistischer Kunstgesinnung zu profilieren.[5] Der einzige Sohn des Fürstenpaares, Erbgroßherzog Carl August (1844–1894), wie die Eltern hochgebildet, feinsinnig und – im Unterschied zum

Vater – leutselig und volksverbunden, war an Tuberkulose erkrankt und noch vor dem Vater 1894 gestorben. Als Thronfolger firmierte seitdem Carl Alexanders Enkel.

Wilhelm Ernst (1876–1923), der (seit 1901) letzte regierende Großherzog, war sich der reichen mäzenatischen Tradition seines Hauses und den daraus erwachsenden Verpflichtungen vollauf bewusst. Doch wollte er, anders als seine Großeltern, nicht bloß das klassizistische Erbe verwalten – besonders das Goethe- und Schiller-Archiv, das Goethe-Nationalmuseum und das Großherzogliche Hoftheater (seit 1919: Deutsches Nationaltheater Weimar), das er 1906 im Stil des Klassizismus neu aufbauen ließ. Ihm ging es vielmehr darum, durch Förderung der künstlerischen Avantgarde ein »Neues Weimar« in der Haupt- und Residenzstadt seines kleinen Landes zu etablieren. Für dieses Engagement im Dienst der Moderne stellte er immense Summen aus eigenen Finanzmitteln zur Verfügung und übernahm entsprechende Patronagen, allen voran die Schirmherrschaft über den 1903 in Weimar gegründeten »Deutschen Künstlerbund«, der sich als überregionaler Zusammenschluss aller um Modernität bemühten zeitgenössischen Kunstschaffenden verstand und damit die Weimarer Kunstszene eine Zeitlang in Gegensatz zu den historistischen Vorgaben der vom offiziellen Berlin favorisierten »Reichskunst« brachte.

Im Einklang mit solchen Bestrebungen standen Wilhelm Ernsts personalpolitische Entscheidungen. So berief er den Jugendstil-Künstler Henry van de Velde (1863–1957) zum Leiter der ab 1904 neu errichteten Großherzoglichen Kunstgewerbeschule und ernannte den Kunstsammler Harry Graf Kessler (1868–1937) zum Direktor des gleichfalls modernisierten Großherzoglichen Museums für Kunst und Kunstgewerbe. Beide haben es ihm nicht gedankt, sondern nach ihrem Weggang aus Weimar keine Gelegenheit ausgelassen, ihren großzügigen Mentor und Förderer durch gehässige Unterstellungen und ungerechte Schmähungen zu diskreditieren. Das galt vor allem für den von maßloser Arroganz und Selbstüberschätzung getriebenen Grafen Kessler.[6] In seinen Tagebüchern – und später in seinen Erinnerungen – versäumte er kaum eine Gelegenheit, den Großherzog

Henry van de Velde: Kunstgewerbeschule in Weimar

und das Umfeld seines Hofes auf verletzende Weise herabzusetzen. So notierte er 1902: »Charakteristikum der kleinen Stadt und des kleinen Hofes: Alles ist von Intrigen und Aigriertheit untergraben. [...] Ein Studium hier lehrt Einen die kleinen Seiten der menschlichen Seele besser kennen als irgendwo anders: Reinkulturen des menschlichen Schimmelpilzes.« Und drei Jahre später hieß es über Wilhelm Ernst: »Er war wie ein Stock, stumm, steif und feuerrot bis hinter die Ohren [...]. Ein armes Geschöpf, manierlos aus Minderwertigkeit«.[7] Das Charakterbild des derart Herabgesetzten wurde durch solche geschmacklosen Ausfälle dauerhaft getrübt und bis heute zu Unrecht verdunkelt.

Eine einfache, leicht zu handhabende Persönlichkeit ist Großherzog Wilhelm Ernst freilich nicht gewesen.[8] Er galt als schwierig und verschlossen, als ebenso sensibel wie reizbar, war starken Stimmungsschwankungen unterworfen, aufbrausend, impulsiv und unbeherrscht, manchmal auch jähzornig. Und er machte es seiner Umgebung nicht leicht, in seiner oftmals zur Schau getragenen Steifheit, Schroffheit und Unnahbarkeit doch nur eine Kompensation für latent vorhandene Unsicherheiten und mangelndes Selbstvertrauen zu erblicken. Zudem dürften auch die familiären Schicksalsschläge, die ihn mit ungewöhnlicher Häufigkeit trafen, ihre Spuren in seiner labilen Psyche hinterlassen haben. Dazu zählten nicht nur das Siechtum und frühe Verlöschen des Vaters, sondern auch der ebenfalls allzu frühe Tod seines jüngeren Bruders Prinz Bernhard Heinrich (1878–1900) und seiner Frau Prinzessin Caroline von Reuss, älterer Linie (1884–1904) – einer Tochter des dort regierenden Fürsten Heinrich XXII. –, die im zweiten Jahr ihrer äußerst glücklos verlaufenden Ehe verstarb. In Verbindung mit den Defiziten einer von ihm selbst als lieblos und unzureichend empfundenen Erziehung potenzierten solche Verlusterlebnisse und Einsamkeitserfahrungen die Unausgeglichenheit und Problemfülle seines Charakters.

Aufs Ganze gesehen war die Leistungsbilanz von Wilhelm Ernsts Regententätigkeit durchaus positiv. Das galt nicht nur mit Blick auf die Generosität seines kunst- und kulturpolitischen Engagements – neben den erheblichen Zuwendungen aus der großherzoglichen Privatschatulle floss auf ausdrücklichen Wunsch Wilhelm Ernsts jährlich etwa ein Fünftel aller Staatsausgaben in die Förderung kultureller, bildungs- und wissenschaftsbezogener Belange. Auch seine sozialpolitisch-karitativen Unternehmungen auf dem Gebiet der Krankenpflege, seine Bemühungen um eine Verbesserung der Volksschulbildung und sein Einsatz für den Ausbau der Großherzoglichen Landesuniversität Jena – hier entstand zwischen 1905 und 1908 das neue Hauptgebäude – zeichneten Wilhelm Ernst als einen verantwortungsbewussten Landesherrn aus, dem das Wohl der von ihm Regierten ein ernsthaftes Anliegen war.

Trotz dieses Wirkens war das Gesamtbild vieler Weimarer Bürger von ihrem letzten regierenden Großherzog überwiegend negativ. Es konnte auch durch seinen Einsatz im Ersten Weltkrieg nicht aufgehellt werden. Sogleich nach Beginn der Kämpfe begab sich Wilhelm Ernst zu seinen Soldaten an die Front, machte die äußerst verlustrei-

Die großherzogliche Familie in Heinrichsau, 1930

chen Einsätze seines Weimarer Regiments in vorderster Linie mit, erhielt jedoch auch nach mehrfach vorgetragenen Bitten und mutig absolvierten Kampfeinsätzen kein eigenes Truppenkommando. Resigniert und körperlich angeschlagen, kehrte er im Spätsommer 1916 in seine Landeshauptstadt zurück. Dort formierte sich ab Ende Oktober 1918 wie in fast allen deutsche Residenzen ein Arbeiter- und Soldatenrat, dessen Wortführer sich in kenntnislosen Verwünschungen Wilhelm Ernsts als des vermeintlich »gehaßtesten Fürsten in ganz Deutschland« ergingen und seinen sofortigen Thronverzicht verlangten. Die Abdankungserklärung, die ihm als erstem der vier Ernestinischen Landesherren am 9. November 1918 vorgelegt wurde, kommentierte er vor der Unterzeichnung mit den ehrlich gemeinten und zutreffenden Worten: »Ich habe alles gegeben, was ich konnte. Ich hatte noch viel Gutes vor.«[9]

Seit seinem Sturz wohnte Wilhelm Ernst nach einem kurzen Aufenthalt in Schloss Allstedt im Südharz auf Gut Heinrichau in Niederschlesien, einem weiträumigen Anwesen und ehemaligen Kloster unweit von Breslau, das 1863 in großherzoglichen Besitz gelangt war. Nach dem Tod seiner ersten Frau hatte er 1910 Prinzessin Feodora von Sachsen-Meiningen (1890–1972) geheiratet, eine Enkelin des dort bis 1914 regierenden »Theaterherzogs« Georg II. Der als harmonisch geltenden Ehe entstammten eine Tochter und drei Söhne, unter ihnen der Thronfolger Erbgroßherzog Carl-August (1912–1988), und Prinz Georg Wilhelm (1921–2011), der nach einem Gesangsstudium und einer Ausbildung zum Pianisten als Dozent an der Musikhochschule Freiburg, später an der Musikakademie Basel unterrichtete und unter dem bürgerlichen Künstlernamen »Jörg Brena« als Oratoriensänger und Rezitator von sich reden machen sollte. Über seine frühen Jahre in Heinrichau hat der musikbegeisterte Prinz in seinen späteren Lebensjahren eindrucksvoll berichtet.[10]

Der entthronte Großherzog widmete sich in den wenigen ihm noch verbleibenden Jahren seines Exils intensiv der Verwaltung und Bewirtschaftung seines riesigen Besitzes. 1921 glückte ein Arrangement mit der Regierung des 1920 gebildeten Landes Thüringen, das der Weimarer Fürstenfamilie gegen Abtretung der großherzoglichen Sammlungen und Kunstgegenstände eine finanzielle Abfindung, jährliche Rentenzahlungen sowie den Besitz einiger Schlösser und des Weimarer Goethe- und Schillerarchivs zusprach. Zu dessen Pflege und zum Unterhalt zahlreicher anderer kultureller Einrichtungen, Schirmherrschaften, Stipendien und wohltätiger Stiftungen brachte die Familie in der Folgezeit weiterhin hohe Summen auf. Zunehmend geplagt von schweren gesundheitlichen Problemen und qualvollen Krankheiten, starb Wilhelm Ernst bereits 1923, wenige Wochen vor seinem 47. Geburtstag, ohne die Heimat jemals wiedergesehen zu haben. Die Grabanlage in einem Wald bei Heinrichau, das heute den polnischen Ortsnamen Henryków trägt, ist weitgehend verwüstet und zerstört, nur ein überdimensionales Steinkreuz und der verwitterte eindrucksvolle Sarkophag erinnern dort noch an das letzte unglückliche gekrönte Haupt des Weimarer Fürstenhauses.

Nach Wilhelm Ernsts Tod führte seine Witwe, Großherzogin Feo-

Trauriges Nachleben: Das verwüstete Grab des letzten Großherzogs

Schloss Heinrichau in Niederschlesien

dora, Gut Heinrichau mit Geschick als wirtschaftlich autarken agrarischen Großbetrieb weiter. Nach 1933 focht die Familie zahlreiche Streitigkeiten mit nationalsozialistischen Dienststellen aus, die das Herrschaftsgebäude für Schulungszwecke der Partei beanspruchten. Wilhelm Ernsts ältester Sohn, Erbgroßherzog Carl-August, wurde nach dem misslungenen Attentat vom 20. Juli 1944, in das er persönlich nicht verwickelt war – wie viele seiner hochadeligen Standesgenossen – als »wehrunwürdig« aus der Armee ausgestoßen. Anfang 1945 floh er mit seiner Ehefrau Elisabeth Freiin von Wangenheim-Winterstein (1912–2010) vor den anrückenden sowjetischen Truppen aus seiner thüringischen Heimat in den Westen Deutschlands. Die noch zu Lebzeiten seines Vaters mit dem Land Thüringen getroffene vermögensrechtliche Vereinbarung wurde 1948 von den kommunistischen Machthabern in der DDR annulliert. Der gesamte private Kunstbesitz des Weimarer Fürstenhauses wurde – wie auch der aller anderen mitteldeutschen Herrscherhäuser – entschädigungslos enteignet, manche wertvolle Sammlung war zuvor geplündert, verkauft oder vernichtet worden. Schloss Heinrichau erlebte 1945 Besetzung, Verwüstung und Ausplünderung durch die Rote Armee, heute ist es im Besitz des Erzbistums Breslau, beherbergt Mönche des Zisterzienserordens, ein Priesterseminar und ein katholisches Gymnasium.

Seit dem Tod des Erbgroßherzogs firmiert dessen Sohn, Prinz Michael-Benedikt (geb. 1946), als Chef des Hauses Sachsen-Weimar-Eisenach. In dieser Funktion verzichtete der Prinz 2004 auf die zur Restitution anstehenden, bis 1948 im Privateigentum seiner Familie befindlichen Kunst- und Kulturgüter zu Gunsten des Freistaates Thüringen und ist seitdem aktiv in die landesstaatliche Kulturpflege eingebunden. Sein besonderes Engagement gilt der Arbeit als Mitglied in den Stiftungsräten der »Klassik Stiftung Weimar« und der »Wartburg-Stiftung« in Eisenach, in die der Prinz auch Teile seines Privatvermögens eingebracht hat. Mit alledem trägt die vormals regierende großherzogliche Dynastie heute erneut den mäzenatischen Traditionen Rechnung, die das Weimarer Fürstenhaus in seinen besten Zeiten auszeichneten.

Großherzogin Feodora von Sachsen-Weimar-Eisenach, 1910

Der designierte Nachfolger Michael-Benedikts, Prinz Georg-Constantin, ein Urenkel des letzten Großherzogs, kam 2018, erst 41-jährig, bei einem Reitunfall in England ums Leben. Daraufhin benannte der Prinz seine einzige Tochter aus zweiter Ehe, Prinzessin Leonie (geb. 1986), als präsumtive Nachfolgerin in den beiden von der Familie bestückten Stiftungsräten. Für die Nachfolge in der Leitung des Gesamthauses gilt bei den Ernestinischen Wettinern hingegen weiterhin das salische Erbrecht – ein adelsrechtlicher und gleichstellungsfeindlicher Anachronismus, der vollkommen aus der Zeit gefallen ist, weil er Frauen von der Thronfolge selbst dann ausschließt, wenn keine männlichen Nachfolger vorhanden sind.

AUF ABWEGEN
Die Ernestinischen Wettiner in Coburg und Gotha

Im Vergleich zu den drei anderen Ernestinischen Nachbarländern zeichnete sich das Herzogtum Sachsen-Coburg und Gotha durch einige charakteristische Besonderheiten aus. Das Territorium bestand seit 1825/26 als Doppelherzogtum aus den beiden miteinander vereinigten Landesteilen Sachsen-Gotha und Sachsen-Coburg, deren Gebiet zusammengenommen etwa der Ausdehnung des heutigen Inselstaates Mauritius entsprach.[1] Im Gegensatz zur Kleinheit des Staatsgebietes stand die europäische Bedeutung des Coburger Herrscherhauses. Angehörige der Dynastie amtierten seit 1831 (und amtieren bis heute) als Könige der Belgier, hielten von 1886 bis 1946 den bulgarischen Thron und wurden in den 1830er Jahren zu Stammvätern des bis 1910 regierenden portugiesischen und des bis heute regierenden britischen Königshauses.[2]

Für Coburg und Gotha hatten diese gesamteuropäischen Verflechtungen der herzoglichen Familie unmittelbare Bedeutung. 1893 war in Schloss Reinhardsbrunn Herzog Ernst II. von Sachsen-Coburg und Gotha gestorben, der ältere, 1818 geborene Bruder des britischen Prinzengemahls Albert (1819–1861).[3] Seit seinem Regierungsantritt 1844 hatte der Herzog durch seine dezidiert liberale und nationale politische Überzeugung von sich Reden gemacht,[4] war als Förderer der deutschen Einheitsbeweg hervorgetreten und hatte, nicht zuletzt durch seine eigenen Lied- und Opernkompositionen, dem kulturellen Erscheinungsbild seines kleinen Landes einen weit über dessen machtpolitisch geringe Bedeutung hinausweisenden Rang verliehen.[5] Da die Ehe Ernsts II. mit Alexandrine von Baden (1820–1904) kinderlos blieb – der lebensfrohe Herzog konnte lediglich auf eine stattliche

Herzogin Viktoria Adelheid und Herzog Carl Eduard von Sachsen-Coburg und Gotha, 1905

Anzahl außerehelich gezeugter Nachkommen zurückblicken –, avancierte 1893 sein Neffe Prinz Alfred (1844–1900), Duke of Edinburgh, zum regierenden Herzog von Coburg und Gotha. Der zweitälteste Sohn der englischen Königin Victoria (1819–1901) und ihres Mannes Prinz Albert von Sachsen-Coburg und Gotha war ein weltläufig erfahrener britischer Großadmiral.

Auch Alfreds Nachfolger, der seit 1905 als letzter souveräner Landesherr amtierende Herzog Carl Eduard (1884–1954), war väterlicherseits britischer Herkunft und gehörte als amtierender Herzog von Albany zur englischen »Peerage«. Sein Vater Prinz Leopold, Duke of Albany (1853–1884), Alfreds jüngerer Bruder und viertältester Sohn Victorias und Alberts, war bereits vier Monate vor Carl Eduards Geburt an den Folgen seiner Bluterkrankheit gestorben. Die Mutter Helene (1861–1922) entstammte dem Haus Waldeck-Pyrmont und war eine Schwester des dort bis 1918 regierenden letzten souveränen Fürsten und der 1879 mit dem niederländischen König Wilhelm III. verheirateten Prinzessin Emma. Die britische Abstammung eines deutschen Landesherrn wurde im Reich nicht ohne Kritik aufgenommen und dürfte auch von Carl Eduard selbst als belastend empfunden worden sein. Er versuchte den vermeintlichen Makel durch eine betont nationalistische, ja offen deutsch-chauvinistische Gesinnung zu kompensieren. Im Unterschied zu fast allen anderen klein- und mittelstaatlichen deutschen Bundesfürsten war Carl Eduard bei den Bürgern seines Landes nur mäßig beliebt. Er galt als überheblich und volksfern und wirkte, weit entfernt von der Rolle eines überparteilichen Landesvaters, durch sein Engagement im »Reichsverband gegen die Sozialdemokratie« polarisierend und desintegrierend.

So verwundert es nicht, dass sich das Revolutionsgeschehen im stärker industrialisierten und daher sozialdemokratisch geprägten Teilstaat Sachsen-Gotha im Vergleich zu den kleineren thüringischen Residenzorten mit besonderer Heftigkeit vollzog. Die dortigen Revolutionäre warteten nicht, wie vielerorts, auf einen freiwilligen Thronverzicht des Herzogs, sondern erklärten ihn von sich aus am 9. November 1918 für abgesetzt. Zugleich bemühten sich linksradikale Kräfte erfolglos darum, den neuen »Volksstaat Gotha« durch Bildung paramilitärischer Einheiten gewaltsam in eine sozialistische Räterepublik nach sowjetischem Vorbild umzuwandeln.[6] Im eher mittelständisch und agrarisch geprägten Coburger Landesteils des Doppelherzogtums verlief der Übergang zur neuen Ordnung hingegen wesentlich unspektakulärer. Coburg schloss sich 1920 nach einer Volksabstimmung an Bayern an und schied damit aus dem thüringischen Geschehensraum dauerhaft aus.

Der entthronte Herzog Carl Eduard blieb nach seiner Absetzung mit seiner Familie in Coburg. Schon 1905, im Jahr seines Herrschaftsantritts, hatte er Prinzessin Viktoria Adelheid von Schleswig-Holstein-Sonderburg-Glücksburg (1885–1970) geheiratet, eine Nichte der letzten deutschen Kaiserin Auguste Viktoria. Im Unterschied zu ihrem auf Grund einer Gehbehinderung unbeholfen wirkenden und trotzdem hochmütig auftretenden Ehemann galt die Herzogin als leutselig und volksverbunden und erfreute sich in Coburg bis zu ihrem Tod großer Beliebtheit. Der Ehe entstammten drei Söhne und zwei Töchter. Die älteste Tochter, Prinzessin Sibylla von Sachsen-Coburg und Gotha (1908–1972), heiratete 1932 den schwedischen Erbprinzen Gustav Adolf (1906–1947), Sohn des späteren Königs Gustav VI. Adolf (1882–1973), der jedoch niemals den Thron bestieg, weil er 1947 bei einem Flugzeugabsturz am Kopenhagener Flughafen Kastrup den Tod fand. Sein und Sibyllas 1946 geborener Sohn Carl XVI. Gustav amtiert seit 1973 als König von Schweden.

Das in Coburg dominierende Bürgertum brachte dem ehemaligen Landesherrn nach dessen Sturz wachsende Sympathien entgegen, die er so zuvor nicht besessen hatte. Während in Gotha die linksradikal dominierte Landesversammlung 1919 ein später allerdings wieder aufgehobenes Enteignungsgesetz für das gesamte herzogliche Vermögen verabschiedete, kam es in Coburg zeitgleich zu einer weitaus einvernehmlicheren Regelung: Der Herzog verzichtete gegen eine Barabfindung, den Besitz von Schloss Callenberg und für ein auf drei Generationen geltendes Wohnrecht im Fürstenhaus der Veste Coburg auf seine Güter. Sonstige Liegenschaften und Kunstsammlun-

Schloss Callenberg bei Coburg

gen wurden an den bayerischen Staat abgetreten, der daraufhin die bis heute bestehende »Coburger Landesstiftung« bildete; die aus dem Stiftungsvermögen erwirtschafteten Erträge dienten und dienen weiterhin der regionalen Kunstförderung und Wissenschaftspflege. Der Privatbesitz der Familie, wozu neben Callenberg auch Schloss Greinburg an der Donau und zahlreiche Kunstschätze gehören, wurde 1928 in der »Stiftung der Herzog von Sachsen-Coburg und Gotha'schen Familie« zusammengefasst. Auch die im Gothaer Landesteil gelegenen Besitzungen Schloss Reinhardsbrunn und Schloss Friedenstein sowie das Herzogliche Museum mit seinen Sammlungen gehören gleichfalls zur Familienstiftung.

Sein Engagement am rechten Rand des politischen Spektrums setzte Carl Eduard ab 1920 in verstärktem Umfang fort. Die Radikalität der Gothaer Revolutionäre dürfte ihren Teil dazu beigetragen haben, dass er sich nun mehr und mehr völkischen Verbänden der nationalen Rechten zuwandte. Früh schon unterstützte er Adolf Hitler und

Kein Helfer der Kranken: Herzog Carl Eduard (2. v. l.) beim Besuch einer DRK-Dienststelle im besetzten Polen, 1939

dessen Bewegung und trug wesentlich dazu bei, den Nationalsozialismus in Coburg zu verankern. 1933 trat er in die NSDAP ein, wurde SA-Truppenführer, später Mitglied des Reichstags und amtierte von 1933 bis 1945 als Präsident des Deutschen Roten Kreuzes. In dieser Funktion übernahm er vor allem repräsentative Aufgaben, die ihn auf zahlreichen Auslandsreisen als eilfertigen Botschafter und willigen Propagandisten des NS-Unrechtsregimes um die halbe Welt führten. Schon 1934 war er im Auftrag Hitlers durch die USA getourt und in Tokio vom japanischen Kaiser Hirohito (1901–1989) empfangen worden. Eine zweite Weltreise brachte ihn 1940 erneut nach Washington, diesmal unter anderem auch ins Weiße Haus zu Präsident Franklin D. Roosevelt, der ihn zur Lage der Juden im Generalgouvernement, dem kurz zuvor von der Deutschen Wehrmacht überfallenen und besetzten Teil Polens, befragte. Carl Eduard ließ seinen Gesprächspartner über die dort bereits eingeleiteten Ausbeutungsmethoden und Unterdrückungsmaßnahmen der Nationalsozialisten bewusst im Unklaren.[7]

Herzog Carl Eduard (l.) mit Tochter Sibylle, dem schwedischen Erbprinzen Gustav Adolf und dem NS-Ideologen Alfred Rosenberg, 1932

Auch anlässlich seiner zahlreichen Besuche in seinem Heimatland Großbritannien warb der Herzog seit Mitte der 1930er Jahre unverdrossen um Verständnis für Hitlers Politik und um Verständigung mit dem Dritten Reich, wozu ihn seine stets betonte Herkunft als Enkel des Prinzen Albert und der Königin Victoria besonders zu legitimieren schien. 1935 ernannte ihn Hitler zum Präsidenten der Deutsch-Englischen Gesellschaft, die sich – im Sinne der NS-Ideologie – für ein weltpolitisches Zusammengehen beider Länder einsetzte[8] und im Rahmen aufwendig inszenierter Empfänge, Konzerte und Vortragsveranstaltungen prominente Repräsentanten des öffentlichen Lebens aus Deutschland und England miteinander in Verbindung bringen sollte.

Ein Hauptverantwortlicher für die nationalsozialistische Gewaltpolitik oder gar ein aktiver Vollstrecker der vom NS-Regime zu verantwortenden Kriegsverbrechen war Carl Eduard nicht. Dennoch trug er wie kein zweiter der 1918 entthronten Landesfürsten erhebliche

Mitschuld an der deutschen Katastrophe: durch seine Gleichgültigkeit gegenüber der Beteiligung des von ihm geleiteten Deutschen Roten Kreuzes an der Ermordung von psychisch Kranken und körperlich Behinderten, durch sein mehrfach bekundetes Desinteresse an den ihm nicht unbekannten Massentötungen von Juden in den Vernichtungslagern des Generalgouvernements und, nicht zuletzt, durch seine diplomatischen Aktivitäten, bei denen er die Untaten Hitlers dem Ausland gegenüber wider besseren Wissens beschönigte und verschleierte.

Bereut hat »Hitlers Herzog«[9] seine diesbezüglichen Verfehlungen mit keinem einzigen Wort. Nach Kriegsende wurde er – wie seine gleichfalls schwer belasteten hochadeligen »Kollegen« August Wilhelm von Preußen, Philipp von Hessen, Josias zu Waldeck-Pyrmont und Friedrich Christian zu Schaumburg-Lippe – von den Alliierten inhaftiert und interniert, jedoch schon 1946 wieder entlassen. Er galt zunächst als »Mitläufer«, dann als Minderbelasteter und wurde schließlich zu einer »Sühneleistung« in Form einer verhältnismäßig geringen Geldstrafe verurteilt.

Nach Carl Eduards Tod 1954 wurde sein jüngster Sohn Prinz Friedrich Josias (1918–1998) Chef des Hauses Sachsen-Coburg und Gotha. Der Erstgeborene Erbprinz Johann Leopold (1906–1972) hatte 1932 infolge einer nicht standesgemäßen Heirat auf alle Nachfolgerechte verzichtet. Der zweite Sohn, Prinz Hubertus (1909–1943), blieb unverheiratet und kam als Offizier der deutschen Wehrmacht bei einem Flugzeugabsturz in der Ukraine ums Leben. Prinz Friedrich Josias diente im Zweiten Weltkrieg gleichfalls als Offizier, später war er für eine Hamburger Reederei tätig und widmete sich der Verwaltung der hauseigenen Stiftungen. Auch sein Sohn, Prinz Andreas (geb. 1943), seit 1998 Chef des Hauses, ist intensiv in die Stiftungsarbeit eingebunden und engagiert sich in zahlreichen Vereinen zur Förderung kultureller, künstlerischer und sportlicher Aktivitäten im Coburger Land. Zugleich pflegt er die historisch gewachsenen Kontakte der Familie zu verwandten europäischen Dynastien, vor allem zum belgischen, zum bulgarischen und zum schwedischen Königshaus.

KULTUR ALS LEITBILD
Die Ernestinischen Wettiner in Meiningen

Am Vormittag des 28. Juni 1914 erschütterten mehrere Schüsse die bosnische Hauptstadt Sarajevo. Sie galten dem dort zu Besuch weilenden österreichisch-ungarischen Thronfolgerpaar Erzherzog Franz Ferdinand (1863–1914) und seiner Frau Sophie Herzogin von Hohenberg (1868–1914). Eine der abgefeuerten Kugeln zerriss Franz Ferdinands Halsschlagader, ein weiteres Geschoss durchbohrte den Unterleib der Herzogin. Exakt zum gleichen Zeitpunkt, an dem das Thronfolgerpaar in der bosnischen Hauptstadt verblutete, trugen 1 250 Kilometer weiter westlich die Bürger der Hauptstadt des Herzogtums Sachsen-Meiningen ihr langjähriges Staatsoberhaupt zu Grabe: Herzog Georg II. war wenige Tage zuvor 88-jährig in Bad Wildungen gestorben. Er hatte sein kleines Land – die nach dem Großherzogtum Sachsen-Weimar-Eisenach zweitgrößte der bis 1918 existierenden Territorialmonarchien der Ernestinischen Wettiner – seit seinem Herrschaftsantritt 1866 fast ein halbes Jahrhundert lang überaus erfolgreich regiert und galt als einer der integersten deutschen Landesfürsten. Die Koinzidenz der beiden traurigen Ereignisse in Sarajevo und in Meiningen unmittelbar am Vorabend des Ersten Weltkriegs markierte symbolhaft das Ende eines Zeitalters.

Das Herzogtum Sachsen-Meiningen hatte, nahezu zeitgleich mit den ernestinischen Nachbarterritorien Sachsen-Coburg und Gotha und Sachsen-Altenburg, erst in Herzog Georgs Geburtsjahr 1826 seine endgültige territoriale Gestalt erhalten, Meiningen war seit 1680 Residenzort der dort regierenden Linie der Ernestinischen Wettiner. Herzog Georg II. hatte seinem Kleinstaat, der aus einem Dutzend unzusammenhängender Landesteile bestand und insgesamt etwa so

Der Theaterherzog: Georg II., 1914

groß war wie das heutige Saarland, durch ein seinerzeit einzigartiges künstlerisches und kulturpolitisches Engagement internationale Reputation zu verschaffen vermocht.[1] Seit seiner Bonner und Leipziger Studienzeit umfassend gebildet, brillierte der Meininger Herzog als begabter Zeichner und Maler. Sein Hauptinteresse indes galt zeitlebens dem Theater und der Musik.[2] Unter seiner Leitung – der Herzog wirkte als Regisseur, Dramaturg, Bühnen-, Masken- und Kostümbildner höchstpersönlich – erlangte das Hoftheater in Meiningen mit aufsehenerregenden Inszenierungen deutscher und englischer Klassiker eine durch Tourneen auch im Ausland vielfach bestätigte Weltgeltung. Mit Ausnahme Frankreichs, das man nach 1871 aus politischen Gründen mied, besuchte die Meininger Theatertruppe alle damaligen europäischen Länder und konnte zuletzt fast 2600 Gastspiele in 36 Städten aufweisen.[3] Vergleichbares galt für die Meininger Hofkapelle, die, 1690 gegründet, in den Jahrzehnten vor Ausbruch des Ersten Weltkriegs ihre höchste Blüte erlebte. Der Dirigent Hans von Bülow wirkte hier ebenso als Orchesterleiter wie die Komponisten Richard Strauss und Max Reger.[4]

Politisch hatte Herzog Georg II. durch eine reformfreudige und an humanistischen Grundsätzen orientierte Regierungspraxis von sich Reden gemacht. Das Land firmierte im Reich als liberaler Musterstaat, der Herzog selbst galt als überzeugter Anhänger und Vertreter des politischen Liberalismus – gewissenhaft und leistungsorientiert, pflichtbewusst, arbeitsfreudig und um konsensgemäßes Handeln mit seiner Regierung und der gewählten Volksvertretung bemüht. 1873 hatte der Herzog in dritter Ehe die bürgerliche Schauspielerin Ellen Franz (1839–1923) geheiratet. Seine als »Helene von Heldburg« geadelte neue Gattin erwies sich als eine künstlerisch und intellektuell außerordentlich regsame Lebensbegleiterin und unterstützte die kulturellen und kulturpolitischen Unternehmungen ihres Mannes zeitlebens produktiv und mit eigenschöpferischem Engagement.[5] Ihr postum veröffentlichter Lebensbericht in Briefen gibt darüber beredte Auskunft.[6] Er belegt freilich auch die vielfach bekundete, von Standesdünkel und Aristokratenhochmut getragene Ablehnung, die der »bürgerlichen« Ehefrau des Herzogs an anderen deutschen Fürstenhöfen entgegengebracht wurde, nicht zuletzt in Berlin und Potsdam.[7] Der mit alledem offen demonstrierten, betont unprätentiösen Lebenseinstellung des herzoglichen Paares entsprach im übrigen Georgs II. entschiedener Einsatz für die Zulassung von Frauen zum Studium an der Ernestinischen Landesuniversität Jena, der 1902 zum Erfolg führen sollte.

Georgs II. Sohn und Nachfolger, Herzog Bernhard III. (1851–1928), beim Regierungsantritt 1914 immerhin bereits 63 Jahre alt, vermochte in der kurzen Zeit seiner durch den Kriegsverlauf überschatteten Herrschaft keine eigenen politischen Akzente mehr zu setzen. Er hatte sich während seiner langen Wartezeit als Thronfolger nach einem intensiv betriebenen Studium der Altertumswissenschaften an den Universitäten in Heidelberg und Leipzig zu einem bedeutenden Altphilologen, Archäologen und Griechenland-Kenner entwickelt. Mehrere Übersetzungen deutscher klassischer Dramen ins Neugriechische und neugriechischer Dichtungen ins Deutsche sind von ihm nachgewiesen.[8] Seine damit verbundene Arbeit hatte die Universität Breslau 1912 mit einer Ehrendoktorwürde ausgezeichnet. Zugleich jedoch war Bernhard III. ein leidenschaftlicher Soldat. Er avancierte rasch in der preußischen Armee, bekleidete dort hohe und höchste Positionen, erhielt indes 1912 im Rang eines Generalfeldmarschalls seinen vorzeitigen Abschied, nachdem seine vermeintlich allzu menschenfreundliche Haltung gegenüber einfachen Soldaten – bereits 1903 hatte er einen Befehl gegen Soldatenmisshandlungen durch Vorgesetzte erlassen – bei preußischen Militärdienststellen auf Verärgerung gestoßen war. Das wiederum verstärkte die ohnehin angespannten Beziehungen zu seinem Schwager Kaiser Wilhelm II. in Berlin. Bernhard III. hatte 1878 dessen älteste Schwester Prinzessin Charlotte von Preußen (1860–1919) geheiratet. Sie galt als exzentrisch, kapriziös und extravagant und zählte zu den schärfsten Kritikern ihres kaiserlichen Bruders.[9]

Diese kritische Haltung des Meininger Regentenpaares gegenüber Berlin war im Herzogtum wohl bekannt und wurde von vielen seiner

Das letzte Herzogspaar: Bernhard III. und Charlotte von Sachsen-Meiningen

Bewohner nicht ungern gesehen. Sie stand in einem merkwürdigen Gegensatz zur betont konservativen, in vielem gar reaktionären Auffassung, mit der Bernhard III. – anders als sein liberal gesinnter Vater – auf die politischen Herausforderungen der Gegenwart reagierte, etwa auf die seit Beginn des Krieges gebotene vollständige Parlamentarisierung des Regierungssystems im Reich oder auf die gleichfalls überfällige Reform des Klassenwahlrechts in den meisten deutschen Bundesstaaten.

So konnten alle vergangenen Verdienste des Meininger Herzogshauses dessen letzten regierenden Repräsentanten nicht davor bewahren, den Forderungen der am 10. November 1918 gewaltsam ins Meininger Schloss Elisabethenburg eingedrungenen revolutionären Matrosen und Soldaten nachzugeben und die ihm vorgelegte Thronverzichtserklärung zu unterzeichnen. In der Nacht darauf floh das kopflos agierende Herrscherpaar auf Nebenwegen nach Bad Liebenstein und kehrte erst nach einigen Tagen in die noch immer

Der Thronfolger: Erbprinz Ernst von Sachsen-Meiningen

revolutionär bewegte Hauptstadt zurück. Es war ein beredtes Zeugnis der allgemein überwiegenden Wertschätzung für die historischen Leistungen der gestürzten Dynastie, dass der Präsident des letzten herzoglichen Landtags von Sachsen-Meiningen, der liberal gesinnte Straßen- und Wasserbaumeister, Architekt und Kunstschriftsteller Oberbaurat Eduard Fritze (1849–1926), auf dessen Schlusssitzung am 15. November 1918 der scheidenden Herzogsfamilie im Namen des ganzen Abgeordnetenhauses Lob und Dank für ihr vielfältiges Wirken zum Wohl der Meininger Bürgerschaft aussprach. »Mit ihnen«, so der scheidende Landtagspräsident, »mit ihnen und den übrigen deutschen Fürsten entschwinden die letzten Strahlen einer untergehenden Sonne, die Deutschland auf seiner höchsten Höhe gesehen und vergoldet hat.«[10]

Unmittelbar nachdem auch der Thronfolger Erbprinz Ernst auf die Regierung im Herzogtum verzichtet hatte, sprach der Meininger Landtag am 12. November 1918 ohne Gegenstimme dem Erbprinzen eine großzügig bemessene Entschädigungssumme zu, die als

Kompensation für den ebenso großzügig geleisteten Verzicht auf die in Staatseigentum überführten herzoglichen Domänen und die aus ihnen erzielten Einnahmen gewährt wurde.[11] Stellvertretend für alle Landtagsmitglieder resümierte der SPD-Abgeordnete Arthur Hofmann (1863–1944) die dort vorherrschende Stimmungslage: »Menschlich gedacht, tut es uns leid, daß auch dieser feinsinnige Mensch [d.i.: der Erbprinz] das Opfer der neuen Bewegung geworden ist. Diese aber richtet sich nicht gegen Personen, sondern gegen das überlebte System. Aber weil er unverschuldet ein Opfer der Bewegung geworden ist, sind wir gewillt, ihn schadlos zu halten.«[12] Und noch Ende Dezember 1918 kam es zwischen dem ehemaligen Herzogshaus und dem nunmehrigen »Freistaat Meiningen« zu einem einvernehmlich vereinbarten Abfindungsvertrag.

Der mit solch lobenden Worten bedachte Thronfolger, Erbprinz Ernst von Sachsen-Meiningen (1859–1941), war in der Tat eine Persönlichkeit von außergewöhnlichem Format. Er hätte, wenn er denn zur Herrschaft im Herzogtum gelangt wäre, eine wohl singuläre Stellung unter allen damaligen gekrönten Häuptern Deutschlands und Europas eingenommen. Als erklärter Lieblingssohn des »Theaterherzogs« Georg II. – er entstammte dessen zweiter Ehe mit Prinzessin Feodora zu Hohenlohe-Langenburg (1839–1872) und war mithin ein Halbbruder Herzog Bernhards III. – hatte er sich nach seiner Bonner und Straßburger Studienzeit in den 1880er Jahren in München, Florenz und Frankfurt am Main eigene Ateliers eingerichtet und im Umfeld seiner künstlerischen Lehrer und Leitbilder Franz von Lenbach und Adolf von Hildebrand als begabter Zeichner und erfolgreicher Maler etabliert. Auch seinen Vater, Herzog Georg II., hat er mehrfach gekonnt porträtiert. Im Ersten Weltkrieg, den er als Regiments-, später als Brigadekommandeur in all seinen Wechselfällen bei der kämpfenden Truppe verbrachte, verlor der Erbprinz nicht nur seine beiden ältesten Söhne – Georg (1893–1916) und Ernst (1896–1915) –, sondern auch seinen einzigen leiblichen Bruder, den Prinzen Friedrich (1861–1914), der drei Wochen nach Kriegsbeginn in der Schlacht bei Namur im August 1914 durch Granatsplitter ums Leben kam.

Erbprinz Ernst: Portrait seines Vaters Herzog Georgs II.

Erbprinz Ernst firmierte nach dem Tod seines Halbbruders – Bernhard III. war 1928 in völliger Zurückgezogenheit auf Schloss Altenstein gestorben – als Repräsentant des Meininger Herzoghauses. Da der Erbprinz 1892 eine morganatische Ehe mit Katharina Jensen (1874–1945), einer Tochter des erfolgreichen Schriftstellers Wilhelm Jensen (1837–1911), geschlossen hatte, blieb seinen überlebenden Nachkommen die Erbfolge verwehrt. An ihre Stelle trat 1941 sein Neffe Prinz Georg (1892–1946), der älteste Sohn des 1914 bei Namur gefallenen Prinzen Friedrich aus dessen gleichfalls morganatischer Ehe mit Gräfin Adelheid zu Lippe-Biesterfeld (1870–1948) – deren Kinder aber durch eine Neuregelung der Thronfolge 1896 für erbfolgeberechtigt erklärt worden waren. Prinz Georg arbeitete nach einem Jurastudium als Rechtsanwalt in Meiningen, später als Richter in Hildburghausen. Sein ältester, 1919 geborener Sohn Anton Ulrich fiel im Mai 1940 in Frankreich, der Zweitgeborene, Prinz Friedrich Alfred (1921–1997), studierte zunächst Forstwirtschaft, danach Philosophie und Theologie, wurde katholischer Priester und trat 1953 als

Dom Marianus Marck in den streng kontemplativen und strikt weltabgewandten Kartäuserorden ein. Seine Schwester Prinzessin Regina (1925–2010) heiratete 1951 Otto von Habsburg (1912–2011), den letzten Thronfolger der österreichisch-ungarischen Monarchie.

Da Prinz Friedrich Alfred schon lange vor seinem Ordenseintritt auf die dynastische Erbfolge verzichtet hatte, wurde nach dem Tod seines Vaters – Prinz Georg starb Anfang 1946 in sowjetischer Kriegsgefangenschaft – dessen jüngerer Bruder Prinz Bernhard (1901–1984), zweiter Sohn des 1914 gefallenen Prinzen Friedrich und mithin ein Enkel des »Theaterherzogs« Georg II., Chef des Hauses Sachsen-Meiningen. Aus Bernhards zweiter Ehe mit Vera Schäffer von Bernstein (1914–1994) entstammt der gegenwärtige Meininger Hauschef Prinz Friedrich-Konrad. Der 1952 geborene Prinz arbeitet als Bankkaufmann, Analyst und Unternehmensberater, ist unverheiratet und hat keine Kinder. Als präsumtiver Nachfolger gilt sein Neffe Prinz Friedrich-Constantin (geb. 1980), dessen Vater Prinz Friedrich-Ernst (1935–2004) aus der bürgerlichen ersten Ehe des Prinzen Bernhard kein dynastisches Nachfolgerecht besaß.

GELASSENHEIT IM UNTERGANG
Die Ernestinischen Wettiner in Altenburg

Das in seinem territorialen Bestand seit 1826 existierende Herzogtum Sachsen-Altenburg – die Stadt Altenburg befand sich bereits seit 1328 im Besitz der Wettiner – war mit einem Gebiet von 1 324 Quadratkilometern und 216 100 Einwohnern im Jahr 1910 das kleinste der vier noch existierenden Ernestinischen Staatsterritorien in Thüringen.[1] Es bestand aus zwei größeren und sechs kleineren voneinander getrennten Landesteilen. Der turbulente Werdegang des letzten dort regierenden Herzogs spiegelt wie in einem Brennglas Lebensschicksale, Möglichkeiten und Grenzen eines kleinstaatlichen deutschen Regenten in den Wechselfällen des 20. Jahrhunderts.

Geboren im Jahr der Reichsgründung 1871, galt Herzog Ernst II. als vielseitig interessierter und engagierter Herrscher, lebenslustig, leutselig und volksnah, der es im Laufe seiner nicht übermäßig langen Regierungszeit zu einiger Beliebtheit bei seinen Landeskindern gebracht hatte. Nach seinem Sturz von ständigen Geldsorgen geplagt, im Dritten Reich ein weithin unpolitischer Mitläufer des Regimes, starb er, fast gänzlich verarmt, als letzter der bis 1918 regierenden deutschen Landesfürsten 1955 in der DDR.

Herzog Ernst II. hatte das Land nach dem Tod seines Onkels, Herzog Ernsts I. von Sachsen-Altenburg (1826–1908), seit 1908 mit lockerer Hand regiert. Er galt als gebildet und weitgereist; eine Forschungsexpedition, deren Verlauf und Ergebnisse er in einem tagebuchartigen Journal ausführlich dokumentierte,[2] führte ihn 1911 bis ins »Ewige Eis« nach Spitzbergen und fand vielfältige Resonanz in der zeitgenössischen Presse. Seine Aufgeschlossenheit für alle technischen Errungenschaften und Neuerungen machte ihn zum Freund der Flieger und zu einem frühen Förderer des Flugzeug- und Luftschiffbaus. Als Thronfolger hatte er ein Patent zur Durchführung von Ballonfahrten erworben, die Errichtung des Flughafens Altenburg 1913 ging wesentlich auf seine persönliche Initiative zurück.

Politisch trat der Herzog kaum hervor. Er amtierte, wie die meisten seiner Herrscherkollegen, als überparteilich agierender Landesvater. In seinem kleinen Herzogtum war er unermüdlich unterwegs und besuchte in der Vorkriegszeit jährlich Hunderte von Dörfern und Ortschaften, was seiner Popularität erheblich zugutekam. Viele verziehen ihm auch seine amourösen Abenteuer und zahlreichen außerehelichen Liebschaften, deren süffisante Details in Altenburg jahrelang als Stadtgespräch kursierten. Es waren vor allem junge Schauspielerinnen und Sängerinnen der Altenburger Hofbühne, die das Interesse des theaterbegeisterten Herzogs auf sich zogen – was zumindest in einem Fall zur Geburt eines unehelichen Kindes führte. Seine Ehefrau, Herzogin Adelheid (1875–1971), eine Prinzessin aus dem Haus Schaumburg-Lippe, die er 1898 geheiratet hatte, wusste von den Affären ihres Mannes, tolerierte sie jedoch lange Zeit aus Rücksichtnahme auf die gesellschaftliche Stellung des herzoglichen Hauses im Land. Erst nach der Revolution ließ sie sich 1920 scheiden.

Der Umsturz vom November 1918 vollzog sich in vergleichsweise unspektakulären Bahnen, eine drohende Erstürmung des Altenburger Schlosses durch eigens angereiste revolutionäre Matrosen konnte von Arbeitervertretern der örtlichen Sozialdemokratie verhindert werden. Ernst II. wiederum hatte – als erfahrener Offizier des preußischen Heeres – den Ersten Weltkrieg jahrelang an vorderster Front gemeinsam mit seinen Soldaten im Schützengraben zugebracht, zuletzt im Rang eines Divisionskommandeurs. Keine Strapazen scheuend, war ihm als einzigem deutschen Landesfürsten der höchste militärische Tapferkeitsorden Preußens »Pour le Mérite« verliehen worden. Herzogin Adelheid kümmerte sich während seiner Abwesenheit mit großem persönlichen Engagement um Kriegskinder, Kriegswitwen und Kriegsversehrte und teilte die wachsenden Engpässe in der Versorgungs- und Verpflegungslage demonstrativ mit der heimischen Be-

Der letzte Herzog: Ernst II., 1913

völkerung. Die Vertreter des in Altenburg gebildeten Arbeiter- und Soldatenrates behandelten die herzogliche Familie daher mit großem Respekt und erklärten ihre Angehörigen ausdrücklich für unantastbar, woraufhin der abtretende Herrscher am 13. November 1918 in seinem sehr persönlich und versöhnlich formulierten Thronverzicht allen Altenburgern »ein herzliches Lebewohl« zurief und ihnen seinen »wärmsten Dank für ihre Anhänglichkeit« aussprach. »Möge auch unserem engeren Vaterlande bald der äußere und innere Friede zu einer gedeihlichen Entwicklung und einem segenbringenden Wiederaufbau beschert sein. Dies ist der Wunsch, mit dem ich scheide.«[3]

Schon im Juni 1919 billigten die im Landtag des nunmehrigen »Freistaates Sachsen-Altenburg« vertretenen Parteien, allen voran die SPD, einstimmig einen Abfindungsvertrag mit dem depossedierten Herzogshaus, der diesem Ländereien, eine finanzielle Entschädigung und den Besitz der beiden Schlösser »Herzogstuhl« bei Hummelshain und »Fröhliche Wiederkunft« in Trockenborn-Wolfersdorf bei Kahla zusprach. Allerdings focht der Herzog diese Vereinbarung 1924 noch einmal an, da er durch einen allzu sorglosen Umgang mit seinen Finanzmitteln, und nicht zuletzt infolge betrügerischer Machenschaften seiner Vermögensverwalter, in eine prekäre wirtschaftliche Lage geraten war. Die langjährigen Auseinandersetzungen mit dem 1920 gebildeten Land Thüringen endeten erst 1933 zugunsten der Rechtsansprüche des Herzogs. Das ihm restituierte Altenburger Residenzschloss übereignete er einschließlich seiner Sammlungen ein Jahrzehnt später der Stadt Altenburg.

Nach 1918 lebte der entthronte Herrscher einige Jahre in Berlin, wo er an der dortigen Friedrich-Wilhelms-Universität Vorlesungen über Philosophie, Ozeanographie und Experimentalphysik besuchte. 1922 nahm er seinen dauerhaften Wohnsitz im Schloss »Fröhliche Wiederkunft«, dem er selbst eine kurze Abhandlung widmete.[4] Dort nannte er sich – seit dem Verbot aller fürstlichen Titel seitens der republikanischen thüringischen Landesregierung – nach einer seiner Forstbesitzungen »Ernst Freiherr von Rieseneck«. 1934 heiratete er seine langjährige Geliebte Marie Triebel (1893–1957), eine »Opern-Soubrette«, und verbrachte seine Zeit zumeist mit astronomischen und meteorologischen Studien, die von jeher sein Interesse geweckt hatten. Zum Zweck ihrer Intensivierung ließ er eine schlosseigene Sternwarte errichten, die sich zu einer auch von Professoren der benachbarten Jenaer Landesuniversität gern besuchten Forschungsstätte entwickelte.

Nach Etablierung der nationalsozialistischen Diktatur trat Ernst II. – obwohl seit 1935 Mitglied der NSDAP – politisch kaum in Erscheinung. Er war im öffentlichen Leben seiner alten Heimat präsent, widmete sich aber primär seinen Passionen, allen voran der Astronomie und der Meteorologie. Als Freund erlesener Mahlzeiten, exquisiter Weine und feinster Rauchwaren mittlerweile zu großer Körperfülle gelangt, geriet er infolge verschwenderischer Lebensführung erneut in finanzielle Schwierigkeiten, die ihn immer wieder zur Veräußerung wertvoller Möbel, Schmuckstücke und Kunstgegenstände aus seinem persönlichen Besitz nötigten und ihn mehrfach der Gefahr einer Verpfändung und Zwangsversteigerung seines verbliebe-

Herzoglicher Ruhesitz: Schloss »Fröhliche Wiederkunft« in Wolfersdorf

nen Besitzes aussetzten. Im Juni 1931 wurde ihm gar das Armenrecht zugebilligt, seine Bibliothek – über 30 000 Bände – wurde in einem Berliner Antiquariat zum Verkauf angeboten.

Mit Errichtung der SED-Diktatur durch die sowjetische Besatzungsmacht verschlechterte sich die wirtschaftliche Lage des Herzogs weiter, der als einziger und letzter überlebender ehemaliger deutscher Bundesfürst ein Bürger der DDR wurde. Er behielt, trotz Beschlagnahmung und Enteignung, ein lebenslanges Wohnrecht auf Schloss »Fröhliche Wiederkunft«, lebte jedoch zuletzt von Zuwendungen und Lebensmittelspenden ehemaliger Landeskinder, bei denen er sich unverändert großer Beliebtheit erfreute. Auch seine Enkeltochter Prinzessin Barbara von Preußen (1920–1994) – seit 1954 verheiratet mit Herzog Christian Ludwig zu Mecklenburg, der seit 1945 als Chef des mecklenburg-schwerinschen Hauses firmierte – unterstützte ihren Großvater durch Pakete und Überweisungen. Seinem Begräbnis im März 1955 folgten – sehr zum Verdruss der SED-Machthaber – Hun-

Herzog Ernst II. an seinem 80. Geburtstag 1951

derte von Trauergästen aus der näheren und ferneren Umgebung, um »ihren« einstigen Herzog – Symbol einer zweifellos besseren Zeit – unter Inkaufnahme massiver Repressionen seitens der DDR-Staatssicherheit durch ein letztes Zeichen der Verbundenheit zu ehren. Noch heute wird das Grab auf der sogenannten Krähenhütte von Traditionsvereinen und Bewohnern nahe gelegener Ortschaften gelegentlich mit Blumen und Kränzen geschmückt.

Ernsts und Adelheids ältester Sohn, Erbprinz Georg Moritz (1900–1991), ging seit seinem kurzen Fronteinsatz 1918 eigene Wege. Nach landwirtschaftlichen, soziologischen, literaturwissenschaftlichen und philosophischen Studien in München und Tübingen fand der wissenshungrige und belesene Erbprinz Mitte der 1920er Jahre zur Anthroposophie und widmete sich hinfort mit großem persönlichen Engagement dem Aufbau einer heilpädagogischen Pflegestätte für behinderte und bedürftige Kinder auf Schloss Hamborn bei Paderborn. Da die anthroposophische Lehre im Dritten Reich unter

Die herzogliche Familie mit Erbprinz Georg Moritz und Prinz Friedrich Ernst

Generalverdacht stand, geriet der Erbprinz 1941/42 als vermeintlicher Staatsfeind und entschiedener Gegner der NS-Ideologie für neun Monate in Gestapo-Haft, die Hamborner Heilanstalt wurde geschlossen. Erst 1946 konnte Georg Moritz – seit 1955 Chef des Hauses Sachsen-Altenburg – seine Tätigkeit dort wieder aufnehmen. Die von ihm bis 1968 federführend geleitete Anstalt firmiert heute als »Schloss Hamborn Rudolf-Steiner-Werkgemeinschaft«.

Im Gegensatz zu seinem Vater – und sehr zu dessen Missfallen – pflegte der Sohn eine asketisch strenge Lebensführung und verzichtete zeitlebens auf den Konsum von Fleisch, Alkohol, Nikotin und Koffein. Ebenso gelehrt und gebildet wie fein, schmal und vornehm, stets von fragiler Gesundheit und von mannigfachen Krankheiten geplagt, blieb Erbprinz Georg Moritz unverheiratet und kinderlos. Beides galt auch für seinen jüngeren Bruder, Prinz Friedrich Ernst von Sachsen-Altenburg (1905–1985), den zweiten Sohn des letzten Herzogs. Gleichfalls der Anthroposophie verfallen, machte sich Prinz

Friedrich Ernst als Berichterstatter über archäologische Ausgrabungen in Mittelamerika und als Hobbyhistoriker mit allerdings etwas verschrobenen Forschungsinteressen einen Namen. 1954 erschien in einem Pariser Verlag sein Buch »L'Énigme de Madame Royale«.[5] Es galt jener geheimnisvollen »Dunkel«-Gräfin, die 1807 in Hildburghausen erschien, später im benachbarten Eishausen lebte, dort auch begraben wurde und fälschlicherweise lange Zeit als Tochter des 1793 hingerichteten französischen Königs Ludwig XVI. angesehen wurde. Bekanntheit erlangte Prinz Friedrich Ernst darüber hinaus durch seinen rastlosen Einsatz für die Anerkennung Anna Anderson-Manahans (1896–1984), die sich als Großfürstin Anastasia von Russland (1901–1918) ausgab und behauptete, als einziges Mitglied der Zarenfamilie im Juli 1918 dem bolschewistischen Mordkommando entkommen zu sein.

Erbprinz Georg Moritz erlebte im hohen Alter noch die deutsche Vereinigung und stattete im Jahr seines 90. Geburtstags seiner Altenburger Heimat einen vielbeachteten Besuch ab. Mit seinem Tod im Februar 1991 gilt das herzogliche Haus Sachsen-Altenburg als erloschen.

WELTBÜRGERTUM IM SÜDWESTEN
Das Haus Baden

Jahrhundertelang war die historische Bedeutung der im Großherzogtum Baden amtierenden Dynastie weitgehend auf den deutschen Südwesten begrenzt. Ganz am Ende rückte allerdings ein prominenter Angehöriger noch einmal für wenige Wochen ins Rampenlicht der Weltgeschichte: Das kurze Wirken des Prinzen Max von Baden (1867–1929) als letzter Reichskanzler des kaiserlichen Deutschlands im Oktober und November 1918 besiegelte nicht nur den ruhmlosen Abgang der Hohenzollernmonarchie in Berlin. Es setzte auch der Herrschaft des badischen Fürstenhauses ein abruptes und – wie im benachbarten Königreich Württemberg – so von kaum einem zeitgenössischen Beobachter ernsthaft erwartetes Ende.

Die Markgrafen von Baden waren seit ihrer erstmaligen urkundlichen Erwähnung 1112 als Erben der Herzöge von Zähringen im Breisgau, im Ufgau und in der Ortenau verwurzelt.[1] Nach mehrfachen Landesteilungen hatten sie ihr Territorium bei der Auflösung des Alten Reiches 1803 in erheblichem Umfang erweitern können. Sie waren in ihrem langgestreckten Land, das nun vom mittleren Main bis zum Bodensee reichte, kurzzeitig zu Kurfürsten und schließlich 1806 zu Großherzögen aufgestiegen. In der zweiten Hälfte des 19. Jahrhunderts galt das Großherzogtum Baden – zusammen mit dem 1830 unabhängig gewordenen Königreich Belgien, das (bis heute) von den Ernestinischen Wettinern aus der Coburger Linie der Dynastie regiert wird – den Anhängern des politischen Liberalismus als Muster und Modell eines reformfreudigen und auf nahezu allen Gebieten des öffentlichen Lebens kraftvoll prosperierenden Staatswesens. Der Badische Liberalismus wurde seit den 1830er Jahren geradezu zum

Synonym für eine fortschrittliche und freiheitliche Gesinnung, und die badische Verfassung von 1818 mit ihrem Grundrechtskatalog und dem in ihr verankerten Grundsatz parlamentarischer Beteiligung der gewählten Volksvertreter an den Regierungsgeschäften fungierte bis zum Ende der Monarchie 1918 als Garantin des liberalen politischen und gesellschaftlichen Klimas im Land.

Für dessen guten Ruf trug nicht zuletzt jenes großherzogliche Paar die Verantwortung, das über 50 Jahre lang die Geschicke Badens wesentlich mitbestimmte: der von 1852 bis 1907 amtierende Großherzog Friedrich I. (1826–1907) und seine Ehefrau, Großherzogin Luise (1838–1923), eine Tochter Kaiser Wilhelms I. Das Wirken des Herrscherpaars erstreckte sich nicht nur auf seine mit besonderem Lob bedachten karitativen Unternehmungen. Das mit großem persönlichen Einsatz betriebene bildungs- und hochschulpolitische Engagement des Großherzogs in den beiden badischen Universitätsstandorten Heidelberg und Freiburg erntete bei vielen Zeitgenossen ebenso Anerkennung wie sein aktives Bemühen um die Förderung des kulturellen und wissenschaftlichen Lebens in der Residenzstadt Karlsruhe. Dort war es zudem 1905 erstmals in einem Bundesstaat des Deutschen Kaiserreichs zu einer Beteiligung der Sozialdemokraten an der Landesregierung gekommen, was der monarchischen Staatsform im Großherzogtum, kurz vor ihrem Untergang, zu einem nochmaligen Popularitätsgewinn verhalf. Denn der greise Herrscher befürwortete diesen damals noch völlig unüblichen Vorgang im Interesse eines Ausgleichs politischer und gesellschaftlicher Gegensätze nachdrücklich und uneingeschränkt.[2] Hinzu kam der unprätentiöse und wenig pomphafte Zuschnitt der Karlsruher Hofhaltung.[3] Das großherzogliche Paar empfing Besucher aus allen Gesellschaftsschichten. Es mied steife Förmlichkeit und gespreizte Etikette und nahm durch Schlichtheit und eine als ehrlich empfundene Herzlichkeit die meisten seiner Gäste für sich ein.

Der nach dem Tod des Vaters seit 1907 regierende neue Großherzog Friedrich II. (1857–1928), ein passionierter Soldat,[4] hatte seinen Vorgänger bei der Ausübung der Regierungsgeschäfte unterstützt,

Ein liberales Paar: Großherzog Friedrich I. und Großherzogin Luise, 1906

nachdem er 1902 aus dem aktiven Armeedienst ausgeschieden war, und führte die liberalen Traditionen seines Hauses ungebrochen weiter.[5] Friedrich II. hatte 1885 Prinzessin Hilda von Nassau (1864–1952) geheiratet. Deren Vater, Herzog Adolph von Nassau (1817–1905), war nach Beendigung des preußisch-österreichischen Krieges 1866 von den preußischen Siegern abgesetzt worden. Er konnte jedoch 1890, in sehr fortgeschrittenem Alter, die Erbfolge im Großherzogtum Luxemburg antreten und regierte dort, anders als in seinem Nassauer Herkunftsland, bis zu seinem Tod streng konstitutionell; seine Familie hält den luxemburgischen Thron bis heute.

Da die Ehe zwischen Hilda und Friedrich II. kinderlos blieb, war dessen Vetter Prinz Max von Baden nach dem Tod seines Onkels Friedrich I. und dem Regierungsantritt Friedrichs II. 1907 der Thronfolger des Großherzogtums. Der humanistisch gebildete und intellektuell regsame Prinz[6] galt als ausgesprochen fortschrittlich und positionierte sich in den Kriegsjahren öffentlich als entschiedener Gegner

Das letzte Großherzogspaar: Friedrich II. und Hilda, 1910

der auf einen »Siegfrieden« setzenden deutschen Obersten Heeresleitung unter Erich Ludendorff und Paul von Hindenburg. Angesichts des bevorstehenden militärischen Zusammenbruchs Deutschlands lancierten dann aber beide Militärs den badischen Thronfolger als Reichskanzler, um sich selbst der Verantwortung für die von ihnen verschuldete Katastrophe zu entziehen. Zudem sollte die Ernennung eines prominenten Mitglieds der südwestdeutschen Aristokratie, das als ausgesprochen fortschrittlich und zivil galt und über reichhaltige internationale Kontakte verfügte, dem Ausland gegenüber eine »liberale Wende« in der Reichsführung signalisieren. Der Versuch des badischen Prinzen, ab Ende Oktober 1918 durch Einführung des parlamentarischen Regierungssystems im Reich, die Aufnahme sozialdemokratischer Minister in sein Kabinett und einen rechtzeitig verkündeten Thronverzicht Kaiser Wilhelms II. die preußisch-deutsche Monarchie in allerletzter Stunde noch zu retten, scheiterte indes nicht zuletzt am Kaiser selbst – und endete bekanntlich mit Ausrufung der Republik durch Philipp Scheidemann am 9. November 1918 in Berlin.

In den Jahren der Weimarer Republik spielte Prinz Max keine aktive politische Rolle mehr. Er widmete sich stattdessen mit großem Eifer dem Aufbau der Internatsschule Schloss Salem in einem ehemaligen Zisterzienserkloster am Bodensee. Gemeinsam mit seinem Freund und politischen Berater Kurt Hahn (1886–1974) richtete er diese Lehr- und Bildungsanstalt ab 1920 nach reform- und erlebnispädagogischen Grundsätzen ein; sie vertritt seitdem sehr erfolgreich das Programm einer »Erziehung zur öffentlichen Verantwortung«.

In Baden verlief der Übergang zur neuen Ordnung ohne revolutionären Tumult. Die von allen politischen Lagern hochgeschätzte großherzogliche Familie verließ am Abend des 11. November 1918 die Residenz und suchte Schutz im abgelegenem Schloss Zwingenberg. Unter den flüchtenden Familienmitgliedern war auch die damals in Karlsruhe bei ihrer Mutter weilende Königin Viktoria von Schweden (1862–1930), Schwester Großherzog Friedrichs II. und Ehefrau des seit 1907 regierenden schwedischen Königs Gustav V. Adolf (1858–1950). Auf Schloss Zwingenberg verzichtete der Großherzog

Der letzte Thronfolger: Prinz Max mit seinem Sohn Berthold von Baden

zunächst »vorläufig«, am 22. November 1918 dann von Schloss Langenstein aus »endgültig« als einer der letzten deutschen Landesfürsten auf den Thron. Die Provisorische Regierung der neuen »Republik Baden« dankte ihm und seinem Haus ausdrücklich für die in der Vergangenheit erworbenen Verdienste um das Wohl des Landes. Bereits im März 1919, früher als in den meisten anderen ehemaligen deutschen Fürstenstaaten, kam es in Karlsruhe zu einem einvernehmlich geschlossenen Abfindungsvertrag zwischen den neuen Machthabern und der depossedierten Dynastie. Seine Bestimmungen beruhten auf einem Vergleich, der zunächst beide Seiten zufriedenstellte. Der Großherzog überließ seinen Domänenbesitz – Güter, Forsten, Grundstücke – dem badischen Staat, erhielt dafür eine Abfindungssumme und behielt das Schloss in Baden-Baden und Residenzen in Badenweiler und Freiburg. Die Kunstsammlungen blieben Privateigentum der großherzoglichen Familie und wurden in die »Zähringer Stiftung« mit der Vorgabe überführt, sie dauernd in der Karlsruher Kunsthalle zu

Das Neue Schloss in Baden-Baden, 1923

belassen und sie nur in Notfällen zu veräußern.[7] Diese letztgenannte Bestimmung sollte sieben Jahrzehnte später noch einmal eine erhebliche Bedeutung gewinnen.

Großherzog Friedrich II. trat nach seiner Abdankung, die er auch für den Thronfolger und dessen Nachkommenschaft ausgesprochen hatte, nicht mehr öffentlich in Erscheinung. Er lebte still und zurückgezogen in Freiburg und Badenweiler und starb dort, zuletzt vollkommen erblindet, nach langem Siechtum im August 1928. Ein Jahr später folgte ihm Prinz Max in den Tod. Neuer Chef des Hauses wurde dessen Sohn Prinz Berthold (1906–1963), nun wieder mit dem alten Titel als »Markgraf von Baden«. Vornehm, bescheiden und zurückhaltend wie die meisten seiner Vorfahren, widmete sich Markgraf Berthold dem Ausbau der vom Vater begründeten Salemer Internatsschule, an der er selbst 1926 das Abitur abgelegt hatte, und die er lange Zeit vor dem Zugriff Hitlers und den Begehrlichkeiten der Nationalsozialisten zu schützen wusste.

Der Ehe von Markgraf Berthold mit Prinzessin Theodora von Griechenland (1906–1969) – einer Schwester des Prinzen Philip (1921–2021), dem Ehemann der britischen Königin Elisabeth II. (1926–2022) – entstammte der langjährige Hauschef, Markgraf Maximilian (Max) von Baden (1933–2022). Gemeinsam mit seiner Ehefrau Valerie Isabella (geb. 1941), einer Prinzessin aus dem Haus Habsburg-Lothringen, war Markgraf Maximilian als studierter Land- und Forstwirt in zahlreiche wohlfahrts- und kulturpflegerische Aktivitäten eingebunden, nicht zuletzt in die internationale Flüchtlingshilfe, als deren Mitbegründer in den frühen 1980er Jahren er gilt. Seinem ältesten Sohn, Prinz Bernhard (geb. 1970), obliegt nunmehr die Vertretung des Hauses Baden in der Öffentlichkeit. Dazu gehört, unter anderem, die Verwaltung der hauseigenen »Weingüter des Markgrafen von Baden«.

Internationales Aufsehen erregten 1995 der Verkauf des Neuen Schlosses in Baden-Baden und die Versteigerung zahlreicher Kunstwerke des badischen Fürstenhauses, das sich zur Abtragung eines auf mehrere hundert Millionen D-Mark angestiegenen Schuldenbergs genötigt sah, wertvolle Erbstücke aus dem großherzoglichen Kunstbesitz zu veräußern und sich dabei auf den Abfindungsvertrag mit dem Land Baden von 1919 berief. Zuvor hatte der sozialdemokratische baden-württembergische Wirtschaftsminister Dieter Spörri den Erwerb des dem Land zu einem Spottpreis angebotenen Gesamtbestandes kompromisslos abgelehnt. Damit wurde in törichter Weise die Chance vertan, eine einzigartigen Sammlung dynastischen Kulturgutes – von Minister Spörri als »Fürstennippes« lächerlich gemacht[8] – zu bewahren. Der auf Grund erneuter finanzieller Probleme geplante Verkauf zahlreicher weiterer Kunstgegenstände sorgte im Jahr 2007 wiederum für erhebliches mediales Aufsehen. Schließlich einigten sich beide Seiten auf den Erwerb zahlreicher Kunstgegenstände und des Schlosses Salem durch die öffentliche Hand. Das Haus Baden genießt jedoch weiterhin Wohnrecht in einem Seitenflügel der ehemaligen Reichsabtei Salem.

GETEILTE LEBENSWEGE
Das Haus Mecklenburg

Während das Großherzogtum Baden im kaiserlichen Deutschland als die weithin liberalste und in ihrer politischen Kultur fortschrittlichste Monarchie galt, zeichneten sich die beiden 1815 ebenfalls zu Großherzogtümern aufgestiegenen mecklenburgischen Territorien durch eine schon von den Zeitgenossen als anachronistisch empfundene Besonderheit aus. Nachdem selbst Russland als letzter europäischer Staat 1906 eine Verfassung erhalten hatte, waren Mecklenburg-Schwerin und Mecklenburg-Strelitz die einzigen Länder des Kontinents, in denen es weder Landtagswahlen noch überhaupt parlamentarische Institutionen moderner Prägung gab. 1755 war zwischen den mecklenburgischen Ständen und der dort seit dem 12. Jahrhundert angestammten Dynastie ein »Landesgrundgesetzlicher Erbvergleich« vereinbart worden, der eine Art Dreiteilung der Macht zwischen den jeweiligen Landesherrn, den adligen Ritterschaften und den bürgerlichen Stadtgemeinden vorsah und aus der eine Art Adelsrepublik entstand.[1]

Dass den meisten Mecklenburgern damals durchaus an modernen Formen politischer Partizipation und an verstärkten Möglichkeiten zur demokratischen Artikulation ihres Willens gelegen war, hatten die Ergebnisse der letzten Reichstagswahl vor Ausbruch des Ersten Weltkriegs 1912 offenbart. Hier hatten – bei allgemeinem gleichen Wahlrecht und fehlender Wahlpflicht – über 90 Prozent der Wähler im Großherzogtum Mecklenburg-Schwerin ihre Stimme abgegeben und damit für die höchste Wahlbeteiligung im gesamten damaligen Reichsgebiet gesorgt. Insofern darf man dem viel zitierten Diktum des preußischen Ministerpräsidenten Otto von Bismarck über die

Der letzte Großherzog von Mecklenburg-Strelitz: Adolf Friedrich VI., 1915

vermeintliche Rückständigkeit der Mecklenburger wohl nur einen halben Wahrheitsgehalt zusprechen. Der spätere erste deutsche Reichskanzler hatte gewitzelt, dass er im Falle eines bevorstehenden Weltuntergangs nach Mecklenburg ziehen werde, weil man dort davon, wie in allen anderen Dingen, erst einhundert Jahre später etwas bemerken werde.[2]

Das Territorium Mecklenburgs war 1701 in die Linien Mecklenburg-Schwerin und Mecklenburg-Strelitz geteilt worden, die beide 1815 die Großherzogswürde erlangten. Mecklenburg-Schwerin war ein relativ geschlossener mittelgroßer Flächenstaat mit einem Gebiet von gut 13 000 Quadratkilometern. Mecklenburg-Strelitz hingegen war mit knapp 3 000 Quadratkilometern nicht nur erheblich kleiner, sondern bestand auch aus zwei durch Mecklenburg-Schwerin weit voneinander getrennten Landesteilen: dem Fürstentum Ratzeburg und der Herrschaft Stargard. Im Unterschied zur wenig begüterten Schweriner Linie galt das Strelitzer Fürstenhaus als eines der reichsten in ganz Europa. Beide Linien besaßen enge Verwandtschaftsbeziehungen vor allem zum russischen Kaiserhaus der Romanows. Ihre Schicksale im 20. Jahrhundert gestalteten sich ebenso unterschiedlich wie turbulent.

Der seit 1904 in Mecklenburg-Strelitz regierende Großherzog Adolf Friedrich V. (1848–1914) galt als reformfreudig und als vehementer Befürworter einer konstitutionellen Monarchie. Zweimal legte er einen in diese Richtung zielenden Entwurf vor, der auf eine Abschaffung der anachronistischen, noch beinahe mittelalterlich anmutenden Verfassungsverhältnisse zielte, musste sich jedoch von der versammelten Ritterschaft des Landes eine Abfuhr erteilen lassen.[3] Sein Sohn und Nachfolger, Großherzog Adolf Friedrich VI. (1882–1918), der nach dem Tod des Vaters im Juni 1914 die Herrschaft antrat, hatte lange Zeit in Großbritannien verbracht und galt als ausgesprochen anglophil. Seine Großmutter Augusta (1822–1916) entstammte dem britischen Königshaus und stand mit ihren Verwandten in London auch nach Ausbruch des Ersten Weltkriegs auf Umwegen in brieflicher Verbindung.

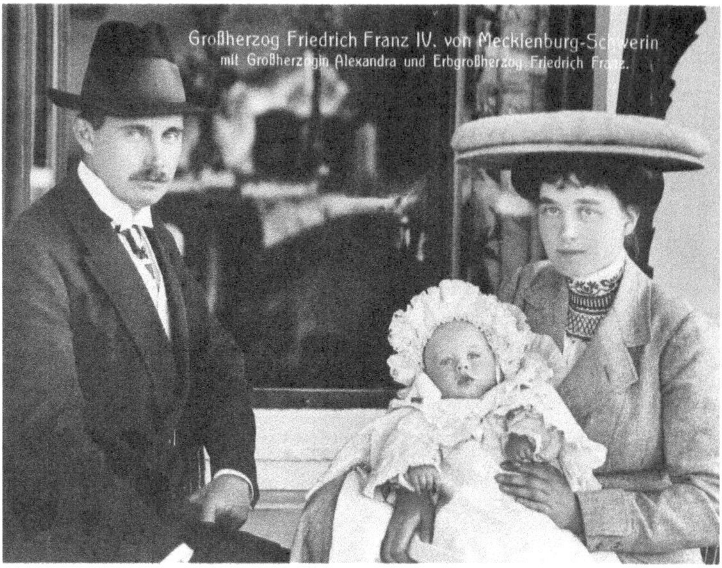

Der letzte Großherzog von Mecklenburg-Schwerin: Friedrich Franz IV. und Großherzogin Alexandra, 1910

Nach seiner Amtsübernahme diente Adolf Friedrich VI. an der Front im Westen, setzte sich aber zugleich mit großem Nachdruck für gefangene britische Offiziere in Deutschland ein. Er kümmerte sich persönlich um Kriegsversehrte und Verwundete, versorgte die hungernden Einwohner seiner Neustrelitzer Residenz mit begehrten Nahrungsmitteln und genoss auf Grund seiner Offenherzigkeit, Gewissenhaftigkeit und Großzügigkeit die ungeteilten Sympathien seiner Landeskinder. Am 24. Februar 1918 fand man ihn erschossen im Kanal des Neustrelitzer Schlossgartens. Offiziell handelte es sich um einen Selbstmord – der unverheiratete Großherzog galt als ein depressiven Stimmungen Unterworfener und war in zahlreiche undurchsichtige Liebesaffären verstrickt. Da jedoch die Tatwaffe niemals gefunden wurde, rankten sich um das mysteriöse Geschehen noch lange mancherlei Verschwörungs-, Erpressungs- und Spionageszenarien.

Nach dem unerwarteten Tod des 35-jährigen Großherzogs stand in Mecklenburg-Strelitz kein thronberechtigter Erbe bereit.[4] Der einzig mögliche Kandidat, Carl Michael Herzog zu Mecklenburg (1863–1934), hatte als russischer Staatsbürger – seine Mutter entstammte dem Zarenhaus der Romanows – und Offizier im Ersten Weltkrieg im Lager der Kriegsgegner Deutschlands gestanden und war nach dem Zusammenbruch des Zarenreichs über den Kaukasus nach Dänemark geflohen. Auf sein Thronfolgerecht hatte er bereits 1914 verzichtet. Daher übernahm der seit 1897 in Mecklenburg-Schwerin herrschende Großherzog Friedrich Franz IV. (1882–1945) die Verweserschaft für das ungleich kleinere Nachbarland.[5]

Wie bereits sein Amtskollege in Mecklenburg-Strelitz hatte sich auch Großherzog Friedrich Franz IV. in Friedenszeiten mehrfach, zuletzt 1913, um eine zeitgemäße Modernisierung – und das hieß faktisch: um eine Konstitutionalisierung – des mecklenburgischen Verfassungslebens bemüht. Doch auch er war mit seinen Versuchen am hinhaltenden Widerstand der Ritterschaft gescheitert und erwog daher zuletzt, eine Verfassung »von oben« in Form eines Staatsstreiches zu oktroyieren.[6] Während des Ersten Weltkriegs trat der Großherzog als Verfechter eines auf Maßhalten und Ausgleich bedachten Verständigungsfriedens hervor. Die Abdankungsforderungen der am 8. November 1918 aus Kiel nach Schwerin angereisten revolutionären Matrosen trafen ihn unvorbereitet. Seine zunächst gehegten Hoffnungen, mit Unterstützung seiner Verwandtschaft im britischen und dänischen Königshaus in Mecklenburg die monarchische Staatsform auf neuer, nunmehr parlamentarischer Grundlage beibehalten zu können,[7] erwiesen sich als illusionär. Am 14. November erklärte er als einer der letzten deutschen Landesfürsten seinen Thronverzicht für Mecklenburg-Schwerin.

Nach einem kurzen Exil in Kopenhagen – seine Schwester Alexandrine (1879–1952) war die Gattin des seit 1912 regierenden dänischen (und bis 1944 zugleich isländischen) Königs Christian X. (1870–1947) – lebte Friedrich Franz IV. zurückgezogen auf Schloss Ludwigslust, ohne hinfort politisch besonders hervorzutreten. 1945 floh er mit seiner Familie vor den Truppen der heranrückenden Roten Armee nach Schleswig-Holstein und starb dort, bereits längere Zeit an einer

Das letzte Bild: Großherzog Friedrich Franz IV. kurz vor seinem Tod, Ende 1944

Magenerkrankung leidend, mangelhaft ernährt und ohne medizinische Versorgung, im gleichen Jahr auf Schloss Glücksburg. Hier lebte seine jüngste Tochter Anastasia (1923–1979), die seit 1941 mit Prinz Friedrich Ferdinand von Schleswig-Holstein-Sonderburg-Glücksburg (1913–1989) verheiratet war.

Der älteste Sohn des entthronten Großherzogs, Erbgroßherzog Friedrich Franz (1910–2001) engagierte sich – erst mit Zustimmung, später sehr zum Verdruss des Vaters und zum Ärger anderer Familienmitglieder – schon früh in der NSDAP. Nach 1933 diente er in deren Auslandsorganisation, später im Auswärtigen Amt, zuletzt in einem Panzerkorps der Waffen-SS. Großherzog Friedrich Franz IV. hatte indes noch kurz vor seinem Tod seinen zweitgeborenen Sohn Herzog Christian Ludwig (1912–1996) zum künftigen Vorsitzenden des mecklenburg-schwerinschen Familienverbandes ernannt. Für diese Entscheidung war in erster Linie die später geschiedene Ehe zwischen seinem Erstgeborenen Friedrich Franz und Karin von Scha-

Herzog Georg von Mecklenburg-Strelitz bei seiner zweiten Hochzeit mit Prinzessin Charlotte von Habsburg, der Schwester Ottos von Habsburg, 1956

per (1920–2012) verantwortlich, die nach dem Hausgesetz als nicht ebenbürtig galt.

Herzog Christian Ludwig, von 1945 bis zu seinem Tod Chef des Hauses Mecklenburg-Schwerin, verbrachte die Jahre bis 1953 in sowjetischer Kriegsgefangenschaft und unterhielt danach enge Kontakte zu seiner mecklenburgischen Heimat. Nach dem Zusammenbruch der DDR bemühte er sich um die Restitution der dort nach 1945 enteigneten Vermögenswerte. Neben Kunstgegenständen aus Schloss Ludwigslust, die als »Sammlung Christian Ludwig Herzog zu Mecklenburg« firmierten und bis 2014 nahezu vollständig vom Land Mecklenburg-Vorpommern übernommen wurden, gelang der Rückkauf von Forstflächen im Westen des neuen Bundeslandes. Darüber hinaus stellt die herzogliche Familie zahlreiche Pretiosen als Leihgaben den Sammlungen des Staatlichen Museums Schwerin unentgeltlich zur Verfügung. Auch kulturell engagiert sich die ehemalige Großherzogsfamilie in ihrer alten Heimat. Christian Ludwigs älterer

Bruder, Erbgroßherzog Friedrich Franz, machte sich nach seiner fragwürdigen Karriere im Dritten Reich seit den 1960er Jahren als Hobbymaler einen Namen. Da er selbst wie auch sein jüngerer Bruder Herzog Christian Ludwig keine männlichen Nachkommen besaß, starb mit seinem Tod 2001 die Schweriner Linie im Mannesstamm aus.

Anders hingegen, und aufs Ganze gesehen erfreulicher, gestalteten sich die Schicksale des Strelitzer Familienzweiges. Der nach dem mysteriösen Tod Großherzog Adolf Friedrichs VI. als präsumtiver Thronerbe geltende Herzog Carl Michael blieb zeitlebens unverheiratet und kinderlos. Er adoptierte daher 1928 seinen in Russland geborenen Neffen Georg Herzog zu Mecklenburg (1899–1963) und ernannte ihn mit Zustimmung der Schweriner Linie zum künftigen Chef des Hauses Mecklenburg-Strelitz, welchem Herzog Georg von 1934 bis zu seinem Tod 1963 vorstand. Herzog Georg hatte 1929 mit einer umfänglichen Untersuchung zum französischen Merkantilismus des 17. Jahrhunderts im Fach Politikwissenschaft promoviert. Die auch heute noch gültige Arbeit[8] – sie entstammte der Schule des in Freiburg lehrenden Nationalökonomen Karl Diehl (1864–1943), dem die Fachwissenschaft mehrere Studien zum Frühsozialismus und eine Theorie über den Zusammenhang von Wirtschaftsordnung und Rechtssystemen verdankt – beleuchtete die wirtschaftspolitische Tätigkeit des französischen Ersten Ministers Kardinal Richelieu vor dem Hintergrund des zeitgenössischen Schrifttums und unter Berücksichtigung des gesamten Spektrums finanz-, handels- und infrastrukturpolitischer Maßnahmen des französischen Absolutismus.

Als bekennender Christ war Herzog Georg, ganz im Unterschied zu seinem Schweriner Verwandten, von Anfang an ein entschiedener Gegner des Nationalsozialismus. Sein Wohnsitz, Schloss Remplin bei Malchin, wurde 1940 von nationalsozialistischen Aktivisten verwüstet und in Brand gesteckt, der Herzog selbst 1944 ins Konzentrationslager Sachsenhausen gebracht. Ein ähnliches Los traf seinen Sohn und späteren Nachfolger als Hauschef, Herzog Georg Alexander (1921–1996). Vater und Sohn galten nach ihrer Befreiung als anerkannte Verfolgte des NS-Regimes. Der Sohn, Herzog Georg Alexander, bemühte sich

Herzog Georg Alexander von Mecklenburg-Strelitz

seit Anfang der 1990er Jahre um die Restitution enteigneter mecklenburgischer Güter und Besitzungen der Familie, was allerdings trotz der erwiesenen NS-Gegnerschaft des Strelitzer Familienzweiges der Dynastie erstaunlicherweise erst nach langwierigen Verhandlungen und niemals unangefochten gelingen sollte. Verweigerte doch das bis heute vielzitierte »Ausgleichsleistungsgesetz« von 1994 finanzielle Entschädigungen für die von den kommunistischen Machthabern in Ost-Berlin nach 1945 in großem Umfang geraubten Besitztümer nur dann, wenn die Vorfahren der Antragsteller dem Nationalsozialismus (oder dem Kommunismus) »erheblichen Vorschub« geleistet hatten. Im Falle der ehemals regierenden preußischen Königsdynastie ist diese Frage bis heute umstritten. Für die betroffenen Mitglieder des Hauses Mecklenburg-Strelitz ist sie jedoch eindeutig zu beantworten – und zwar zugunsten der Dynastie.

Herzog Georg Alexander hatte seinen Wohnsitz bereits 1991, unmittelbar nach der deutschen Vereinigung, ins Mecklenburgische Mirow verlegt und sich von dort aus vor allem mit denkmalpflegerischen

Herzog Carl Gregor bei einem Jazz-Konzert an seinem 80. Geburtstag 2013

Initiativen zum Schutz von Kulturgütern und zur Restaurierung von Schlössern hervorgetan. Neuer Chef des Hauses Mecklenburg-Strelitz ist seit 1996 Georg Alexanders 1956 geborener Sohn Herzog Borwin. Er lebt mit seiner Familie als Hotelier im Schwarzwald, ist jedoch bei zahlreichen gesellschaftlichen Anlässen und kulturellen Ereignissen in der alten Heimat seiner Vorfahren regelmäßig präsent. Sein Onkel, Herzog Carl Gregor zu Mecklenburg (1933–2018), war als promovierter Kunsthistoriker[9] langjähriger Direktor des Diözesanmuseums in Rottenburg. Der am Fuß der Burg Hohenzollern in Hechingen lebende Carl Gregor trat darüber hinaus als Hobbymaler, Jazzmusiker und Verfasser zahlreicher musikwissenschaftlicher Veröffentlichungen hervor. Einige dieser Publikationen[10] gelten bis heute als Standardwerke.

VERPFLICHTENDES ERBE
Das Haus Hessen

»Unser Großherzog«, so berichtete der aus Rheinhessen stammende Schriftsteller Carl Zuckmayer (1896–1977) 1966 in seinen ungemein erfolgreichen Lebenserinnerungen, »konnte der Sympathie seiner Landsleute, bis in die Kreise der radikalen Intellektuellen und der revolutionären Arbeiterschaft, sicher sein. Er war ein urbaner, nobler, gebildeter Herr, der in Darmstadt, seiner Residenz, schon vor dem Krieg – zum Entsetzen des konservativen Bürgertums – die damals modernste Kunst protegiert hatte und sich in der Kriegszeit niemals zu militanten oder hurra-patriotischen Kundgebungen mißbrauchen ließ. [...] Ich habe ihn oft während meiner Gymnasialzeit in seiner Theaterloge gesehen, eine schlanke Gestalt im dunklen Anzug, mit schmalem, feinem Gesicht, wenn er zu einem besonderen Konzert in Mainz erschien und die stehende, ehrfurchtsvolle Begrüßung durch das Publikum, sichtlich etwas verlegen, mit einer liebenswürdig-bescheidenen Geste erwiderte.«[1]

Dieses Lob galt Hessens letztem gekrönten Haupt, Großherzog Ernst Ludwig von Hessen und bei Rhein (1868–1937). Seine Dynastie, das Haus Brabant, war seit der zweiten Hälfte des 13. Jahrhunderts in der Rhein-Main-Region fest verwurzelt.[2] Im Jahrhundert der Reformation einst führende Kraft der religiösen Reformbewegung, war die Landgrafschaft Hessen 1567 durch Erbteilung in mehrere Teilherrschaften zerfallen, von denen schließlich nur noch das Großherzogtum Hessen(-Darmstadt) als selbständiger Fürstenstaat bestehen blieb. Denn das Kurfürstentum Hessen(-Kassel) war, als Verbündeter Österreichs, nach dessen Niederlage im Krieg von 1866, durch die preußischen Sieger annektiert worden und bildete seit 1868,

Der letzte Großherzog: Ernst Ludwig von Hessen und bei Rhein, 1905

zusammen mit den gleichfalls dem Hohenzollernstaat einverleibten Ländern Nassau, Frankfurt und Hessen-Homburg, die preußische Provinz Hessen-Nassau.[3]

Großherzog Ernst Ludwig hatte sich seit seinem Herrschaftsantritt 1892, den er unter das programmatische Motto: »Mein Hessenland blühe, und in ihm die Kunst« gestellt hatte,[4] als moderner Regent von erheblichem Weitblick erwiesen.[5] Er pflegte unverkrampft Kontakt zu allen gesellschaftlichen Gruppen und politischen Parteien des Landes, einschließlich der hessischen Sozialdemokraten. Darüber hinaus blieb er zeitlebens ein eifriger Anhänger und Förderer der damals modernsten Kunstrichtung in Deutschland, des Jugendstils. Durch die Gründung der Künstlerkolonie auf der Darmstädter Mathildenhöhe im Jahr 1900 schuf das großherzoglich-hessische Haus der neuen Kunstauffassung Raum und Entfaltungsmöglichkeiten wie nirgendwo sonst in Europa. Parallel dazu erfolgte der zielstrebige Aufbau zahlreicher Manufakturen für Gegenstände der Angewandten Kunst,

Prinzessin Alix von Hessen als Zarin Alexandra Fjodorowna mit ihren Töchtern, 1912

um das von den Jugendstil-Künstlern erstrebte Ideal einer Verbindung von Kunst, Handwerk und Alltagsleben zu realisieren und zugleich das mittelständische Gewerbe in der Region zu beleben. Mit alledem blieb der Residenzort Darmstadt bis zum Kriegsausbruch 1914 einer der wichtigsten Vorposten der künstlerischen Avantgarde in Deutschland.

Über seine Stellung und Aufgaben als regierendes Staatsoberhaupt einer deutschen konstitutionellen Monarchie hat der hessische Großherzog in einem nicht zur Veröffentlichung bestimmten Text sich selbst Rechenschaft abgelegt.[6] Zudem war Ernst Ludwig auch künstlerisch aktiv. Er veröffentlichte Gedichte von nicht unerheblicher Qualität[7], schrieb Essays[8], Stücke und Theaterspiele,[9] er trat als Regisseur und Schauspieler, als Maler, Bühnenbildner und Komponist hervor.[10] Eine künstlerische und intellektuelle Spannweite vergleichbaren Ausmaßes wurde damals von keinem zeitgenössischen Staatsoberhaupt in Europa gehalten.

Der Todesflug: Wrack der Maschine, in der die großherzoglich Hessen-Darmstädter Familie 1937 umkam

Der seit dem Umsturz von 1918 republikanisch verfasste »Volksstaat Hessen« profitierte auch nach Absetzung des Großherzogs durch den revolutionären Darmstädter Arbeiter- und Soldatenrat am 9. November von Ernst Ludwigs künstlerischen und mäzenatischen Aktivitäten. Der entthronte Herrscher – der stets betonte, dass er weder für sich noch für seine Nachkommen offiziell abgedankt habe – wohnte mit seiner Familie weiterhin im Darmstädter Neuen Palais. Das Schloss, 1944 im Krieg stark beschädigt und später abgerissen, wurde ihm, ebenso wie die Sommerresidenz Schloss Wolfsgarten, nach langjährigen Verhandlungen, die sich von 1919 bis 1928 hinzogen, als Privatbesitz zugesprochen, wobei die Revolutionsregierung bereits in ihrem Absetzungsdekret ausdrücklich versichert hatte, dass sich gegen Ernst Ludwig kein »Groll des Volkes« richte und dass er »als Bürger des freien republikanischen Hessens« stets »willkommen« sei.[11] Auch der Großherzog seinerseits zeigte sich versöhnlich und notierte am 25. November 1918, seinem 50. Geburtstag, in diesem

Der letzte Hauschef der Linie Hessen-Darmstadt: Prinz Ludwig von Hessen und bei Rhein, Prinzessin Margaret

Sinne in sein Tagebuch: »Ich bin nicht enttäuscht und fühle die sogen. Undankbarkeit des Volkes nicht so, wie viele andere, da ich die großen Fehler der früheren Zeit längst erfaßt hatte und vieles wegen der Verhältnisse im deutschen Reich nicht ändern konnte.«[12]

Nach seiner Entthronung engagierte sich Ernst Ludwig weiterhin eifrig im kulturellen Bereich und förderte verstärkt karitative und soziale Unternehmungen. Tatkräftig unterstützt wurde er dabei von seiner Gattin, Großherzogin Eleonore (1871–1937), einer geborenen Prinzessin aus dem standesherrlichen Haus Solms-Hohensolms-Lich. 1920 war er maßgeblich beteiligt an der Gründung einer »Schule der Weisheit«, die der aus Livland stammende Kulturphilosoph Hermann Graf Keyserling (1880–1946) in Darmstadt errichtete und durch eine »Gesellschaft für Freie Philosophie« materiell abzusichern strebte. Regelmäßig von ihr veranstaltete Vorträge und Jahrestagungen führten zahlreiche international renommierte Gelehrte aus den unterschiedlichsten Geistes- und Kulturwissenschaften nach Darmstadt und wurden vom großherzoglichen Haus nach Kräften begleitet und befördert.

Die durch den Ersten Weltkrieg unterbrochenen Familienbeziehungen der Dynastie zu zahlreichen europäischen Fürstenhäusern erfuhren seit Beginn der 1920er Jahre eine zügige Wiederbelebung. Man hatte Verwandte im griechischen und englischen, später auch im italienischen Königshaus. Ernst Ludwigs Nichte, Louise Mountbatten, geborene Prinzessin von Hessen-Darmstadt (1889–1965), heiratete 1923 den verwitweten späteren König Gustav VI. Adolf von Schweden. Hingegen fanden die engen Verbindungen zum russischen Kaiserhaus – Ernst Ludwigs 1872 geborene Schwester Alix war seit 1894 (als Alexandra Fjodorowna) die Frau des letzten Zaren Nikolaus II. (1868–1918) – mit der Ermordung der russischen Herrscherfamilie und zahlreicher andere Mitglieder der Romanow-Dynastie durch bolschewistische Gewalttäter 1918 auf traurige Weise ein unwiderrufliches Ende.

Traurig gestaltete sich auch das weitere Schicksal der großherzoglich-hessischen Fürstenfamilie selbst. Großherzog Ernst Ludwig starb im Oktober 1937. Den Trauerzug mit seinem Sarg begleiteten damals Zehntausende seiner früheren Landeskinder durch die Straßen der ehemaligen Residenz. Knapp sechs Wochen später kamen dann fast alle Familienangehörigen bei einem Flugzeugabsturz in der Nähe von Ostende ums Leben. Unter ihnen befanden sich Ernst Ludwigs Witwe Großherzogin Eleonore, sein ältester Sohn Erbgroßherzog Georg Donatus (geb. 1906), dessen schwangere Ehefrau Prinzessin Cecilia (geb. 1911) – eine Schwester des Prinzen Philip von Griechenland, späteren Duke of Edinburgh und Ehemann der britischen Königin Elisabeth II. –, sowie die beiden kleinen Kinder des erbgroßherzoglichen Paares, Prinz Ludwig (geb. 1931) und Prinz Alexander (geb. 1933). Die Maschine mit den Mitgliedern der Fürstenfamilie war am 16. November 1937 in dichtem Nebel bei einer Zwischenlandung in Ostende-Steene mit einem Fabrikschornstein kollidiert und mit der gesamten Besatzung vollständig ausgebrannt.[13] Ziel des verhängnisvollen Todesfluges war London gewesen, wo die Hochzeit von Prinz

Erwählter König von Finnland: Prinz Friedrich Karl von Hessen-Kassel und Prinzessin Margarethe, 1918

Ludwig (1908–1968) bevorstand. Der jüngste und nunmehr einzig überlebende Sohn Großherzog Ernst Ludwigs wollte dort die britische Diplomatentochter Margaret Campbell Geddes (1913–1997) heiraten, in die er sich während seiner Tätigkeit als Kulturattaché an der deutschen Botschaft in London verliebt hatte.

Prinz Ludwig, der neue Chef des Hauses, hatte in Darmstadt, Lausanne und München Archäologie und Kunstgeschichte studiert und widmete sich in der Nachfolge seines Vaters hinfort mit großem Eifer der Pflege des kulturellen Erbes in Hessen. Er trat als passionierter Kunstsammler und kenntnisreicher Museumsgründer hervor, wirkte als Freund und Förderer zeitgenössischer Komponisten und war Mitbegründer diverser Institutionen, die sich mit Fragen des Designs und der künstlerischen Formgebung moderner Alltagsprodukte beschäftigten. Auch als Kinderbuchautor,[14] als Lyriker in der stilistischen Nachfolge seines Vaters[15] und als Chronist des Kulturlebens der Darmstädter Residenz[16] machte er sich einen Namen. Seine aus England stammende Ehefrau, Prinzessin Margaret, setzte dieses Engage-

Hitlers Oberpräsident: Prinz Philipp von Hessen-Kassel, 1933

ment nach seinem Tod fort und profilierte sich in der Öffentlichkeit darüber hinaus vor allem durch ihr vielfältiges und weitstrahlendes Wirken auf karitativem Gebiet. Die Wiedereinrichtung des Darmstädter Schlossmuseums nach dem Zweiten Weltkrieg ging auf die persönliche Initiative des Paares zurück. Als Besonderheit gelangten mehrere hundert Kunstgegenstände aus den Sammlungen des Hauses Hessen, die während des Krieges aus Schloss Fischbach in Schlesien nach Thüringen verbracht worden waren, im Rahmen eines Kulturabkommens mit der DDR bereits 1987 zur Restitution.

Da das prinzliche Paar keine eigenen Kinder hatte, gilt die Darmstädter Linie des Hauses »Hessen und bei Rhein« mit dem Tod der Prinzessin Margaret 1997 als erloschen. Indes hatten Prinz Ludwig und seine Gattin schon 1960 den Prinzen Moritz, Landgrafen von Hessen, adoptiert. Moritz (1926–2013) entstammte der Kasseler Linie der Hessen, die 1866, wie erwähnt, ihrer Herrschaft zugunsten Preußens verlustig gegangen war. Der Großvater des Prinzen Moritz, Prinz Friedrich Karl von Hessen-Kassel (1868–1940), wäre beinahe als König von Finnland in die Geschichte eingegangen. Denn der damals noch mehrheitlich monarchistisch gesinnte finnische Reichstag hatte ihn Anfang November 1918 zum König des kurz zuvor von Russland unabhängig gewordenen Landes gewählt. Von finnischen Monarchisten – unter ihnen der bis heute berühmteste Komponist des Landes, Jean Sibelius (1865–1957) – wurde der Erwählte bereits als König Väinö I. gefeiert. Er musste jedoch angesichts des militärischen und politischen Zusammenbruchs des Kaiserreichs und des Sturzes aller landesstaatlichen Monarchien in Deutschland auf seine in Aussicht genommene Thronbesteigung Mitte Dezember 1918 schon wieder verzichten. Die siegreichen Westalliierten begegneten dem Plan, einen Deutschen zum finnischen König zu krönen, zumal einen Schwager Kaiser Wilhelms II. – Prinz Friedrich Karl hatte 1893 dessen jüngste Schwester, Prinzessin Margarethe von Preußen (1872–1954), geheiratet –, mit entschiedenem Widerstand. Sein präsumtives Königreich hat der hessische Prinz zeitlebens niemals betreten.[17]

Die beiden ältesten Söhne Friedrich Karls, die Prinzen Friedrich Wilhelm (1893–1916) und Maximilian (1894–1914), fielen in den Schlachten des Ersten Weltkriegs. Daher firmierte seit 1940 der Drittgeborene, Prinz Philipp (1896–1980), nach dem Tod des Vaters 1940 als Landgraf von Hessen und Chef der Linie Hessen-Kassel. Prinz Philipp war von Hause aus Kunsthistoriker, Archäologe und Innenarchitekt und seit 1925 mit Prinzessin Mafalda von Savoyen (1902–1944) verheiratet, einer Tochter des von 1900 bis 1946 regierenden italienischen Königs Viktor Emanuel III. (1869–1947).

Seit 1930 war Philipp Mitglied der NSDAP. Sein jüngerer Bruder, Prinz Christoph von Hessen (1901–1943), ein persönlicher Freund Hermann Görings und ebenfalls früher Anhänger Adolf Hitlers, trat 1932 in die SS ein. Die beiden hessischen Prinzen dienten den Nationalsozialisten, wie manch andere Angehörige ehemals regierender deutscher Fürstenhäuser – Hohenzollern, Schaumburg-Lippe und Lippe ebenso wie Waldeck, Mecklenburg-Schwerin oder Sachsen-Coburg und Gotha – als hochadlige Aushängeschilder, wobei der Grad ihrer jeweiligen Verstrickung in das NS-Unrechtssystem und

Schloss Kronberg im Taunus

das Ausmaß der Beteiligung an dessen Untaten erheblich voneinander abwichen.

Prinz Philipp wurde 1933 von Göring als preußischem Ministerpräsidenten zum Oberpräsidenten der preußischen Provinz Hessen-Nassau ernannt. Hinfort nutzte das Regime seine verwandtschaftlichen Beziehungen zum italienischen Königshaus zur Intensivierung der diplomatischen Kontakte mit der dortigen faschistischen Staatsführung. Vorrangig mit kulturellen, musealen und archivalischen Belangen befasst, war Prinz Philipp auf Grund seiner Stellung als Chef einer der damals elf preußischen Provinzialverwaltungen gleichwohl indirekt mitverantwortlich für die in seinem Einflussbereich begangenen Verbrechen. Das galt für die berüchtigten Behindertenmorde in der Landesheil- und Pflegeanstalt Hadamar 1941, gegen die er nicht einschritt, ebenso wie für die im gleichen Jahr beginnende Deportation der Juden aus der ihm unterstellten Provinz.[18] Bis 1943 genoss Philipp das uneingeschränkte Vertrauen Hitlers, der ihn, wie später

Prinz Heinrich von Hessen (»Enrico d'Assia«, Mitte) mit dem amerikanischen Schauspieler und Sänger Frank Sinatra (r.), 1950er Jahre

Albert Speer, in vielen künstlerischen Fragen zu Rate zog. Nach der Entmachtung Benito Mussolinis durch den italienischen König, Philipps Schwiegervater, ließ Hitler den Prinzen jedoch verhaften und ins Konzentrationslager Flossenbürg bringen. Seine Ehefrau, Prinzessin Mafalda, starb 1944 bei einem Bombardement im Konzentrationslager Buchenwald. Der Bruder, Prinz Christoph von Hessen, der – gleichfalls unter Göring – als Ministerialdirektor im Reichsluftfahrtministerium Karriere gemacht hatte, war bereits 1943 bei einem Flugunfall in Italien ums Leben gekommen. Der zweitälteste Sohn von Prinz Philipp und Prinzessin Mafalda, Prinz Heinrich von Hessen (1927–1999), der im Laufe der 1960er Jahre unter dem Namen »Enrico d'Assia« in Rom und Florenz als gefragter Maler und Bühnenbildner reüssierte, hat über diese Geschehnisse aus der Perspektive des unmittelbar betroffenen Familienmitglieds in seinen Lebenserinnerungen anschaulich berichtet.[19]

Bei Kriegsende wurde Prinz Philipp von den Amerikanern interniert und zunächst als »Belasteter« eingestuft, später galt er als bloßer »Mitläufer« des Regimes. Nach Philipps Tod im Jahr 1980 wurde dessen ältester Sohn, Landgraf Moritz, Chef des Hauses Hessen. Da sein kinderloser Adoptivvater, Prinz Ludwig, als letztes Oberhaupt der großherzoglich-darmstädter Linie der Dynastie ihn noch zu Lebzeiten zum Nachfolger bestimmt hatte, waren, nach Ludwigs Tod 1968, die beiden seit 1567 getrennten Linien Hessen-Darmstadt und Hessen-Kassel wieder zusammengeführt. Das galt auch für deren bedeutenden Kunst- und Kulturbesitz. Ihr Erhalt und ihre Verwaltung obliegt seit 1986 der »Hessischen Hausstiftung«, zunächst unter Vorsitz des Landgrafen Moritz, seit 2013 geleitet von dessen Sohn und Nachfolger als Chef des Hauses, Landgraf Heinrich Donatus (geb. 1966). Zur Stiftung gehören, neben den Schlössern Wolfsgarten und Fasanerie, unter anderem das »Weingut Prinz von Hessen« und das Schlosshotel Kronberg. Das 1952 errichtete Grand Hotel Hessischer Hof in Frankfurt am Main stellte Ende 2020 seinen Betrieb – obgleich florierend und begehrt – für immer ein und ist in der Zwischenzeit an einen Investor verkauft worden.

Um die kulturellen Werte des Hauses für die Zukunft abzusichern, rief die Familie 2012 die »Kulturstiftung des Hauses Hessen« ins Leben. Darin enthalten ist neben Schloss Fasanerie vor allem der Kunstbesitz der kurhessischen Linie des Hauses. Um das notwendige Stiftungskapital zu generieren, wurde die aus den Sammlungen der Darmstädter Linie stammende »Holbein-Madonna« 2011 an einen privaten Sammler verkauft. Das Werk gilt bis heute als eines der bedeutendsten in Privatbesitz befindlichen Altmeistergemälde in Deutschland.

EUROPA IM NORDEN
Das Haus Oldenburg

Unter den 25 Bundestaaten des Deutschen Kaiserreichs rangierte das Großherzogtum Oldenburg – nach den vier Königreichen Preußen, Bayern, Württemberg und Sachsen sowie den drei Großherzogtümern Baden, Mecklenburg-Schwerin und Hessen-Darmstadt – flächenmäßig lediglich an achter Stelle. Doch die dort bis 1918 regierende Dynastie, der das Land und die Residenzstadt ihren Namen verdankten, zählte zu den deutschen Herrscherhäusern mit der stärksten europaweiten Ausstrahlung.[1] Angehörige der weitverzweigten und in zahlreiche Linien aufgeteilten Familie amtierten von 1751 bis 1818 als Könige von Schweden und von 1863 bis 1973 als Könige der Hellenen. Von 1762 bis 1917 stellten sie die russischen Zaren und regieren bis heute seit 1448 als Könige in Dänemark und seit 1905 auch in Norwegen. Über die dänische Linie gelangten darüber hinaus 1460 Schleswig und Holstein unter die Herrschaft der Dynastie.

Das Großherzogtum Oldenburg, etwa zweieinhalb Mal so groß wie das heutige Saarland, war in seinem bis 1937 existierenden territorialen Bestand erst 1815 gebildet worden. Die Familie selbst ist erstmals um 1100 bezeugt, zuerst als Grafen, seit 1774 als Herzöge im Reichsfürstenstand. Das Großherzogtum war aus drei räumlich weit voneinander getrennten Gebietsteilen zusammengesetzt: dem Herzogtum Oldenburg – mit den Städten Oldenburg und Delmenhorst, Jever und Varel, Vechta, Cloppenburg und Friesoythe –, dem fast zehnmal kleineren Fürstentum Birkenfeld an der Nahe, heute Bestandteil des 1946 geschaffenen Bundeslandes Rheinland-Pfalz – mit den Städten Birkenfeld und Idar-Oberstein – sowie dem winzigen Fürstentum Lübeck mit dem Hauptort Eutin. Die Entfernung zwi-

Das Augusteum in Oldenburg

schen Birkenfeld und Oldenburg betrug über 500 Kilometer. Zusammengehalten wurde das Staatsgebilde in erster Linie durch die Person des Großherzogs.

Großherzog Nikolaus Friedrich Peter (1827–1900), der vorletzte Amtsinhaber, hatte sein Land im Laufe einer fast 50-jährigen Regierungszeit ab 1853 mit einer überwiegend liberal-konservativ gestimmten Beamtenschaft regiert, ohne dabei seine eigene modernitätsskeptische Grundeinstellung zu verleugnen. Der aus Oldenburg stammende und mit der oldenburgischen Landesgeschichte bestens vertraute nationalliberale Historiker Hermann Oncken (1869–1945) hat ihn aus zeitgenössischer Perspektive in diesem Sinne portraitiert.[2] In den 1860er Jahren hatte sich der Großherzog aktiv an der kleindeutschen Nationaleinigung unter preußischer Führung beteiligt und – als Kenner und Liebhaber italienischer Kunst – die oldenburgische Residenz durch zahlreiche kulturelle Initiativen gefördert. Die Anlage von Gärten, Parks und Sammlungen in der Landeshauptstadt

Der letzte Großherzog: Friedrich August von Oldenburg, um 1915

ging auf seine persönliche Initiative zurück. Seine Unternehmungen gipfelten im Bau des »Augusteums«, einem im Stil Florentiner Renaissancepaläste errichteten Kunstmuseum mit der Gemäldegalerie Alter Meister. Der Philosoph Karl Jaspers (1883–1969), gleichfalls dem Oldenburger Großbürgertum entstammend, brachte in seinen Lebenserinnerungen die »Welt Oldenburger Geistigkeit«, die ihn in seiner Jugend umgab, explizit mit der Gegenwart des Hofes in Verbindung und konzedierte den Repräsentanten des großherzoglichen Hauses, bei aller sonst an ihnen geübten Kritik, für die »gemeinsame Atmosphäre in einer ein wenig auch geistig durchwehten Vornehmheit« der Residenz verantwortlich zu sein. »Erst später mit dem Verlust wurde man sich bewußt, daß es doch etwas gewesen war.«[3]

Nikolaus Friedrich Peters Sohn und Nachfolger, der letzte regierende Großherzog Friedrich August (1852–1931), machte indes vor allem als technikbegeisterter Erfinder von sich Reden. Vielseitig interessiert und gebildet, besaß er von Jugend an eine starke Neigung

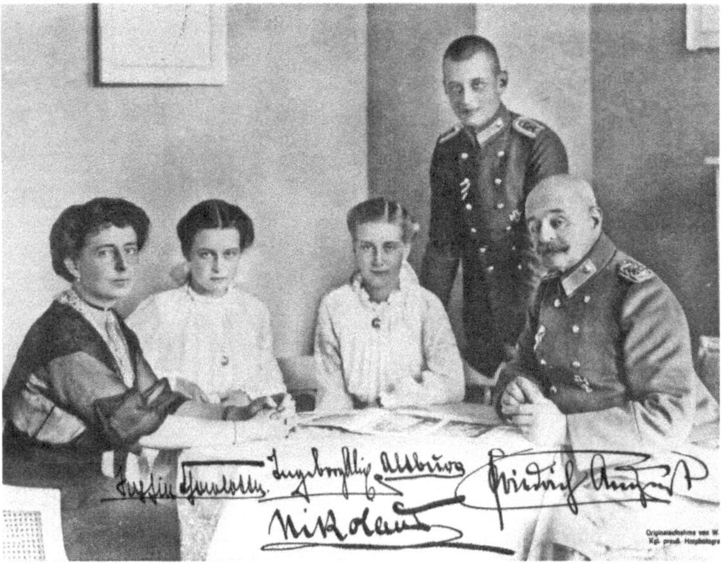

Die großherzogliche Familie, um 1915

zur maritimen Welt und eine Leidenschaft für die Seefahrt. Mit anerkannten nautischen Kenntnissen und einem eigens erworbenen Kapitänsdiplom ausgestattet, konnte er bei seinen Seereisen die großherzogliche Yacht »Lehnsahn« selbst steuern und wurde für eine von ihm ausgetüftelte und mehrfach patentierte Schiffsschraube von der Technischen Hochschule Hannover mit der Würde eines Ehrendoktors der Ingenieurswissenschaft ausgezeichnet. Darüber hinaus setzte er sich mit Nachdruck für die wirtschaftliche Fortentwicklung seines weithin agrarisch geprägten Landes ein. Er unterstützte die ab 1905 in Varel errichteten Hansa-Automobilwerke, förderte den Ausbau der Werftindustrie im Nordseehafen Rüstringen und engagierte sich für die Seefahrtsschule in Elsfleth. Als einziger deutscher Bundesfürst bekleidete er in der Kaiserlichen Marine den Rang eines Admirals, den er aufgrund seines technischen und nautischen Sachverstandes durchaus verdiente. All das verhalf ihm zu erheblicher Popularität.

Dynastische Liaison: Prinzessin Sophie Charlotte, Gattin von Prinz Eitel Friedrich von Preußen, um 1912

Politisch ließ der Großherzog, darin seinem Vater vergleichbar, die überwiegend dem bürgerlich-liberalen Spektrum entstammenden Politiker im Land gewähren, orientierte sich jedoch in seiner persönlichen Haltung stark an den Vorgaben wilhelminischer Flotten- und Weltpolitik aus Berlin. Solch preußische Neigungen wurden durch verwandtschaftliche Verbindungen mit dem Hohenzollernhaus noch bekräftigt. Friedrich Augusts älteste Tochter Sophie Charlotte (1879–1964) hatte 1906 den Prinzen Eitel Friedrich von Preußen, den zweitältesten Sohn Kaiser Wilhelms II., geheiratet; der Ehe entsprangen allerdings keine Kinder, das Paar ließ sich 1926 scheiden. Der »borussischen« Prägung entsprach auch das großherzogliche Agieren in den Jahren des Ersten Weltkriegs. Im Unterschied zu manch anderen seiner bundesfürstlichen Kollegen – etwa den Großherzögen von Hessen, Mecklenburg-Schwerin oder Mecklenburg-Strelitz – beharrte Friedrich August im Ersten Weltkrieg bis zuletzt auf den Maximalforderungen eines deutschen »Siegfriedens« mit umfangrei-

Schloss Eutin

chen Gebietsannexionen des Reiches im Westen. 1917 war er führend beteiligt an den schließlich erfolgreichen Bemühungen der Obersten Heeresleitung um Paul von Hindenburg und Erich Ludendorff, den auf Mäßigung bedachten Reichskanzlers Theobald von Bethmann Hollweg zu stürzen.

Wie in vielen klein- und mittelstaatlichen deutschen Residenzstädten gab es im November 1918 auch in Oldenburg keine unmittelbar revolutionäre Gärung unter der Bevölkerung. Das stark bäuerlich geprägte Land besaß eine liberale Verfassung und hatte sich in Friedenszeiten durch eine weitgehend ausgewogene politische Kultur ausgezeichnet. Es waren erst aufständische Matrosen aus dem zu Preußen gehörenden Wilhelmshaven, die Friedrich August unter Androhung gewaltsamer Maßnahmen zum Thronverzicht aufforderten – ein Verlangen, dem der Großherzog »für sich und sein Haus« ohne langes Zögern am 11. November 1918 entsprach. Die Erinnerung an das grausame Schicksal seiner russischen Verwandtschaft aus dem holstein-gottorfischen Familienzweig der Dynastie – Zar Nikolaus II. und seine Familie waren nur vier Monate zuvor von bolschewistischen Gewalttätern ermordet worden – mochte zu diesem raschen Entschluss beigetragen haben.

Der entthronte Herrscher zog sich nach seinem Sturz aus der Landeshauptstadt Oldenburg zurück und lebte in seiner Sommerresidenz Rastede, ohne hinfort politisch noch einmal besonders hervorzutreten. Bei der vermögensrechtlichen Regelung zwischen dem großherzoglichen Haus und dem nunmehrigen Freistaat Oldenburg[4] zeigte sich der von jeher für seine Sparsamkeit bekannte Friedrich August einsichtsvoll und kooperationsbereit und stellte die Interessen des Landes über die Anliegen seiner Dynastie. Er verzichtete freiwillig auf die meisten seiner Besitzungen und Sammlungen und behielt neben Schloss Rastede lediglich die außerhalb der oldenburgischen Landesgrenzen in Holstein gelegenen Schlösser Eutin und Gut Güldenstein mit ihren anliegenden Ländereien. Seine Großzügigkeit sollte ihm allerdings in den 1920er Jahren nicht gedankt werden. Infolge finanzieller Schwierigkeiten musste er einige wertvolle ihm verbliebene Gemälde unter ungünstigen Begleitumständen verkaufen, was ihm teilweise sehr heftige Angriffe und nicht immer gerechtfertigte Vorwürfe prominenter Kunstkritiker und Kunstschriftsteller eintragen sollte. Friedrich Augusts zweite, 1896 geschlossene Ehe mit Prinzessin Elisabeth von Mecklenburg-Schwerin (1869–1955) war von heftigen Turbulenzen und Skandalen geprägt.[5] Beide Parteien bezichtigten sich gegenseitig der ehelichen Untreue und lebten seit 1910 voneinander getrennt.

Ungeachtet solcher Eintrübungen blieb der entthronte Großherzog bis zuletzt sehr volkstümlich. Sein ihm freundschaftlich verbundener Ratgeber Georg von Eucken-Addenhausen (1855–1942), langjähriger Vertreter Oldenburgs im Bundesrat und engagierter Förderer der Erwachsenenbildung in Ostfriesland, hat seinen 1931 verstorbenen Landesherren in diesem Sinne einfühlsam charakterisiert.[6] Nach Friedrich Augusts Tod firmierte zunächst Erbgroßherzog Nikolaus Friedrich Wilhelm (1897–1970) als Chef des Hauses Oldenburg. Dessen Sohn Herzog Anton Günther (1923–2014), Hauschef von 1970 bis 2014, trug durch seine weitgefächerten regionalen Aktivitäten maßgeblich dazu bei, dass die Familie weiterhin hohes Ansehen genießt. Überhaupt kommt einer spezifisch ausgeprägten oldenburgischen Identität bis heute eine besondere Bedeutung zu. Noch 1975 sprachen sich in einem Volksentscheid über 80 Prozent der Bürger, die im Oldenburger Land ihre Stimme abgegeben hatten, für eine Wiederherstellung der 1946 in Niedersachsen aufgegangenen oldenburgischen Eigenständigkeit aus. Allerdings weigerte sich der für die Länderneugliederung zuständige Deutsche Bundestag in der Folgezeit beharrlich, diesem eindeutig artikulierten Bürgerwillen angemessen zu entsprechen.[7]

Herzog Anton Günther brachte Schloss Eutin 1992 in eine öffentlich-rechtliche Stiftung ein, die sich dem Erhalt und der Pflege der weiträumigen Anlage mit ihren Parks, Gärten und Sammlungen widmet. Nach der Entthronung des großherzoglichen Hauses war das Schloss ab 1919 zunächst als Museum öffentlich zugänglich. Erbgroßherzog Nikolaus Friedrich Wilhelm hatte es dann 1945 zeitweise unentgeltlich für die Aufnahme von Kriegsopfern und Vertriebenen aus den deutschen Ostgebieten zur Verfügung gestellt. Heute dienen der Familie Schloss Rastede im Kreis Ammerland bei Oldenburg und Gut Güldenstein in Ostholstein als Wohnsitz. Dort werden regelmäßig Reitturniere veranstaltet, Herzog Anton Günther amtierte ein Vierteljahrhundert lang als Vorsitzender des schleswig-holsteinischen Pferdesportverbandes. Gegenwärtiger Hauschef ist sein 1955 geborener Sohn Herzog Christian von Oldenburg.

KURZES GLÜCK
Die Welfen in Braunschweig

Am 3. November 1913 zog das neuvermählte junge Herrscherpaar des Herzogtums Braunschweig unter großer Anteilnahme der Bevölkerung in die festlich geschmückte Haupt- und Residenzstadt des kleinen Landes ein.[1] Die mehrstündige Fahrt ging durch die gesamte Innenstadt und endete am frühen Abend mit einem Fackelzug vor dem Residenzschloss, dem schätzungsweise etwa 100 000 Zuschauer beiwohnten. Viele von ihnen waren aus anderen Orten des Landes angereist, darunter auch zahlreiche Gäste aus der preußischen Provinz Hannover. Abseits blieben nur die offiziellen Vertreter der organisierten Arbeiterschaft.

Herzog Ernst August (1887–1953) und seine Ehefrau Herzogin Viktoria Luise (1892–1980) hatten sich 1912 in Potsdam kennengelernt und rasch ineinander verliebt. Die Trauung fand im Mai 1913 in Berlin statt und wurde von aufwendig inszenierten Festlichkeiten umrahmt. Zu den weit über eintausend geladenen Hochzeitsgästen zählten auch der englische König Georg V. (1865–1936) und der russische Zar Nikolaus II., beide Herrscher waren mit dem Brautvater, Kaiser Wilhelm II., eng verwandt. Die Begegnung der drei Monarchen erfolgte in einer ausgesprochen harmonischen und freundschaftlichen Atmosphäre, es war ihr letztes persönliches Zusammentreffen.[2] Denn fünfzehn Monate später brach der Erste Weltkrieg aus, in dessen Verlauf sich die drei Herrscher als erbitterte Feinde gegenüberstehen sollten.

Unmittelbare Konsequenzen hatte die Heirat zwischen Prinz Ernst August von Hannover und Prinzessin Viktoria Luise von Preußen jedoch zunächst für das Herzogtum Braunschweig. Das Land war

Fürstenhochzeit 1913 zwischen Herzog Ernst August von Braunschweig und Prinzessin Viktoria Luise von Preußen

eines der ältesten Herrschaftsgebiete der Welfen – und zugleich das letzte Territorium, das dieser historisch bedeutenden, seit dem frühen Mittelalter durch zahlreiche herausragende Repräsentanten ausgezeichneten Dynastie auf deutschem Boden noch verblieben war. Denn das gleichfalls von den Welfen regierte Königreich Hannover, das im preußisch-österreichischen Krieg auf Seiten des Habsburgerreiches gekämpft hatte, war 1866 kurzerhand von Preußen annektiert worden. Der letzte, seit 1851 regierende hannoversche Herrscher, der blinde und politisch nicht eben erfolgreich agierende König Georg V. (1819–1878), war daraufhin ins Exil nach Österreich geflohen.

Vorangegangen war alledem eine wechselvolle, indes lange Zeit erfolgreiche Machtkonsolidierung der Familie. Das Herzogtum Braunschweig-Lüneburg, als Reichsterritorium seit 1235 unter der Herrschaft des Welfenhauses stehend, hatte zwischen 1267 und 1635 immer wieder Teilungen und dynastische Zersplitterungen in verschiedene Linien und Teilherrschaften erlebt. Die Lüneburger Linie stieg 1692 zum Kurfürstentum, 1814 zum Königreich Hannover auf und hielt von 1714 bis 1837 in Personalunion den englischen Königsthron, bevor sie 1866 Land und Herrschaft an Preußen verlor. Die 1267 begründete Wolfenbütteler Linie hingegen regierte in Braunschweig – mit nur kurzzeitiger Unterbrechung während der Napoleonischen Zeit – bis sie im Jahr 1884 erlosch, als der seit 1830 regierende Herzog Wilhelm (1806–1884) nach 54-jähriger Herrschaft ohne Nachkommen starb. Die dynastisch daraufhin eigentlich erbberechtigte hannoversche (Lüneburger) Welfenlinie, die 1866 in ihrem Stammland von Preußen entthront worden war, konnte auf Betreiben Otto von Bismarcks jedoch nicht die Nachfolge im Herzogtum antreten, weil der Hauschef, Herzog Ernst August (II.) von Cumberland (1845–1923), der letzte Kronprinz des Königreichs Hannover, einen formellen Verzicht auf seine dortigen Thronansprüche verweigerte.[3] Erst die Hochzeit zwischen Prinzessin Viktoria Luise von Preußen, der einzigen Tochter Kaiser Wilhelms II., und Prinz Ernst August (III.) von Hannover, dem Enkel des 1866 entthronten Königs Georg V., versöhnte 1913 die beiden miteinander verfeindeten

Das letzte Herzogspaar: Viktoria Luise und Ernst August mit Tochter Friederike, 1931

Herrscherhäuser und brachte die Welfen in Braunschweig erneut an die Regierung.

Fast auf den Tag genau fünf Jahre nach ihrem Einzug in die Braunschweiger Residenz, der von weiten Teilen der Einwohnerschaft lautstark bejubelt worden war, musste sich das Herzogspaar – früher als fast alle anderen gekrönten Häupter Deutschlands – den revolutionären Geschehnissen des Jahres 1918 stellen und auf den unter so glanzvollen Umständen erlangten Thron wieder verzichten. Bleibende Akzente vermochte das Paar in dieser kurzen Zeit – außer im karitativen Bereich – kaum zu setzen.[4] Das in drei größere Landesteile und sechs Exklaven zersplitterte Herzogtum, stark industrialisiert und von einer teilweise radikalisierten Arbeiterschaft geprägt, hatte bereits in den Jahren des Ersten Weltkriegs Streiks und Demonstrationen in der Landeshauptstadt erlebt und ging an dessen Ende einer besonders turbulenten Umsturzphase entgegen. Nach ersten Kundgebungen Anfang November 1918 versammelten sich am 8. November etwa 20 000 Menschen in der Braunschweiger Innenstadt, revolutionäre Matrosen stürmten die Gefängnisse, befreiten die Insassen, drangen ins Stadtschloss ein und zwangen Herzog Ernst August zur Unterzeichnung einer bereits vorbereiteten Abdankungserklärung. Er war damit nach dem bayerischen König Ludwig III. der zweite deutsche Bundesfürst, den dieses Schicksal traf. Nach der Abreise des herzoglichen Paares kam es in der nunmehr verwaisten Residenzstadt zur Bildung einer »Roten Garde« und zum Versuch, eine Rätediktatur nach bolschewistischem Vorbild einzurichten. Das zunehmend repressiver werdende Gebaren der Träger dieser Bewegung wurde im April 1919 durch die Entsendung von Regierungstruppen durch die sozialdemokratisch geführte Berliner Reichsleitung beendet.

Das Herzogspaar lebte nach seinem Thronverzicht zunächst auf Schloss Cumberland und in der Villa Weinberg bei Gmunden in Österreich. 1933 zog es mit seinen fünf Kindern nach Schloss Blankenburg im Harz, das der Familie, neben anderen Wohngebäuden und Forsten, auf Grund eines Vergleichs mit dem Freistaat Braunschweig 1925 zugesprochen worden war.[5] Herzog Ernst August widmete sich

Prinz Ernst August (IV.) von Hannover und seine Familie, 1959

in der Folgezeit seinen intellektuell nicht eben herausragenden Hobbys und Leidenschaften: dem Automobilsport, der Pferdezucht und der Hundedressur. Er vermied es, zumindest anfangs, sich politisch zu engagieren, geriet jedoch seit Ende der 1930er Jahre im Rahmen seiner geschäftlichen Unternehmungen durch die Beteiligung an Firmen aus vormals jüdischem Besitz in ein äußerst trübes Licht.[6] Hitler selbst zeigte durchaus Interesse für das Herzogspaar, das er auf Grund von dessen enger Verwandtschaft zum britischen Königshaus als möglichen Vermittler für sein Lieblingsprojekt, eine Allianz zwischen dem Dritten Reich und dem für Hitler angeblich »rassenverwandten« Britischen Empire[7] gewinnen wollte. Der Sohn, Erbprinz Ernst August (IV.) (1914–1987), im Krieg gegen die Sowjetunion schwer verwundet, wurde nach dem Attentat auf Hitler am 20. Juli 1944 von der Gestapo verhaftet und nach Berlin verschleppt, konnte aber trotz wochenlanger Verhöre nicht nachweislich mit dem Putschversuch in nähere Verbindung gebracht werden.

Herzogin Viktoria Luise beim Signieren ihres ersten Buches, 1966

Als die herzogliche Familie 1945 vor den herannahenden Truppen der Roten Armee aus Schloss Blankenburg flüchtete, sorgte britisches Militär zuvor für die Überführung des größten Teils des mobilen Inventars in die Britische Besatzungszone. Die Familie fand, gemeinsam mit zahlreichen anderen Flüchtlingen, Unterkunft auf Schloss Marienburg bei Pattensen. Das Schloss war in den 1860er Jahren von König Georg V. von Hannover als Sommersitz für dessen Frau Königin Marie (1818–1907) errichtet worden und nach der Annexion des Landes durch Preußen in welfischem Privatbesitz verblieben. Nach dem Tod des Vaters 1953 wurde Erbprinz Ernst August (IV.) Chef des Hauses und nahm den Hauptnamen »Prinz von Hannover« an. Er verlegte 1957 seinen Wohnsitz nach Gut Calenberg, das 1866 zunächst von den preußischen Siegern verstaatlicht, in den frühen 1920er Jahren jedoch dem Welfenhaus zurückerstattet worden war, und bewirtschaftete den Gutshof bis zu seinem Tod 1987. Geleitet von stetem Interesse an der Geschichte seiner Heimatregion, öffnete der Prinz die Schlösser

Marienburg und Herrenhausen als Museen und stellte den seinem Haus in reichem Umfang verbliebenen welfischen Kunstbesitz für Ausstellungszwecke und zur Präsentation in öffentlichen Sammlungen zur Verfügung. Er musste jedoch, wie bereits sein Vater seit den 1920er Jahren, auf Grund von Liquiditätsschwierigkeiten mehrfach einzelne wertvolle Kunstgegenstände verkaufen oder versteigern lassen.

Seine Mutter, die verwitwete Herzogin Viktoria Luise, verließ nach Auseinandersetzungen mit ihrem ältesten Sohn Schloss Marienburg und kehrte 1956 in ihre frühere Residenzstadt Braunschweig zurück. Das Land hatte seine Eigenständigkeit endgültig schon nach dem Zweiten Weltkrieg verloren und war 1946, gemeinsam mit den Ländern Hannover, Oldenburg und Schaumburg-Lippe, im Land Niedersachsen aufgegangen. In Brauschweig gewann die Herzogin durch ihr freundliches und unprätentiöses Auftreten, ihre Herzlichkeit und Bürgernähe rasch erneut die Sympathien vieler ihrer ehemaligen Landeskinder.[8] Die letzte Herzogin nahm regen Anteil am gesellschaftlichen Leben, firmierte als Schirmherrin zahlreicher Traditionsvereinigungen und Heimatverbände, engagierte sich in der Sozialarbeit und Kinderfürsorge und stand in vorderster Linie bei den massiven Bürgerprotesten, die sich 1960 – leider vergeblich – gegen den Abriss des stark vom Krieg beschädigten Braunschweiger Residenzschlosses regten. Dessen Außenfassade konnte allerdings zwischen 2005 und 2007 wiedererrichtet werden. Es dient heute als Gehäuse für ein Einkaufszentrum und beherbergt seit 2011 das Schlossmuseum zur Geschichte des Braunschweiger Fürstenhauses im 19. Jahrhundert.

Ab Mitte der 1960er Jahre trat Herzogin Viktoria Luise als überaus erfolgreiche Autorin an die Öffentlichkeit. In vier weit verbreiteten Büchern mit einer Gesamtauflage von 1,5 Millionen Exemplaren schilderte sie ihre bewegte Lebensgeschichte und vermittelte – als Tochter Kaiser Wilhelms II. – ihren Lesern ein verständlicherweise sehr persönlich geprägtes Bild des kaiserlichen Deutschlands und seiner Geschichte.[9] Hinzu kamen ein Jubiläumsband zur Reichsgründung[10] sowie Biographien über ihre Mutter, Kaiserin Auguste Viktoria, und

Prinzessin Frederike von Braunschweig und Prinz Paul, späterer König der Hellenen, 1936

über ihre Schwägerin, Cecilie von Mecklenburg-Schwerin, die letzte preußisch-deutsche Kronprinzessin.[11] Ausgedehnte Lesereisen und ungezählte Signierstunden steigerten die Popularität der herzoglichen Buchautorin.

Ihre einzige Tochter Prinzessin Friederike (1917–1987) heiratete 1938 den Prinzen Paul von Griechenland (1901–1964), der von 1947 bis zu seinem Tod als König der Hellenen amtierte. Nach dem Überfall italienischer und deutscher Truppen auf ihre neue Heimat 1941 verbrachte sie mehrere Jahre im Exil in Südafrika.[12] Als griechische Königin erntete Friederike Lob und Anerkennung für die Etablierung eines umfänglichen, von ihr persönlich angeregten und geleiteten Sozialprogramms mit Schulen, Kinderheimen und Krankenhäusern.[13] Sie geriet jedoch infolge ihrer zahlreichen verfassungswidrigen Einflussnahmen auf die griechische Innenpolitik stark in die Kritik und trug durch ihr parteipolitisch polarisierendes Handeln entscheidend dazu bei, dass die auf strikte Neutralität verpflichtete konstitutionelle

Schloss Marienburg bei Pattensen, Innenhof

Monarchie in Griechenland an Ansehen verlor. Ihr Sohn König Konstantin II. (1940–2023) ging 1967 nach einem Putsch rechtsradikaler griechischer Militärs mit seiner Familie ins Exil. Die Monarchie wurde nach Wiederherstellung der Demokratie in Griechenland Ende 1974 durch eine Volksabstimmung beseitigt. Friederikes Tochter Sophia (geb. 1938) heiratete 1962 den Prinzen Juan Carlos de Bourbon y Bourbon (geb. 1938) und wurde nach dessen Inthronisation im November 1975 spanische Königin.

Der Enkel Herzogin Viktoria Luises, Prinz Ernst August (V.), 1954 geboren und seit 1987 als Chef des Hauses firmierend, war zunächst als Geschäftsmann aktiv. Seit den späten 1990er Jahren sah sich der Prinz mehrfach Vorwürfen wegen Körperverletzung ausgesetzt. Er ist seit 1999 in zweiter Ehe mit Prinzessin Caroline von Monaco aus dem Haus Grimaldi (geb. 1957) verheiratet. Seiner ersten Ehe entstammt der als zukünftiger Chef des Hauses vorgesehene Erbprinz Ernst August (VI.) (geb. 1983), der in England aufwuchs und in London als Investmentbanker arbeitete. Im Unterschied zu seinem Vater tritt er bescheiden, verantwortungsbewusst und freundlich auf und nimmt zunehmend repräsentative Verpflichtungen und Verwaltungsaufgaben der Familie wahr. 2004 wurden ihm von seinem Vater die Besitzungen, Schlösser und Liegenschaften des Welfenhauses übertragen. Infolge neuerlicher Liquiditätsschwierigkeiten gelangte im Folgejahr eine erhebliche Zahl von Kunstgegenständen aus dem welfischem Erbe – etwa 20 000 Objekte – zur Versteigerung. 2011 musste der Erbprinz auch die Gebäude von Gut Calenberg veräußern, nicht jedoch die umgebenden Ländereien, die in seinem Besitz verblieben und landwirtschaftlich genutzt werden.

Der Erlös solcher Verkäufe floss – abzüglich aller Verbindlichkeiten – in die Sanierung des Schlosses Marienburg, dessen in hohem Maße defizitärer Unterhalt jedoch aus hauseigenen Finanzmitteln auch weiterhin nicht zu leisten war. Nach Überwindung familieninterner Streitigkeiten konnte das Schloss Ende 2019 in das Eigentum der gemeinnützigen privatrechtlichen »Stiftung Schloss Marienburg« überführt werden. Die hohen Kosten für die geplante Sanierung des Gebäudes sollen je zur Hälfte vom Land Niedersachsen und von der Bundesrepublik Deutschland getragen werden. Diese vorbildliche Lösung ist das Ergebnis eines durch wechselseitiges Entgegenkommen aller Beteiligten zustande gebrachten Aushandlungsprozesses, der – nach den Worten des bis 2022 amtierenden niedersächsischen Ministers für Wissenschaft und Kultur Björn Thümler – beispielhaft zeigt, »wie die demokratische Gesellschaft gemeinsam mit den Rechtsnachfolgern der früheren deutschen Bundesfürsten das Kulturerbe dieser früheren Gesellschaftsformen für alle Bürgerinnen und Bürger fruchtbar machen kann«.[14]

TRAURIGES SCHICKSAL
Die Askanier in Anhalt

Der Lebensweg des letzten Herzogs von Anhalt zählt zu den bewegendsten innerhalb der um die Jahrhundertwende geborenen Fürstengeneration und ist in dieser Form singulär. Angehörige seines Geschlechts, der Askanier, sind seit dem 11. Jahrhundert urkundlich belegt – zunächst als Grafen von Ballenstedt und Grafen von Aschersleben mit verstreuten Besitzungen am Nordostrand des Harzes. Der bedeutendste Repräsentant der Dynastie im Mittelalter war Albrecht der Bär (um 1100–1170). Er amtierte seit 1157 als erster Markgraf von Brandenburg und sollte für das Schicksal ihres letzten regierenden Vertreters im 20. Jahrhundert noch einmal eine erhebliche Bedeutung erlangen. Im Rahmen der deutschen Ostsiedlung betrieb er eine äußerst erfolgreiche Territorialpolitik, von deren Resultaten seine Söhne und Enkel in reichem Maße profitierten.

Die brandenburgische Linie der Askanier bestand bis 1320, Mitglieder der weit verzweigten Dynastie herrschten darüber hinaus als Herzöge in Sachsen-Wittenberg (bis 1422), in Sachsen-Lauenburg (bis 1689) und seit Anfang des 11. Jahrhunderts im Raum zwischen Elbe und Harz. Dort firmierten sie zunächst als Fürsten, dann, ab 1806/07, als Herzöge von Anhalt, benannt nach der heute nur noch als Ruinenrest erhalten gebliebenen Burg Anhalt bei Harzgerode. Die Linie Anhalt zersplitterte in der Frühen Neuzeit mehrfach durch Erbteilungen. Dem winzigen, doch kulturell bedeutenden Fürstentum Anhalt-Zerbst, das von 1603 bis 1792 bestand, entstammte die wohl bekannteste Persönlichkeit des Geschlechts: Prinzessin Sophie Friederike Auguste (1729–1796). Sie heiratete 1745 den russischen Thronfolger Herzog Peter von Holstein Gottorf (1728–1762), später Zar Peter III.,

Das Wörlitzer Gartenreich: Schloss Wörlitz

und schwang sich nach dessen von ihr mitverschuldeten Ermordung als Katharina II. zur Zarin auf.

Die zuletzt verbliebenen Länder Anhalt-Köthen (bis 1847), Anhalt-Bernburg und Anhalt-Dessau wurden 1863 unter der Dessauer Linie in einer Hand zusammengeführt. Das Dessauer Haus hatte in Fürst (seit 1807 Herzog) Leopold III. Friedrich Franz (1740–1817) einen als »Vater Franz« in ganz Deutschland geschätzten Regenten hervorgebracht. Weitgereist und hochgebildet, zeichnete er sich durch Reformen auf nahezu allen Gebieten des öffentlichen Lebens aus und formte sein Ländchen zu einer der modernsten Monarchien im zeitgenössischen Europa. Als entschiedenem Verfechter der Aufklärung geriet ihm das Streben nach Religionstoleranz, Judenemanzipation und allgemeiner Volksbildung zum unverzichtbaren Eckpunkt seines herrscherlichen Wirkens. Die Dessauer Residenz verdankt ihm das heute als Unesco-Welterbe firmierende Dessau-Wörlitzer Gartenreich, dessen Schloss- und Parkanlagen schon damals durch

Der Musenfreund:
Herzog Friedrich II.,
um 1914

ihre Öffnung für das allgemeine Publikum einem emanzipatorischen Bildungsauftrag dienten.

Auch die letzten im Land amtierenden Herzöge genossen hohes Ansehen und ungebrochene Achtung ihrer Bevölkerung. Der 1904 zur Regierung gelangte Herzog Friedrich II. (1856 – 1918) machte vor allem als leidenschaftlicher Freund des Theater- und Musiklebens in seiner Dessauer Residenz von sich Reden.[1] Bescheiden und zurückhaltend, vermied er Eingriffe in die Tagespolitik ebenso wie eine aufwendige Hofhaltung oder öffentliche Skandale. Das sicherte dem herzoglichen Haus große Popularität auch in Kreisen der Dessauer Arbeiterschaft und der Sozialdemokratie, die in dem stark industrialisierten Land als ausgesprochen reformistisch orientiert und kompromissbereit galt und von einem gewaltsamen revolutionären Umsturz der bestehenden Staats- und Gesellschaftsordnung nichts wissen wollte.

Eingebettet in dieses gemäßigte politische Klima des Landes, das auf eine friedliche Austragung gesellschaftlicher Konflikte bedacht war, hatte Anhalt 1918 noch sein »Dreiherzogsjahr« erlebt. Im April war Herzog Friedrich II. ohne männliche Nachkommen gestorben. Sein Bruder und Nachfolger Herzog Eduard (geb. 1861) erlag knapp fünf Monate später, im September 1918, den Folgen einer Blinddarmentzündung.[2] Für Eduards noch unmündigen, 1901 geborenen Sohn Herzog Joachim Ernst übernahm daraufhin der jüngste Bruder der beiden verstorbenen Herzöge, Prinz Aribert (1864–1933) die Regentschaft.

In beiden Fällen geschah der Regierungswechsel reibungslos, die Existenz der Monarchie wurde nicht in Frage gestellt, ihre allgemeine Wertschätzung blieb in Dessau, anders als beispielsweise in Berlin, Braunschweig oder München, über die Kriegsjahre hinweg erhalten – zumal sich das Herzogshaus seit 1914 von allen chauvinistischen Bekundungen demonstrativ ferngehalten, martialisch-hurrapatriotischen Durchhalteparolen kein Gehör geschenkt und sich immer wieder persönlich um die Beilegung von Nahrungsmittelengpässen bei der Dessauer Einwohnerschaft bemüht gezeigt hatte.

So verlief auch der Übergang zur republikanischen Staatsform in Anhalt ohne revolutionäre Erschütterung. Es waren nicht die Gegebenheiten im Land selbst, sondern die Entwicklungen in anderen deutschen Residenzstädten, die den Prinzregenten Aribert nach kurzem Zögern dazu bewogen, am 12. November 1918 »für Seine Hoheit den Herzog Joachim Ernst auf den Thron sowie für das Herzogliche Haus auf das Thronfolgerecht zu verzichten und Meinerseits die Regentschaft des Herzogtums niederzulegen«.[3] Keine politische Kraft in Anhalt hatte die Abdankung der regierenden Dynastie gefordert oder sie gar aktiv betrieben. Doch es regten sich auch nirgends Stimmen, die vernehmlich für den Erhalt der Monarchie eintraten und das so sehr geschätzte herzogliche Haus zum Verbleiben auf dem Thron ermunterten, namentlich nicht in jenen bürgerlich-aristokratischen Kreisen, die ihm bisher am nächsten gestanden hatten. Die Askanier wurden das unverschuldete Opfer eines deutschlandweiten Trends zur Republikanisierung, für die es in Anhalt bis zuletzt keine ernsthaften Verfechter gegeben hatte.

Der Prinzregent: Aribert von Anhalt, 1918

Es entsprach der angesehenen Stellung des entthronten Herzogshauses, dass dessen Angehörige weiterhin im nunmehrigen »Freistaat Anhalt« verblieben. Prinzregent Aribert hatte der Residenzstadt Dessau noch vor Beginn der vermögensrechtlichen Ausgleichsverhandlungen mit der neuen republikanischen Regierung Baugrund im Umfang von 200 000 Quadratmetern übereignet, auf dem bereits 1919 mit der Errichtung einer Wohnsiedlung begonnen wurde. Im gleichen Jahr kam es dann, früher als bei den meisten anderen entthronten Dynastien, zu einer einvernehmlichen Abfindungsregelung.[4] Den größten Teil ihres Landbesitzes trat das ehemalige Herrscherhaus freiwillig an den anhaltischen Freistaat ab. Dieser garantierte den Askaniern im Gegenzug ihr privates Eigentum und wies der Familie eine finanzielle Entschädigungszahlung zu, die allerdings sehr bald von der Inflation aufgezehrt wurde.

Darüber hinaus verpflichtete sich die Landesregierung dazu, die von den askanischen Fürsten und Herzögen in den vielen Jahrhunderten ihrer Herrschaft geschaffenen Kulturgüter ungeschmälert zu erhalten und der Öffentlichkeit zugänglich zu machen. Zu diesem Zweck rief Prinzregent Aribert im Dezember 1918 die »Joachim-Ernst-Stiftung« ins Leben. Von den Nationalsozialisten wurde sie ab 1934 unter Bruch des Stiftungsrechtes politisch missbraucht. Später lösten die DDR-Machthaber die Stiftung auf. Nach ihrer Reaktivierung, die ohne Einbindung der Familie erfolgte, firmiert sie heute als »Kulturstiftung Dessau-Wörlitz«. Sie widmet sich der Bewahrung und Pflege des einst von »Vater Franz« geschaffenen Wörlitzer Schloss- und Landschaftsparks mit den umliegenden Schlössern Oranienbaum, Luisium, Mosigkau, Georgium und Großkühnau.

Die persönlichen Schicksale der entthronten Herzogsfamilie nahmen in der Folgezeit einen turbulenten Verlauf. Prinz Aribert, der bis zur Volljährigkeit des jugendlichen letzten Herzogs für diesen die Vormundschaft führte, starb im Dezember 1933 – bei der öffentlichen Aufbahrung seiner sterblichen Überreste in der Dessauer Schlosskirche erwiesen ihm Tausende trauernder Bürger der ehemaligen Residenz Respekt und Anteilnahme. Prinz Aribert, seit früher Jugendzeit ein enger Freund des späteren Kaisers Wilhelm II., war homosexuell; seine Scheidung von Prinzessin Marie Louise von Schleswig-Holstein-Sonderburg-Augustenburg (1872–1956), einer Enkelin der britischen Königin Victoria im Jahr 1900, hatte seinerzeit überregionales Aufsehen erregt. Auch Ariberts Bruder Eduard, der dem Land 1918 für ein knappes halbes Jahr bis zu seinem Tod als regierender Herzog von Anhalt vorgestanden hatte, musste auf Veranlassung seiner Gattin, Prinzessin Luise von Sachsen-Altenburg (1873–1953), einer Schwester des dort bis 1918 regierenden letzten Herzogs Ernst II., nach einer vollkommen zerrütteten Ehe in eine Scheidung einwilligen.

Ihr Sohn, der entthronte Herzog Joachim Ernst, ging den gleichen Weg. Die 1927 geschlossene Ehe mit der Schauspielerin Elisabeth Stickrodt (1903–1971) wurde nach kurzer Dauer wieder getrennt. Seiner zweiten Verbindung mit Edda Charlotte Marwitz von Stephani (1905–1986) entstammten fünf Kinder, der älteste Sohn, Erbherzog Friedrich Leopold (geb. 1938) kam 1963 nach einem Auto-

Schloss Ballenstedt. Zeichnung von Rüdiger von Voss

Der letzte Herzog: Joachim Ernst und Elisabeth Stickrodt, 1927

unfall in Garmisch-Partenkirchen ums Leben. Herzog Joachim Ernst studierte Forstwirtschaft und widmete sich in den 1920er Jahren von Schloss Ballenstedt am Harz und dem Dessauer Residenzschloss aus, das den Askaniern nunmehr als Wohnsitz diente, der Verwaltung des verbliebenen Familienbesitzes. Die Sammlungen ließ der Herzog neu ordnen und katalogisieren, etliche Gegenstände gelangten als Dauerleihgaben an die »Joachim-Ernst-Stiftung« oder in das Landesarchiv in Schloss Zerbst. Das Dessauer Schloss wurde in Teilen für die Öffentlichkeit zugänglich gemacht.

Schon früh war der Herzog in Konflikt mit den Nationalsozialisten geraten. Er wehrte sich entschieden gegen die propagandistische Vereinnahmung Albrechts des Bären, als Funktionäre und Ideologen des Regimes den Ahnherrn der Dynastie als vermeintlichen Slawenbezwinger vermarkten wollten, und er widerstand allen Plänen der regionalen Gauleitung, das askanische Stammschloss Ballenstedt in eine NS-Schulungsstätte umzuwandeln. 1934 wurde der Herzog aus der nach ihm benannten »Joachim-Ernst-Stiftung« verdrängt. Abfällige öffentliche Äußerungen über die Politik Hitlers und anderer NS-Größen, sein Einsatz für verfolgte Juden und seine Unterstützung kriegsgefangener Zwangsarbeiter führten mehrfach zu eigener Zwangsarbeit mit anschließendem Hausarrest. Die Situation eskalierte Ende 1944, als Herzog Joachim Ernst nach einer erregten Auseinandersetzung den später wegen Massenmorden an der Zivilbevölkerung im besetzten Polen zum Tode verurteilten SS-Gruppenführer Ludolf von Alvensleben mit einem Armeerevolver bedrohte. Das trug ihm eine dreimonatige Haft im Konzentrationslager Dachau ein.

Nach der Besetzung Anhalts durch die Rote Armee blieb Herzog Joachim Ernst im Vertrauen auf seine vielfach erwiesene NS-Gegnerschaft in Schloss Ballenstedt, obwohl ihm britische Offiziere angeboten hatten, dem Beispiel des letzten regierenden Braunschweiger Herzogs Ernst August zu folgen, den man im April 1945 vom nahegelegenen Schloss Blankenburg mitsamt der Familie und zahlreichen privaten Kunstgegenständen in die Westzonen evakuiert hatte. Als vermeintlicher Klassenfeind wurde Joachim Ernst Ende August

Gedenkstein für Herzog Joachim Ernst vor Schloss Ballenstedt

1945 von Angehörigen des sowjetischen Geheimdienstes NKWD erneut verhaftet und ins ehemalige Konzentrationslager Buchenwald verschleppt, das die Sowjets zu einem ihrer berüchtigten »Speziallager« für die Gegner des Bolschewismus umfunktioniert hatten. Dort verbrachte er unter unsäglichen Haftbedingungen die ihm noch verbleibenden 18 Monate seines Lebens und starb an Hunger, Kälte und Erschöpfung im Februar 1947. Erst 45 Jahre später wurde er von der Generalstaatsanwaltschaft der Russischen Föderation als ein zu Unrecht verfolgter Gegner des Nationalsozialismus (und des Stalinismus) rehabilitiert. Heute erinnert ein Gedenkstein bei Schloss Ballenstedt an den unglücklichen letzten Herzog von Anhalt. Die lange Zeit auf dem Ziebiger Friedhof verscharrten Särge anderer Mitglieder des Herzogshauses wurden 2014 und 2018 in die Gruft der Dessauer Marienkirche überführt.

Den überlebenden Angehörigen der herzoglichen Familie war im November 1945 mit Hilfe befreundeter sowjetischer Offiziere die

Flucht in die Britische Besatzungszone gelungen, zunächst ins Kloster Ebstorf in der Lüneburger Heide. Joachim Ernsts jüngster Sohn, Prinz Eduard von Anhalt (geb. 1941), infolge verwickelter Familienbeziehungen entfernt mit dem seit 2022 amtierenden britischen König Charles III. (geb. 1948) verwandt, lebte nach dem Verlust der Heimat und der bis heute nicht wiedergutgemachten Enteignung durch das SED-Unrechtsregime – sein Vater gilt erwiesenermaßen als Opfer des Nationalsozialismus und des Kommunismus – in Süddeutschland und ist seit dem Unfalltod seines unverheiratet gebliebenen älteren Bruders 1963 Chef des Hauses Askanien. Seine nach dem Zusammenbruch der DDR unternommenen Bemühungen, die von den Sowjets geraubten Kunstgegenstände seines Hauses zurückzuerlangen und in eine eigene Stiftung zu überführen, scheiterte – trotz mehrfach ausdrücklich bekundeter Kooperationsbereitschaft der russischen Seite – an der zwischen Indolenz und Böswilligkeit schwankenden Verhinderungstaktik der Regierung von Bundeskanzler Helmut Kohl und dessen Innenminister Wolfgang Schäuble. Beide Politiker versuchten seinerzeit, Restitutionen für den deutschen Hochadel aus wahltaktischen Erwägungen zu verhindern und sanktionierten damit die auf Basis des sowjetischen Besatzungsrechts vorgenommene Enteignungspolitik der DDR.[5]

Prinz Eduard hat sich als Journalist und Kolumnist verschiedener Gesellschaftsmagazine ebenso einen Namen gemacht wie als Moderator und Kommentator von Fernsehsendungen zu »royalen« Themen. Da der Prinz keine männlichen Nachkommen hat, änderte er Anfang 2010 das Hausgesetz der Familie, um eine weibliche Erbfolge zu ermöglichen. Als Nachfolgerin gilt daher die älteste seiner drei Töchter, die 1980 geborene Prinzessin Julia Katharina.

SPÄTER ERFOLG
Das Haus Lippe

Wer heute einen Blick auf das Wappen des bevölkerungsreichsten Landes der Bundesrepublik Deutschland wirft – das Landeswappen Nordrhein-Westfalens –, dem fällt an dessen unterem Ende, überwölbt vom Westfalenross und einer stilisierten Rheindarstellung, eine kleine rote Rose mit goldenen Kelchblättern ins Auge. Das ist die Lippische Rose, das Wappenzeichen der 1123 erstmals genannten Edelherren zur Lippe. Sie führten ab 1528 den Grafentitel, nach verschiedenen Erbteilungen im 17. Jahrhundert seit 1789 dann für ihre Hauptlinie Lippe-Detmold den Fürstentitel. Das lippische Fürstenhaus herrschte von der Haupt- und Residenzstadt Detmold aus über ein weithin vom Teutoburger Wald durchzogenes Territorium, das mit einem Gebiet von 1215 Quadratkilometern etwa halb so groß war wie das heutige Großherzogtum Luxemburg. Das Fürstentum gehörte damit zu den kleineren Bundesstaaten des Deutschen Kaiserreichs und ging 1947 im neu geschaffenen Bundesland Nordrhein-Westfalen auf. An der Wende vom 19. zum 20. Jahrhundert hatte das kleine Fürstentum indes europaweit für einiges Aufsehen gesorgt.

1895 war der letzte regierungsfähige Herrscher aus dem Haus Lippe-Detmold, der seit 1875 regierende Fürst Woldemar (1824–1895), ohne eigene Nachkommen gestorben. Sein ihm folgender Bruder, Fürst Alexander (1831–1905), war seit den frühen 1860er Jahren geistesgestört und lebte in einem Sanatorium in der Nähe von Bayreuth. Um die Thronfolge stritten sich hauptsächlich die gräfliche Linie Lippe-Biesterfeld und die fürstliche Linie Schaumburg-Lippe.[1] Zunächst führte von 1895 bis 1897 Prinz Adolf zu Schaumburg-Lippe die Regentschaft im Land. Ein Schiedsgericht der deutschen Bundes-

Der letzte Fürst: Leopold IV., um 1930

Detmold: Fürst Leopold-Akademie für Verwaltungswissenschaften

fürsten klärte den Streit 1897 grundsätzlich dagegen zugunsten der Biesterfelder Ansprüche, woraufhin Graf Ernst zur Lippe-Biesterfeld (1842–1904) das Regentenamt antrat.[2] Der Konflikt zog jedoch bis 1905 immer weitere Kreise, weil sich vor allem Kaiser Wilhelm II. unbeirrt und auf insgesamt wenig taktvolle Weise für den Schaumburger Kandidaten einsetzte, der mit seiner Schwester Prinzessin Viktoria von Preußen verheiratet war.

Der nach langen Kämpfen 1905 zur Regierung gelangte Fürst Leopold IV. (1871–1949), Sohn des Graf-Regenten Ernst aus der Biesterfelder Linie, machte sich in den dreizehn Jahren seiner Amtsführung um den wirtschaftlichen, infrastrukturellen und kulturellen Aufstieg seines kleinen Landes verdient und betrieb in rastlosem Engagement insbesondere die städtebauliche Neugestaltung seiner Detmolder Residenz. Mitten im Ersten Weltkrieg rief er 1916 eine aus eigenen Mitteln und Spendenerträgen finanzierte Verwaltungshochschule in Detmold ins Leben (»Fürst Leopold-Akademie für Verwaltungswissenschaften«), deren sechssemestriger Studiengang mit einer Diplomprüfung für praxisbezogene Berufe abschloss und deren Errichtung ihrem Initiator 1917 die Ehrendoktorwürde der Juristischen Fakultät der Universität Erlangen einbrachte.[3] Die Detmolder Hochschule entwickelte sich nach Aufnahme ihres Lehrbetriebs 1919 rasch zu einem Kristallisationspunkt höheren Bildungsstrebens in Detmold. Sie musste jedoch 1924 ihre Aktivitäten einstellen, nachdem die Regierung des nunmehrigen »Freistaates Lippe« eine weitergehende finanzielle Förderung verweigert hatte.

Als am 9. November 1918 Kieler Matrosen auch in der lippischen Landeshauptstadt die Bildung eines revolutionären »Volks- und Soldatenrates« vorantrieben, der die vollziehende Gewalt im Fürstentum übernahm, erklärte Leopold IV. zunächst, die Entscheidung über die künftige Staatsform in Lippe einer gewählten Volksvertretung überlassen zu wollen. Er verzichtete am 12. November dann aber doch für sich und seine Familie auf den Fürstenthron. 1919 wurden ihm auf Grund von Vergleichsverhandlungen mit den neuen republikanischen Machthabern das im 16. Jahrhundert im Stil der Weserrenaissance errichtete Residenzschloss in Detmold und das Jagdschloss Lopshorn zugesprochen, weitere vermögensrechtliche Auseinandersetzungen endeten allerdings erst Anfang 1937.[4]

Der entthronte Fürst verbrachte die folgenden drei Jahrzehnte seines Lebens in großer Zurückgezogenheit auf seinem Schloss in Detmold. Nach dem Tod seiner ersten Frau Fürstin Bertha aus dem Haus Hessen-Philippsthal-Barchfeld (1874–1919) heiratete er 1922 Prinzessin Anna zu Ysenburg und Büdingen (1886–1980). Sein ältester Sohn aus erster Ehe, Erbprinz Ernst zur Lippe (1902–1987), fand früh zum Nationalsozialismus. Er trat bereits 1928 in die NSDAP und in die SA ein und amtierte ab 1938, vorrangig beschäftigt mit Organisations-, Personal- und Verwaltungsangelegenheiten, als Adjutant des Reichsministers für Ernährung und Landwirtschaft und »Reichsbauernführers« Richard Walther Darré. Dessen Wahnideen zur Aufzucht einer »neuadligen« Bauernrasse aus »Blut und Boden«[5] teilte der ehemalige Thronfolger leidenschaftlich. Der Vater hingegen lehnte den Natio-

Die fürstliche Familie 1924, gruppiert um den neugeborenen Prinzen Armin (Mitte)

Prinz Bernhard der Niederlande mit Königin Juliana und Töchtern, um 1950

nalsozialismus mit ebenso großer Entschiedenheit ab. Er hielt strikte Distanz zum NS-Regime und zu den fragwürdigen Aktivitäten seines ältesten Sohnes und bestimmte testamentarisch seinen einzigen Sohn aus zweiter Ehe, den 1924 geborenen Prinzen Armin, zum Nachfolger.

Leopold IV. erlebte 1947/48 noch das Ende der staatlichen Eigenständigkeit seines ehemaligen Fürstentums durch die nicht unumstrittene Eingliederung Lippes in das neu geschaffene Land Nordrhein-Westfalen. Sein Neffe, Prinz Bernhard zur Lippe-Biesterfeld (1911–2004), hatte 1937 die niederländische Thronfolgerin Juliana (1909–2004) geheiratet, die von 1948 bis 1980 als Königin amtierende Großmutter des gegenwärtigen, seit 2013 regierenden niederländischen Königs Willem-Alexander (geb. 1967). Auch Prinz Bernhard war Mitglied der NSDAP und darüber hinaus in der Reiter-SS aktiv gewesen. Er verließ jedoch vor seiner Heirat alle nationalsozialistischen Organisationen und flog – zeitlebens ein begeisterter Pilot – nach dem deutschen Überfall auf die neutralen Niederlande 1940 vom Londoner Exil der Königsfamilie aus zahlreiche Einsätze gegen die nationalsozialistischen Aggressoren. Im letzten Kriegsjahr war er Oberkommandierender der niederländischen Luftstreitkräfte und Befehlshaber der gegen die deutsche Besatzung im Land kämpfenden Widerstandsgruppen.

Armin Prinz zur Lippe, als Nachfolger seines Vaters von 1949 bis zu seinem Tod 2015 Chef des Hauses, vermochte dessen Ansehen in der Region in außergewöhnlicher Weise zu festigen und zu steigern. Im Zweiten Weltkrieg hatte er als einfacher Soldat in der Luftwaffe dienen müssen und engagierte sich, geprägt von damit verbundenen Erlebnissen, Ende der 1950er Jahre an führender Stelle im Verband der Kriegsdienstverweigerer. Während der Göttinger Studienzeit lernte er seine spätere Frau Prinzessin Traute, geborene Becker (geb. 1925), kennen. Beide beendeten ihr Studium nahezu zeitgleich mit naturwissenschaftlichen Doktorarbeiten und widmeten sich danach mit großer Hingabe ihrem bürgerschaftlichen Engagement in der ehemaligen Detmolder Residenz, allen voran der Förderung künstlerischer Anliegen und kultureller Unternehmungen. Das Prinzenpaar gehörte

Fürstliches Residenzschloss in Detmold

zu den Initiatoren der 1972 im Schloss gegründeten »Lippischen Gesellschaft für Kunst« ebenso wie zu den unermüdlichen Förderern des Lippischen Landesmuseums und des Landestheaters Detmold und genoss hohe Wertschätzung bei den Bewohnern der Region.

Der seit 2015 als Chef des Hauses firmierende einzige Sohn des Prinzenpaares, Stephan Prinz zur Lippe (geb. 1959), verheiratet mit Maria Gräfin zu Solms-Laubach (geb. 1968), setzt das rege mäzenatische, kultur- und denkmalpflegerische Engagement seiner Eltern fort und wohnt wie sie im Detmolder Schloss. Darüber hinaus ist der Prinz – neben seinem Hauptberuf als Rechtsanwalt, Steuerberater und Verwalter der dem Haus verbliebenen Ländereien und Liegenschaften – kommunalpolitisch aktiv. Er ist Mitglied der Freien Demokraten und stellvertretender Vorsitzender der FDP-Kreistagsfraktion. Schloss Detmold und seine überregional bedeutenden Sammlungen wurden mittlerweile in eine Stiftung überführt, um die Kulturwerte des Hauses Lippe dauerhaft zu sichern.

MEHR ALS DUODEZ
Das Haus Schaumburg-Lippe

»Wenn man von Köln nach Berlin fährt, dann erblickt man kurz hinter Minden plötzlich blau, weiß und rot angestrichene Grenzpfähle, und wenn man seine Reisegefährten fragt: ›Was ist denn das?‹ so erhält man die Antwort: ›Ach, das war eben Schaumburg-Lippe.‹ Das Fürstentum ist nämlich sehr klein, doch wird seine Kleinheit von böswilligen Leuten vielfach stark vergrößert. So ist zum Beispiel nicht wahr, daß alle Kegelbahnen im Lande gekrümmt seien, weil sie sonst innerhalb der Landesgrenzen keinen Platz finden würden […]. Dagegen ist es Tatsache, dass man von der Residenz […] nach keiner Richtung über eine Stunde weit gehen kann, ohne sich im Auslande, das heißt in Preußen, zu befinden.«[1] Mit diesen Worten charakterisierte einst der Autor und Journalist Hermann Löns (1866–1914) den zweitkleinsten monarchisch verfassten Bundesstaat des Deutschen Reiches. Die Miniaturmonarchie besaß einen Gebietsumfang von 340 Quadratkilometern und war damit immerhin mehr als doppelt so groß wie das bis heute existierende souveräne Fürstentum Liechtenstein und 170 Mal größer als das Fürstentum Monaco. Kleiner als Schaumburg-Lippe war in Deutschland vor 1914 nur noch das thüringische Fürstentum Reuss älterer Linie – abgesehen von den beiden Stadtrepubliken Lübeck und Bremen, die flächenmäßig eine noch geringere Ausdehnung besaßen. Hermann Löns war 1907 Redaktionsleiter der auch heute noch erscheinenden »Schaumburg-Lippischen Landes-Zeitung« in der Landeshauptstadt Bückeburg geworden. Er hatte seine dortige Stellung jedoch aus Verdruss über die von ihm als allzu provinziell empfundene Enge der Residenz bald wieder verlassen und sich in seiner bissigen Satire »Duodez« von der ungeliebten Wirkungsstätte verabschiedet.

Der letzte Fürst: Adolf II., 1913

Der »Fürstenhof« in Bad Eilsen

Das seit 1807 als Fürstentum firmierende Schaumburg-Lippe galt mit seinen 44 992 Einwohnern im Jahr 1908 allerdings zu Unrecht als Musterbeispiel für die von Löns verspottete angebliche Dysfunktionalität eines winzigen deutschen Landes.[2] Den Bewohnern des Fürstentums ging es im reichsweiten Vergleichsmaßstab gut. Das Land besaß eine florierende Montan- und Glasindustrie und eine dementsprechend gewerkschaftlich straff organisierte Arbeiterbewegung. Die Arbeiter standen jedoch zum bürgerlichen Lager in den beiden einzigen größeren Städten des Ländchens – der Residenzstadt Bückeburg und dem Bergbauort Stadthagen – und zum bäuerlichen Milieu der umliegenden Dörfer nicht in Gegnerschaft.

Der auf gesellschaftlichen Konsens ausgerichteten Stimmung im Land entsprach das bürgerfreundliche Engagement des schaumburg-lippischen Fürstenhauses. Der seit 1911 regierende letzte Fürst Adolf II. (1883–1936) verfügte über umfängliche Einnahmen aus Bergbau und Forsten, die er zu einem großen Teil in den Ausbau der

Infrastruktur seiner Residenz investierte. Als Teile eines großangelegten fürstlichen Bau- und Verschönerungsprogramms[3] entstanden vor 1914 in rascher Folge die Fürstliche Musikschule, die Fürstliche Kunsthandwerkerschule (»Fürst-Adolf-Werkstätte«) und das imposante Mausoleum im Schlosspark von Bückeburg als Grablege des schaumburg-lippischen Fürstenhauses.[4]

Der Kurort Bad Eilsen wurde – noch mitten im Ersten Weltkrieg – mit Bädern, Brunnen, Parks, Wandelhallen und einem Grand Hotel, dem 1918 vollendeten, heute als Rehabilitationsklinik genutzten »Fürstenhof«, zum damals modernsten Heilbad Deutschlands ausgestaltet. Zudem sorgte der Fürst durch hohe Zuschüsse aus seiner Privatkasse immer wieder für den Ausgleich des chronisch defizitären Landeshaushalts und machte sich durch eine ausgesprochen arbeitnehmerfreundliche Haltung auch außerhalb der Landesgrenzen einen Namen.

Nach Ausbruch des Ersten Weltkriegs im August 1914 war Fürst Adolf II. – neben Herzog Ernst II. von Sachsen-Altenburg – der einzige regierende deutsche Landesherr, der sich an vorderster Front aktiv in das Kriegsgeschehen einbrachte. Er blieb ununterbrochen bei der kämpfenden Truppe, bis er 1917 nach einem Disput mit der Obersten Heeresleitung seiner Stellung enthoben wurde. Das sicherte ihm die Zuneigung seiner schaumburg-lippischen Landeskinder ebenso wie seine schon lange zuvor allseits bekannte Kritik am schroffen preußischen Kommandoton und am selbstherrlichen Gebaren Kaiser Wilhelms II., den der Fürst bei zahlreichen Gelegenheiten aus der Nähe kennengelernt hatte. Denn des Kaisers älteste Schwester, Prinzessin Viktoria von Preußen (1866–1929), war mit dem Onkel Adolfs II., dem Prinzen Adolf zu Schaumburg-Lippe (1859–1916), verheiratet. Ein Jahrzehnt nach dem Tod ihres ersten Mannes heiratete sie 1927 erneut, diesmal den um 35 Jahre jüngeren russischen Hochstapler Alexander Zoubkoff (1901–1936), der sie kurze Zeit später beraubte und im Stich ließ und sich in einem Luxemburger Restaurant unter dem Werbeslogan »Hier bedient sie der Schwager des deutschen Kaisers« als Oberkellner verdingte.[5]

Fürst Adolf II. mit seiner Frau Elisabeth Franziska Bischoff-Korthaus in den 1930er Jahren

Jedenfalls gab es im Fürstentum Schaumburg-Lippe Anfang November 1918 keinerlei Mißstimmung gegen den Landesherrn, Forderungen nach seiner Abdankung wurden selbst von Seiten der heimischen Sozialdemokraten zurückgewiesen.[6] Es bedurfte erst der Intervention landfremder Bielefelder Genossen, die den Fürsten für den Fall der Verweigerung einer Abdankung mit »Absetzung und Schutzhaft« bedrohten, um die lokalen Arbeitervertreter auf einen Thronverzicht ihres Landesherrn einzustimmen. Fürst Adolf II. entsprach dieser Forderung am 15. November 1918 für seine Person und für die Angehörigen seines Hauses.

Die große Mehrheit der schaumburg-lippischen Landeskinder dürfte den von außen erzwungenen Rücktritt ihres Fürsten vom Regierungsamt auch deshalb mit gemischten Gefühlen aufgenommen haben, weil nun nicht nur ein deutlicher Rückgang des großzügigen landespflegerischen Engagements der Herrscherfamilie zu befürchten war. Nach dem abrupten Sturz der Monarchie als der bis dahin maßgeblichen Referenzgröße territorialstaatlicher Identität verschwand

Das fürstliche Mausoleum im Bückeburger Schlosspark

auch die wichtigste Garantin für die Eigenständigkeit des kleinen Landes. Zweimal, 1926 und 1930, wiesen in der Folgezeit die Bürger Schaumburg-Lippes in Abstimmungen mit großer Mehrheit die Forderung nach einem Anschluss an das übermächtige, fast tausendmal größere Preußen zurück. Und noch 1975 entschieden sich immerhin fast 40 Prozent der Wahlberechtigten in einem Volksentscheid für die Wiederherstellung des 1947 in Niedersachsen aufgegangenen Landes Schaumburg-Lippe. Rechtliche Folgen ergaben sich daraus freilich nicht.

Der entthronte Fürst Adolf II. heiratete 1920 die geschiedene bürgerliche Schauspielerin Elisabeth Franziska Bischoff-Korthaus (1894–1936), was ihm heftige Konflikte und gerichtliche Auseinandersetzungen mit seinen Geschwistern eintrug. Er zog sich daraufhin nach Höllriegelskreuth bei München und nach Oberösterreich zurück und lebte mit seiner Frau später auf der damals italienischen, heute kroatischen Insel Brioni. Dort wurde er wegen seiner bekannt kritischen Einstellung zum Nationalsozialismus von Gestapo-Mitarbeitern überwacht und bespitzelt. Eine Denunziation des später als NS-Kunsträuber in unrühmliche Erscheinung getretenen Agenten Kurt von Behr führte seit 1934 in Berlin zu Ermittlungen gegen ihn und seine Frau.[7] Zwei Jahre darauf, am 26. März 1936, kamen beide bei einem Flugzeugunfall in der Nähe der mexikanischen Stadt Zumpango de Ocampo ums Leben. Die Unglücksmaschine war auf dem Weg von Mexico City nach Guatemala zwischen den Vulkanen Ixtaccihuatl und Popocatépetl aus niemals aufgeklärten Ursachen abgestürzt und beim Aufprall in Feuer aufgegangen. Wie bei den meisten der in der Fremde oder in der Heimat verstorbenen ehemaligen Landesherrn erfolgte auch die Beisetzung des letzten in Bückeburg regierenden Souveräns im fürstlichen Mausoleum unter starker Anteilnahme seiner früheren Landeskinder.

Als neuer Chef des Fürstenhauses firmierte hinfort Adolfs II. jüngerer Bruder Fürst Wolrad (1887–1962), der während des Zweiten Weltkriegs als Kommandeur eines Nachschubstabes im polnischen »Generalgouvernement« diente und sich nach Kriegsende von Schloss Hagenburg aus, dem Sommersitz der fürstlichen Familie am Steinhuder Meer, um die Verwaltung und Pflege der Kuranlagen in Bad Eilsen kümmerte. Der jüngste Bruder, Prinz Friedrich Christian (1906–1983), machte als überzeugter Nationalsozialist im Dritten Reich Karriere.[8] Parteimitglied seit 1929, war er einer der ersten Anhänger Adolf Hitlers aus dem Kreis der ehemals regierenden deutschen Herrscherhäuser und warb – wie nach ihm Prinz August Wilhelm von Preußen – in zahlreichen Redeauftritten nicht nur vor hochadeligen Standesgenossen für die Ziele des Nationalsozialismus. Zunächst betätigte er sich im Presse- und Verlagsgeschäft der NSDAP, bevor er ab 1933 als Adjutant von Joseph Goebbels im Reichsministerium für Volksaufklärung und Propaganda zahlreiche NS-Propagandaschriften herausgab. 1937 brachte ihn der isländische Komponist und Dirigent Jon Leifs (1899–1968) gar als möglichen Kandidaten für einen Königsthron des damals noch mit dem Königreich Dänemark in Personalunion verbundenen Island ins Gespräch.[9] Nach Kriegsende wurde Prinz Friedrich Christi-

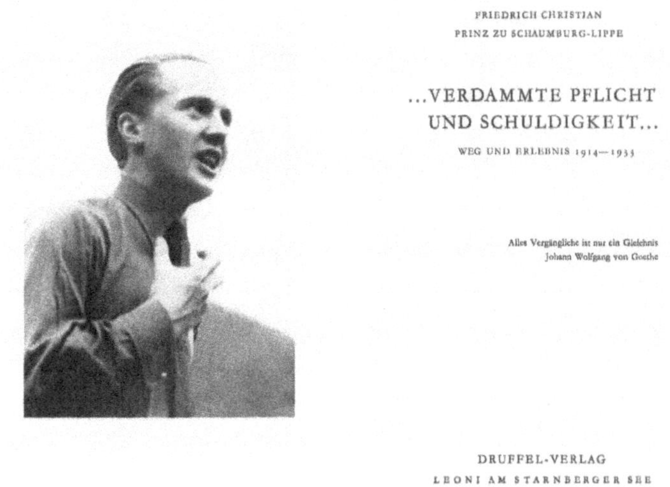
FRIEDRICH CHRISTIAN
PRINZ ZU SCHAUMBURG-LIPPE

...VERDAMMTE PFLICHT
UND SCHULDIGKEIT...

WEG UND ERLEBNIS 1914–1933

Alles Vergängliche ist nur ein Gleichnis
Johann Wolfgang von Goethe

DRUFFEL-VERLAG
LEONI AM STARNBERGER SEE

Der Nationalsozialist: Prinz Friedrich Christian mit Porträt in einer Rechtfertigungsschrift von 1966

an von den Briten interniert, jedoch schon 1950, wie viele NS-Belastete, lediglich als »Mitläufer« eingestuft. Seinen nationalsozialistischen Überzeugungen hat er auch später nicht abgeschworen, sondern in mehreren autobiographisch ausgerichteten Büchern Hitlers Herrschaft und den eigenen Beitrag zu ihrer Stabilisierung beschönigt und bis zuletzt zu rechtfertigen versucht.[10]

Das alles stand in starkem Gegensatz zur Haltung des Prinzen Heinrich von Schaumburg-Lippe (1894–1952), eines weiteren Bruders des 1918 entthronten Fürsten Adolf II. Prinz Heinrich begegnete dem Nationalsozialismus zunächst mit noch verhaltener Distanz, die sich jedoch allmählich zu einer immer stärker hervortretenden Kritik am Regime verdichtete. Sie galt auch und gerade den propagandistischen Aktivitäten des Bruders Friedrich Christian und fand durch die Gleichgültigkeit des als Hauschef amtierenden Bruders Wolrad neue Nahrung. Anders als seine beiden Brüder zeigte sich Prinz Heinrich selbstkritisch, thematisierte nach dem Zusammenbruch 1945 das Versagen des eigenen Hauses im Dritten Reich und sprach sich schon früh für eine schonungslose Aufarbeitung der NS-Vergangenheit aus[11]

Zweimal traf das Haus Schaumburg-Lippe im 20. Jahrhundert das Schicksal eines vorzeitigen Todes des erstgeborenen Erben. Fürst Wolrads Sohn Prinz Albrecht Georg Wilhelm (1926–1945) fiel wenige Tage vor Kriegsende bei Gefechten in der Nähe von Meißen, Hauschef wurde daher nach Wolrads Tod 1962 sein jüngerer Sohn Fürst Philipp Ernst (1928–2003). Dessen ältester, 1956 geborener Sohn Prinz Georg-Wilhelm kam 1983 bei einem Motorradunfall ums Leben. Daraufhin firmierte sein Bruder Alexander (geb. 1958) als künftiges Familienoberhaupt, welche Funktion er seit dem Tod des Vaters 2003 innehat. Er studierte zunächst Politik- und Musikwissenschaft in München, danach Rechtswissenschaften in Göttingen und absolvierte eine Ausbildung im Wirtschafts-, Finanz- und Bankensektor. Seiner ersten, später geschiedenen Ehe mit Prinzessin Marie-Louise zu Sayn-Wittgenstein-Berleburg (geb. 1972) entstammt der Sohn und präsumtive Hauschef Heinrich Donatus (geb. 1994). Im Unterschied zu seinem gegenüber der Öffentlichkeit eher zurückhaltenden Vater öffnete Fürst Alexander zu Schaumburg-Lippe das von ihm bewohnte Bückeburger Schloss schrittweise für diverse Großveranstaltungen. Weihnachtsmärkte, Hochzeitsmessen, Mittelalterspektakel und Konzertaufführungen führen mittlerweile jährlich zehntausende von Besuchern in die ehemals schaumburg-lippische Residenz. Fürst Alexander, selbst ein begabter Klavierspieler, ist nach einer zweiten gescheiterten Ehe seit Oktober 2021 mit der iranischen Konzertpianistin Mahkameh Navabi (geb. 1981) verheiratet.

GESCHEITERTE SELBSTBEHAUPTUNG

Das Haus Waldeck

Im Kreis der bis 1918 in Deutschland existierenden landesstaatlichen Miniaturmonarchien nahm das Fürstentum Waldeck-Pyrmont eine Sonderstellung ein. Die Grafen von Waldeck hatten ihr nordhessisches Herrschaftsgebiet um Arolsen, Korbach und Wildungen im 13. und 14. Jahrhundert zu einem geschlossenen Territorium ausbauen können und waren 1712 in den Fürstenstand erhoben worden. Im Krieg zwischen Österreich und Preußen stand das Fürstentum 1866 auf Seiten der preußischen Sieger und sicherte sich dadurch seine Selbständigkeit. Infolge akuter Finanzschwäche schloss das dünn besiedelte Ländchen jedoch schon 1867 mit dem Hohenzollernstaat einen Beitrittsvertrag. Preußen übernahm dadurch die gesamte waldeckische Landesverwaltung und verpflichtete sich im Gegenzug zur Deckung der jährlich anfallenden Defizite im waldeckischen Staatshaushalt. Der Fürst blieb zwar nominell weiterhin Staatsoberhaupt, behielt jedoch nur noch sehr eingeschränkte Hoheitsbefugnisse, die sich auf das landesherrliche Kirchenregiment, das Begnadigungsrecht und das Zustimmungsrecht zu den Landesgesetzen erstreckten.

Das Fürstenhaus wurde dadurch zum letzten noch verbliebenen Bezugspunkt waldeckischen Landes- und Heimatbewusstseins. Die Verbundenheit der Bevölkerung zur angestammten Dynastie war daher hier besonders stark ausgeprägt. Zusätzlich befördert wurde die Popularität des Herrscherhauses durch das ausgesprochen philanthropische Engagement des letzten, seit 1893 regierenden Fürstenpaares Fürst Friedrich (1865–1946) und seiner Gemahlin Fürstin Bathildis (1873–1962). Beide hatten auf diesem Gebiet vor 1914 reichsweit beachtete Zeichen gesetzt, etwa durch die Stiftung von Waisenunter-

Der letzte Fürst: Friedrich von Waldeck und Pyrmont, 1913

Ein kleines Versailles: Das fürstliche Residenzschloss in Bad Arolsen

künften, Diakonissenhäusern und Rote-Kreuz-Stützpunkten. Besonderes Lob fand die vom Fürstenhaus 1905 gegründete »Waldeckische Krüppel-Hilfe«, deren Aktivitäten 1912 in der Errichtung des »Bathildisheimes« für Schwer- und Schwerstbehinderte gipfelten – die Einrichtung floriert mit über 800 Mitarbeitern bis heute. Fürst Friedrich und Fürstin Bathildis waren darüber hinaus in den Jahren des Ersten Weltkriegs rastlos als Spendensammler auf Benefizveranstaltungen im Land unterwegs. Der Fürst selbst, jovial und volksnah, stand 1914 als General bei der kämpfenden Truppe an der Front, sein jüngerer Stiefbruder Prinz Wolrad (1892–1914) fiel im zweiten Kriegsmonat in Belgien. Noch im Mai 1918 kam es anlässlich des 25-jährigen Regierungsjubiläums zu begeisterten Treuebekundungen und Dankbarkeitsadressen, mit denen die Bürger Waldecks das langjährige Wirken ihres Regentenpaares zum Wohl des kleinen Landes würdigten.

So verwunderte es nicht, dass man im November 1918 in Waldeck von einer Entthronung des Fürsten mehrheitlich nichts wissen wollte.

Es gab keine revolutionäre Stimmung in der überwiegend bäuerlich und bürgerlich geprägten Bevölkerung. Das Fürstentum Waldeck hatte im Jahr 1905 knapp 60 000 Einwohner, deren große Mehrheit, nicht zu Unrecht, in der landesstaatlichen Monarchie eine Garantin für die Fortexistenz der ohnehin bedrohten waldeckischen Eigenständigkeit erblickte. Es bedurfte erst der Anreise von Vertretern des Kasseler Arbeiter- und Soldatenrates in die waldeckische Haupt- und Residenzstadt Bad Arolsen, um den Fürsten am 13. November 1918 für abgesetzt zu erklären. Fürst Friedrich nahm die Erklärung zur Kenntnis und quittierte deren Empfang. Er weigerte sich jedoch mit großer Entschiedenheit, freiwillig abzudanken, da der Wunsch nach seinem Thronverzicht nicht von der einheimischen Bevölkerung ausgehe, sondern durch auswärtige Kräfte ins Land getragen werde. Als einziger deutscher Landesherr sah er sich daher formal weiterhin im Amt. Der Fürst residierte nach wie vor in seinem Schloss in Bad Arolsen und nahm wie ein regierender Monarch an Gedenkfeiern, Vereinstreffen und Denkmalseinweihungen teil.

Bei alledem konnte sich Fürst Friedrich der Sympathien der meisten seiner Landeskinder sicher sein. Nur die in Waldeck ohnehin schwach vertretenen Sozialdemokraten bedachten seine fortgesetzten Aktivitäten mit Häme, Gehässigkeit und offener Abneigung. »Das ganze Ländchen« – so las man noch zehn Jahre nach dem Umbruch in einer Darstellung aus sozialistischer Feder – »ist ein Musterbeispiel für die groteske Unsinnigkeit der deutschen Kleinstaaterei, und sein letzter regierender Fürst hat beim Zusammenbruch bewiesen, wie sehr gerade die allerkleinsten Duodezfürsten ihre eigene Macht und Wichtigkeit überschätzten, indem sie glaubten, sich der weltgeschichtlichen und soziologischen Entwicklung […] widersetzen zu können.«[1] Vereinzelte Vertreter der örtlichen Sozialdemokratie nahmen empörten Anstoß selbst an harmlosen Relikten der vergangenen Fürstenherrlichkeit – etwa der fürstlichen Krone auf den Uniformknöpfen der waldeckischen Förster oder den Hoflieferantenschildern an den Geschäften ehemals fürstlich privilegierter Einzelhändler in Bad Arolsen.[2] Als einzige politische Kraft im Land verweigerte die

Fürst Friedrich und Fürstin Bathildis in den 1930er Jahren

Sozialdemokratie der 1921 einvernehmlich zustande gekommenen vermögensrechtlichen Vereinbarung zwischen der Dynastie und dem nunmehrigen Freistaat Waldeck-Pyrmont ihre Zustimmung. Der größte Teil der fürstlichen Liegenschaften fiel demgemäß an den Freistaat, das Fürstenhaus behielt Schloss Pyrmont, einige Ländereien und Gutshöfe sowie das dauerhafte Nießbrauchsrecht an Schloss Arolsen, das der fürstlichen Familie bis heute als Wohnsitz dient.

Da sich weder die Mitglieder der 1919 gewählten Landesvertretung noch führende waldeckische Politiker in den 1920er Jahren darauf verständigen konnten, dem Land eine republikanische Verfassung zu geben, blieb die alte monarchische Verfassung von 1852 weiterhin in Kraft. Allerdings wurde die seit 1625 zu Waldeck gehörende Exklave Pyrmont 1922 in die preußische Provinz Hannover eingegliedert. Und auch die Tage der waldeckischen Eigenständigkeit waren nun gezählt. Angesichts der chronischen Finanznöte des nun nochmals kleiner gewordenen Landes und der mangelnden Bereitschaft des preußischen Staatsministeriums, das Vertragsverhältnis von 1867 er-

Die niederländische Königsfamilie mit Königin Emma, Prinzessin Juliana, Prinzgemahl Heinrich und Königin Wilhelmina, 1932

neut zu verlängern, sah man sich in Waldeck 1929 zur Aufgabe der immer fragiler gewordenen Eigenständigkeit und zum Anschluss an die benachbarte preußische Provinz Hessen-Nassau genötigt. Die nach 1918 lange Zeit von nicht wenigen Waldecker Bürgern gehegte Hoffnung, eine quasi-monarchische Existenz des Landes im ansonsten strikt republikanisch verfassten Deutschen Reich weiterführen zu können, war damit endgültig hinfällig geworden.

Das Fürstenpaar genoss auch nach der Auflösung des Landes die Sympathien der Bevölkerung. Fürstin Bathildis machte bis zu ihrem Tod 1962 immer wieder durch ihre sozialen Aktivitäten als Schirmherrin diverser Wohlfahrts- und Wohltätigkeitseinrichtungen von sich Reden. Zusätzlichen Glanz verliehen dem Fürstenhaus die häufigen Besuche der niederländischen Königin Emma in ihrem Geburtsort Bad Arolsen. Prinzessin Emma von Waldeck-Pyrmont (1858–1934) war eine ältere Schwester des letzten regierenden Fürsten und hatte 1879 den niederländischen König Wilhelm III. (1817–1890) geheiratet. Der

Ein Kriegsverbrecher: Erbprinz Josias zu Waldeck-Pyrmont vor dem amerikanischen Militärgericht, 1947

Ehe entstammte Prinzessin Wilhelmina (1880–1962), die nach dem Tod ihres Vaters von 1890 bis 1948 als Königin der Niederlande amtierte und bis zu ihrer Volljährigkeit 1898 von ihrer Mutter Emma als Regentin mit Takt und Geschick vertreten wurde. Den Überfall deutscher Truppen auf ihr Land und Adolf Hitlers persönlich befohlenen Bombenterror auf Rotterdam im Mai 1940 hat sie ebensowenig mehr erleben müssen wie den Gang ihrer Tochter und deren Regierung ins Londoner Exil, von wo aus die Nichte des letzten Fürsten von Waldeck den Widerstand ihrer Landsleute gegen die deutschen Aggressoren symbolisch unterstütze und praktisch koordinierte. Nachdem Königin Wilhelmina in die Heimat zurückgekehrt war und 1948 den niederländischen Throns an ihre Tochter Prinzessin Juliana abgegeben hatte, verfasste sie ihre Memoiren, in denen sie mit schlichten Worten auch die Waldecker Heimat ihrer Mutter, Königin Emma, beschrieb.[3]

Wenig erfreulich waren demgegenüber die Karrierewege des letzten Erbprinzen Josias zu Waldeck-Pyrmont (1896–1967). Während seine Eltern stets Distanz zu Hitler hielten, hatte sich der im Ersten Weltkrieg mehrfach schwer verwundete und seitdem gesundheitlich erheblich beeinträchtigte Erbprinz 1929 zum Eintritt in die NSDAP und die SS entschlossen. Er bekleidete dort hohe und höchste Ämter und trug wesentlich zur Verankerung des Nationalsozialismus in seiner Heimatregion bei. Im Unterschied zu manch anderen hochadligen Aushängeschildern der Partei – etwa Prinz August Wilhelm von Preußen – beließ es der Erbprinz nicht bei propagandistischen Auftritten und symbolpolitischen Handlungen im Dienst des NS-Regimes. Als Adjutant und persönlicher Freund des Reichsführers der SS, Heinrich Himmler, rückte er bis in die Stellung eines SS-Obergruppenführers auf. Im Juli 1934 war er persönlich aktiv eingebunden in die Ermordung der SA-Führung in München. Später trug er zeitweise die Verantwortung für die unmittelbare Jurisdiktion im Konzentrationslager Buchenwald.[4] Ein amerikanisches Militärgericht verurteilte ihn daher 1947 als Kriegsverbrecher zunächst zu lebenslänglicher, später verkürzter Haft, aus der er indes schon 1950 entlassen wurde.

Erbprinz Josias, der von 1946 bis 1967 als Chef des Hauses Waldeck und Pyrmont firmierte und nach seiner vorzeitigen Haftentlassung in großer Zurückgezogenheit lebte, hatte 1922 Herzogin Altburg von Oldenburg (1903–2001) geheiratet, eine Tochter des letzten regierenden oldenburgischen Großherzogs Friedrich August. Der einzige Sohn aus dieser Ehe, Prinz Wittekind von Waldeck und Pyrmont (geb. 1936), amtiert seit dem Tod des Vaters als Oberhaupt der waldeckischen Fürstenfamilie. Er ist, wie zahlreiche seiner Standeskollegen, vielfältig eingebunden im Natur- und Umweltschutz und in die Pflege regionalen Kunst- und Kulturgüterschutzes. Die gefühlsmäßige Nähe vieler geschichtsbewusster Bewohner des Waldecker Landes zum einst regierenden Fürstenhaus entfaltet noch immer starke Wirkungen. Fürst Wittekind gilt, in Erinnerung an die Tradition jahrhundertelanger Eigenstaatlichkeit, als Kristallisationspunkt landschaftlichen Sonderbewusstseins. 2016 übertrug der Fürst seinem ältesten Sohn Prinz Carl-Anton (geb. 1991), einem gelernten Betriebs- und Forstwirt, den geschäftsführenden Vorsitz der »Stiftung des Fürstlichen Hauses Waldeck und Pyrmont«. Die Stiftung ist vor allem für den Erhalt des Schlosses in Bad Arolsen samt Inventar und Kunstsammlungen verantwortlich. Seit einem schweren Unfall 2011 ist Prinz Carl-Anton querschnittsgelähmt.

STILLER ABSCHIED
Das Haus Schwarzburg

Anders als viele der in Deutschland bis 1918 existierenden klein- und mittelstaatlichen Monarchien sind die beiden seit 1909 von einem gemeinsamen Staatsoberhaupt in Personalunion regierten Fürstentümer Schwarzburg-Rudolstadt und Schwarzburg-Sondershausen in der aktuellen historischen Gedächtniskultur kaum mehr präsent. Allenfalls erinnern heute noch das im Thüringer Wald gelegene Schloss Schwarzburg samt Zeughaus mit seiner bedeutenden Waffensammlung, die ehemaligen Residenzschlösser Heidecksburg in Rudolstadt und Sondershausen sowie das Neue Palais in Arnstadt an die einstige Eigenständigkeit der beiden kleinen Staaten. Zusammen mit den ehemals ernestinisch regierten Ländern Sachsen-Weimar-Eisenach, Sachsen-Altenburg, Sachsen-Meiningen, Sachsen-Gotha und dem seit 1919 bestehenden »Volksstaat Reuss« gingen sie am 1. Mai 1920 im neu gegründeten Land Thüringen auf.[1]

Das Herrschaftsgebiet der seit dem 11. Jahrhundert im thüringischen Raum begüterten Grafen von Schwarzburg war ab 1571 bzw. 1599 in die beiden Linien Sondershausen und Rudolstadt geteilt.[2] Beide Linien, seit 1697 bzw. 1710 im Fürstenstand, fanden staatsrechtlich bis zum Untergang der Monarchie nicht wieder zusammen. Territorial war vor allem das Fürstentum Schwarzburg-Rudolstadt stark zersplittert.[3] Etwa doppelt so groß wie das heutige Pyrenäenfürstentum Andorra, bestand es, wie sein etwas kleinerer Nachbar Schwarzburg-Sondershausen, aus mehreren hundert Dörfern und nur einigen wenigen kleineren Städten. Neben den beiden Residenzen Rudolstadt und Sondershausen waren das vor allem Bad Frankenhausen, Stadtilm, Bad Blankenburg und Arnstadt. Der seit 1890 in Rudolstadt amtierende Fürst Günther Viktor (1852–1925) übernahm 1909 nach dem Tod des kinderlosen letzten Fürsten Karl Günther (1830–1909) von Schwarzburg-Sondershausen[4] auch dort in Personalunion die Regierung.

Fürst Günther Viktor galt, wie viele seiner damaligen Amtskollegen, als hochgebildet, weitgereist und wissenschaftlich vielfältig interessiert.[5] In jungen Jahren hatte er in Dresden das renommierte Vitzthumsche Gymnasium besucht und dort die kunstfrohe Atmosphäre der Stadt nachhaltig in sich aufgenommen. Später hatte er neben einem Studium der Rechts- und Staatswissenschaften in Leipzig Vorlesungen zur Kunst- und Kulturgeschichte gehört und danach für ein Jahr die Kunstschule in Hannover besucht. Die Malerei betrieb er mit großer Hingabe, zahlreiche Zeichnungen, Porträts, Landschaftsbilder und Karikaturen sind von ihm überliefert und bezeugen seine außergewöhnliche künstlerische Begabung.[6] Das vertrug sich gut mit einem starken persönlichen Engagement in der Denkmalpflege. Fürst Günther Viktor investierte große Summen in die stilgerechte Wiederherstellung der in seinen thüringischen Herrschaftsgebieten überaus reichhaltig vertretenen Schlösser, Burgen, Klöster und Kirchenbauten. Auch als Forstwirt und Jagdliebhaber setzte er Maßstäbe für eine naturgerechte Pflege der großen Waldbestände in den beiden schwarzburgischen Territorien.

Politisch hielt sich der Fürst weitgehend zurück. Beide Fürstentümer hatten jeweils in den 1840er Jahren eine später noch einmal revidierte Verfassung erhalten, die das konstitutionelle Regierungssystem einführte und eine Art Teilung der Macht zwischen Monarch und Volksvertretung vorsah. Fürst Günther Viktor überließ von Beginn an das Regieren seinen Ministern und trat mit eigenen politischen Initiativen kaum hervor.[7] Überhaupt bekamen ihn seine Landeskinder nur sehr selten zu Gesicht. Still, sensibel und schwer zugänglich, dabei zeitlebens von äußerst fragiler Gesundheit, die ihn immer wieder zu Kur- und Krankenhausaufenthalten nötigte, mied er nach Möglichkeit öffentliche Auftritte und Empfänge und empfand seine Repräsentationspflichten eher als Belastung denn als Freude. Bei aller per-

Das fürstliche Residenzschloss Heidecksburg in Rudolstadt

sönlichen Liebenswürdigkeit und einfühlsamen Anteilnahme an den Schicksalen anderer, vermochte ihm die vornehm zurückgezogene und wenig kontaktfreudige Art seines Wesens keine echte Popularität bei der Bevölkerung einzutragen.

Anders stand es mit seiner Frau, Fürstin Anna Luise von Schönburg-Waldenburg (1871–1951), die er 1891 geheiratet hatte.[8] Lebensfroh und umtriebig, war die Fürstin vor allem mit karitativen Unternehmungen beschäftigt – mit der Etablierung von Krankenhäusern, Internaten, Altersheimen und, nicht zuletzt, der Errichtung der »Anna-Luise-Stiftung« in Bad Blankenburg, einem 1901 gegründeten Diakonissenwaisenhaus, das freilich später, lange nach Entthronung der fürstlichen Familie, in den 1920er Jahren durch Fälle schwerster Kindesmisshandlungen einen weit beachteten Skandal verursachte.

Da die Ehe des Fürstenpaares kinderlos blieb – Fürstin Anna Luise hatte 1892 einen totgeborenen Sohn zur Welt gebracht und war seitdem nicht mehr gebärfähig –, war 1896 Fürst Günther Viktors Groß-

Fürst Günther Viktor und Fürstin Anna Luise am Tag der Abdankung, 22. November 1918

cousin, Prinz Sizzo von Leutenberg (1860–1926), per Gesetz zum Thronfolger bestimmt worden, was auch für seine männlichen Nachkommen gelten sollte. Prinz Sizzo war der Sohn des von 1807 bis 1867 regierenden Fürsten Friedrich Günther von Schwarzburg-Rudolstadt (1793–1867) aus dessen zweiter, als nicht ebenbürtig geltender Ehe mit Helene Gräfin von Reina (1835–1860).

Das Verhältnis zwischen Prinz Sizzo und Fürst Günther Viktor unterlag indes von Anfang an heftigen Spannungen. Die charakterlichen und haltungsmäßigen Differenzen zwischen dem stillen und scheuen Fürsten und seinem geltungsbewussten und streiterfahrenen potenziellen Nachfolger erwiesen sich als unüberbrückbar. Nachdem Prinz Sizzo, finanziell bedrängt, auf seinem Gut Großharthau eine Gastwirtschaft eröffnet hatte, erteilte ihm Fürst Günther Viktor Hausverbot für die Schlösser Heidecksburg und Schwarzburg. Die Streitereien wurden vor Gericht ausgetragen. Prinz Sizzo, nicht unbeliebt im Land, mobilisierte auf wenig taktvolle Weise die Lokalpresse und polemisierte in Flugblättern gegen seinen eigenen Landesherrn.

Im Blick auf die Ereignisse vom November 1918 gewinnt man den Eindruck, als habe Fürst Günther Viktor das Ende seiner aktiven Regententätigkeit geradezu herbeigesehnt. In keiner der beiden schwarzburgischen Residenzstädte, weder in Rudolstadt noch in Sondershausen, gab es eine irgendwie revolutionär geartete Stimmung. Die Resonanz der Einwohnerschaft auf die Aktivitäten der auch hier gebildeten Arbeiter- und Soldatenräte war derart gering, dass sich aus deren Reihen nicht einmal Stimmen zu regen wagten, die auf einen Thronverzicht des Fürsten zielten. Die Revolution schien an den beiden schwarzburgischen Fürstentümern folgenlos vorbeizugleiten. Zur Überraschung der Mit- und Nachwelt ergriff Fürst Günther Viktor daraufhin selbst die Initiative und ließ, 14 Tage nach Ausbruch der Revolution im Reich, am 22. November 1918 per Gesetz verkünden, dass die Regierung in seinen Fürstentümern vollumfänglich auf den Landtag übergehe. Am nächsten Tag gab er, wiederum per Gesetz, seinen Thronverzicht für Schwarzburg-Rudolstadt und am 25. November für Schwarzburg-Sondershausen bekannt. Damit war auf

Prinz Sizzo mit Prinz Friedrich Günther

damals singuläre Weise in einem monarchisch verfassten deutschen Bundesstaat der neue republikanische Rechts- und Verfassungszustand in gleichsam legaler Form von »oben« herbeigeführt worden.

Weitaus konfliktreicher gestaltete sich hingegen in der Folgezeit die vermögensrechtliche Auseinandersetzung zwischen dem schwarzburgischen Fürstenhaus und den Vertretern des neu gebildeten Landes Thüringen.[9] Eine zunächst zustande gekommene Ausgleichsregelung hatte dem entthronten, persönlich äußerst bescheidenen Herrscher auf Lebenszeit die Verfügung über Schloss Schwarzburg und das heute verfallene Jagdschloss Rathsfeld am Kyffhäuser zugesprochen, das ihm hinfort zumeist als Wohnsitz diente. Schon in den Zeiten seiner aktiven Regierungsverantwortung als amtierendes Staatsoberhaupt hatte sich Fürst Günther Viktor gerne in der Rolle eines malenden, philosophierenden und politisch weitgehend desinteressierten Privatmannes gesehen. Nach 1918 konnte er unbeschwert in diese Rolle hineinschlüpfen und sich vollkommen aus der Öffentlichkeit zurück-

Der letzte Schwarzburger: Prinz Friedrich Günther als Hobbymaler, 1960er Jahre

ziehen. In den ehemaligen Residenzschlössern Heidecksburg und Sondershausen wurde ihm dauerndes Wohnrecht gewährt. Die übrigen, recht umfänglichen Vermögenswerte der schwarzburgischen Fürstenfamilie – allen voran zahlreiche Immobilien und der gesamte Kunstbesitz – waren an die 1919 gegründete »Günther-Stiftung« übergegangen, mit dem Zweck der Erhaltung und Pflege sämtlicher Bau-, Natur- und Kunstdenkmäler in der Region. Gegen diese Regelung führte der entthronte Herrscher in der Folgezeit allerdings mehrere Prozesse, da sich seine wirtschaftliche Situation rapide verschlechterte. Die ihm einst zugesicherte jährliche Rentenzahlung des Landes Thüringen in Höhe von 360 000 Reichsmark hatte im März 1923 einen Nominalwert von nur noch knapp 12 US-Dollar.

Auch der ungeliebte Aspirant auf seine Nachfolge, Prinz Sizzo von Schwarzburg, beschäftigte die thüringischen Gerichte seit den frühen 1920er Jahren mit einer wahren Sturzflut von Prozessen. Bei seinem und Fürst Günther Viktors Tod – beide starben 1925/26 kurz nacheinander – waren noch zahlreiche offene Verfahren anhängig. Die Differenzen konnten erst 1928 mittels einer einmaligen Abfindung und einer jährlichen Rentenzahlung des Landes Thüringen an die Mitglieder des Fürstenhauses beigelegt werden.

Das weitere Schicksal der Familie vollzog sich in Trübnis und Auflösung. Die Nationalsozialisten entzogen der seit 1925 verwitweten Fürstin Anna Luise 1940 kurzerhand das vertraglich verbürgte Wohnrecht für Schloss Schwarzburg und zerstörten bis 1942 große Teile seiner 800-jährigen historischen Bausubstanz,[10] um dort ein von Adolf Hitler persönlich angeordnetes, indes niemals realisiertes »Reichsgästeheim« zu installieren. Der »Kaisersaal« und das Zeughaus des Schlosses wurden erst 1971 bzw. 2008 restauriert. Die vertriebene Fürstin flüchtete nach Schloss Sondershausen, wo sie 1951 verarmt und weitgehend mittellos verstarb. Prinz Friedrich Günther (1901–1971), einziger Sohn des glücklosen Prinzen Sizzo und nach dessen Tod seit 1926 Chef des Hauses Schwarzburg, machte sich in den 1950er und 1960er Jahren als Hobbymaler einen Namen. Seine Ehe mit Prinzessin Sophie von Sachsen-Weimar-Eisenach (1911–1988), einer Tochter des letzten dort regierenden Großherzogs Wilhelm Ernst, blieb kinderlos und wurde nach nur kurzer Dauer geschieden. Mit dem Tod des Prinzen Friedrich Günther ist das fürstliche Haus Schwarzburg adelsrechtlich ausgestorben.

Allerdings hatte Prinz Friedrich Günther wenige Jahre vor seinem Tod den in Stettin geborenen Kaufmannssohn Peter Fuhrmann (1939–2020) adoptiert, um den Namen der Familie zu erhalten. Dieser wurde dann erneut per Adoptionsbeschluss weitergegeben – zunächst an Eugen-Peter Brennan Dupleix (geb. 1939), den langjährigen Lebenspartner von Prinz Peter, sodann an den in Münster lebenden und praktizierenden Arzt Matthias Nieschalk (geb. 1963). Matthias Prinz zu Schwarzburg-Nieschalk bemüht sich derzeit um den Rückerwerb von Kunstgegenständen aus dem Familienbesitz der Dynastie.

EIGENWILLIGE EXISTENZ
Das Haus Reuss

Das Fürstentum Reuss älterer Linie mit der Haupt- und Residenzstadt Greiz war mit einem Gebiet von 316 Quadratkilometern der kleinste Flächenstaat des Deutschen Kaiserreichs. Territorial ebenso stark zersplittert wie sein nur knapp dreimal größerer Nachbar, das Fürstentum Reuss jüngerer Linie mit der Haupt- und Residenzstadt Gera, galt das Ländchen schon manchen zeitgenössischen Beobachtern als Musterbeispiel eines vermeintlich längst überlebten kleinstaatlichen Beharrungsvermögens und wurde vielfach belächelt. In beiden Fällen bündelte die Institution der Monarchie indes bis zuletzt starke regionale Identitäten. Fürst und Fürstenhaus blieben zentrale Fixpunkte einer überschaubaren kleinen Welt, die Geborgenheit vermittelte und gesellschaftliche Integrationskräfte zu entfalten vermochte.

Das Geschlecht der Reussen reichte in seinen Ursprüngen, wie die meisten der vor 1918 regierenden deutschen Dynastien, bis ins 13. Jahrhundert zurück.[1] Für das Jahr 1289 ist ein Angehöriger der Familie erstmals als Vogt eines Herrschaftsgebietes um Weida, Gera und Plauen, das spätere Vogtland, nachgewiesen. Den Namen »Reuss« führte das Haus in Anlehnung an eines seiner Mitglieder aus dem letzten Drittel des 13. Jahrhundert, Heinrich Ruthenus († 1295), der lange in Russland lebte und dort verheiratet war. Die 1564 in eine ältere Linie Reuss-Greiz und eine jüngere Linie Reuss-Gera geteilten Territorien der Dynastie firmierten seit 1778 bzw. 1790/1806 als Fürstentümer. Kurioserweise trugen und tragen alle männlichen Mitglieder der Familie den Namen Heinrich – in jedem neuen Jahrhundert aufs Neue beginnend und über beide Linien hinweg geführt.

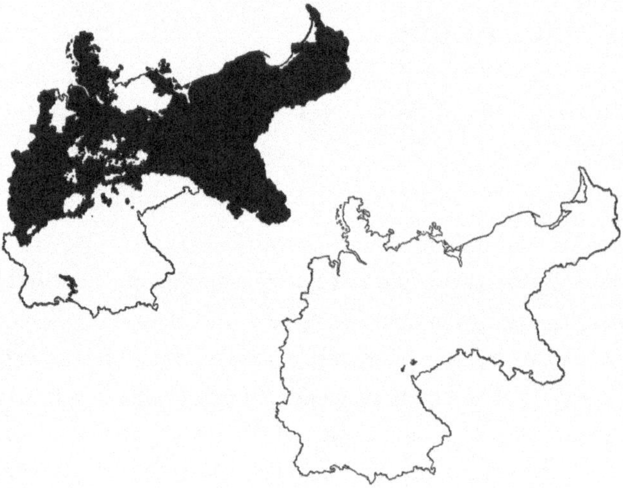

Der kleinste Flächenstaat im Kaiserreich: Reuss älterer Linie (r.) im Vergleich zu Preußen (l.)

Heinrich XXII. (1846–1902), der letzte, seit 1859 (und ab 1867 selbständig) regierende Fürst aus dem Haus Reuss älterer Linie, galt als ein äußerst eigenwilliges Staatsoberhaupt. Voll tiefster Abneigung gegenüber der Reichsgründung von 1871, machte sich der Fürst als entschiedener Gegner Otto von Bismarcks reichsweit einen Namen. Seine Person war jahrzehntelang ein dankbares Objekt zeitgenössischer Karikaturen und Hofberichterstattung.[2] Dabei war er kein unbedingter Feind der Nationalstaatsgründung, wie ihm dies seine zahlreichen Gegner immer wieder unterstellten. Er bekämpfte jedoch mit großer Entschiedenheit die Dominanz Preußens und überhaupt die kleindeutsche Lösung der nationalen Frage unter Ausschluss des Habsburgerreiches. Sein Ländchen hatte im Krieg von 1866 auf Seiten Österreichs gestanden und war danach nur mit einiger Mühe der Annexion durch den preußischen Sieger entronnen.[3] Alle Befürchtungen, die der Fürst beim Eintritt in das hinfort von den Hohenzollern dominierte Deutsche Kaiserreich gehegt hatte, schienen sich aus sei-

Ein Reichskritiker: Fürst Heinrich XXII. älterer Linie, 1870er Jahre

ner Perspektive in wachsendem Ausmaß zu bewahrheiten. Seine unentwegten Warnungen galten vor allem den Gefahren, die aus einer neudeutschen Imperialpolitik resultierten. Er verwarf Nationalismus und Militarismus, wetterte gegen Kolonialismus und Heeresvermehrung, polemisierte gegen Flotteneuphorie und Großmachtstreben, beharrte mit zunehmender Verbitterung auf dem föderalen Charakter des Reiches und bekämpfte alle tatsächlichen oder auch nur vermeintlichen Bestrebungen, die auf eine Erweiterung der zentralstaatlichen Kompetenzen zu Lasten der deutschen Bundesstaaten zielten.

In seinem eigenen Miniaturstaat war die Bilanz der 35-jährigen Regierungstätigkeit Heinrichs XXII. ambivalent.[4] Vollkommen unsoldatisch und militärfern eingestellt, hatte er das Fürstentum – flächenmäßig immerhin so groß wie die heutige souveräne Inselrepublik Malta – mit patriarchalischer Strenge und paternalistischer Gewissenhaftigkeit geführt. Als überzeugter Legitimist und Anhänger einer im Grunde vor-konstitutionellen, beinahe absolutistisch anmutenden

Kleinstaatliches Selbstbewusstsein: Reuss ä. L. gegen Preußen, Karikatur von 1896

Amtsführung, nutzte er die Möglichkeiten monarchischen Handelns voll aus, die ihm die reussische Landesverfassung von 1867 boten. Er kümmerte sich um kleinste Details und mischte sich immer wieder in aktuelle politische Entscheidungsprozesse ein. Das geschah durchaus nicht zum Schaden des Landes.[5] Der Fürst war ein Gegner des von seinem Intimfeind Bismarck eingebrachten Sozialistengesetzes. Er sorgte für einen ausgeglichenen und schuldenfreien Staatshaushalt und bemühte sich um Vollbeschäftigung in den Wirtschaftsbetrieben der Region. Und er verschaffte sich bei seinen Landeskindern durch ein von tiefer lutherisch-orthodoxer Religiosität getragenes soziales und karitatives Engagement Achtung und Respekt – wenn auch nicht unbedingt Liebe und Zuneigung. Familiäre Schicksalsschläge – allen voran der frühe Tod seiner Ehefrau, Prinzessin Ida Mathilde zu Schaumburg-Lippe (1852–1891), einer Tante des letzten dort regierenden Fürsten Adolf II. – ließen ihn indes in steigende Verbitterung verfallen und die durchaus vorhandenen gewinnenden Züge seiner Persönlichkeit in den Hintergrund treten.

Da sein einziger Sohn, Erbprinz Heinrich XXIV. (1878–1927), seit seinem fünften Lebensjahr infolge eines Unfalls mit irreparabler Gehirnschädigung das traurige Bild eines lallenden Säuglings bot und dauerhaft regierungsunfähig blieb, übernahm nach Heinrichs XXII. Tod 1902 der gleichfalls 1867 zur Regierung gelangte Fürst Heinrich XXIV. Reuss jüngerer Linie (1832–1913) die Regentschaft für das Fürstentum Reuss älterer Linie. Dessen 1858 geborener Sohn Heinrich XXVII. wurde 1908, noch vor dem Tod des Vaters, Regent beider reussischen Fürstentümer. Als leidenschaftlicher Soldat ausgesprochen preußenfreundlich eingestellt, hielt er gleichwohl Distanz zur kaiserlichen Politik in Berlin. In seinen beiden kleinen Territorien empfahl sich der Fürst als Förderer des Schul-, Medizinal- und Verkehrswesens ebenso wie als früher Anwalt des Natur- und Umweltschutzes.

Auf Grund eines florierenden Textilgewerbes waren der Anteil der Industriearbeiterschaft und das Wählerpotential der Sozialdemokratie in beiden reussischen Residenzstädten außergewöhnlich hoch. Das Revolutionsgeschehen wurde daher in Greiz und Gera, anders als in

Der letzte Fürst:
Heinrich XXVII.
Reuss jüngerer Linie

den meisten kleineren landesstaatlichen Residenzen, von Anfang an stark durch Anhänger der linksradikalen USPD bestimmt. Vertreter der auch dort rasch gebildeten Arbeiter- und Soldatenräte nötigten den Fürsten schon am 10. November 1918 – seinem 60. Geburtstag – zum Thronverzicht. Die beiden kleinen Länder schlossen sich im April 1919 zum »Volksstaat Reuss« zusammen und gingen ein Jahr später im neu geschaffenen Land Thüringen auf.

Seiner großen Leidenschaft, dem Theaterwesen, blieb Fürst Heinrich XXVII. auch nach seiner Abdankung weiterhin treu. Noch als Thronfolger hatte er sich seit der Jahrhundertwende maßgeblich für den Neubau des Geraer Hoftheaters eingesetzt. Das Haus war 1902 unter seiner Protektion eingeweiht worden und galt mit der Zusammenlegung von Theater und Konzertsaal als eines der modernsten seiner Zeit. Heinrich XXVII. kümmerte sich in den Folgejahren persönlich um zahlreiche Operninszenierungen in »seinem« Haus. Da nach dem Ende der Monarchie weder das Land Thüringen noch die

Fürstliche Leidenschaft: Das Hoftheater in Gera

Stadt Gera zur Finanzierung des Theaterbetriebs bereit waren, bestritt der entthronte Fürst den Großteil der anfallenden Kosten aus privaten Mitteln. Diese flossen freilich in nicht geringem Ausmaß. Denn ein im Dezember 1919 zwischen dem »Volksstaat Reuss« und dem depossedierten Fürstenhaus geschlossener Vergleich sicherte der Dynastie den Besitz der Schlösser Burgk, Ebersdorf, Saaldorf, Köstritz und Osterstein in Gera-Untermhaus mit Sammlungen und Bibliotheken, gewährte Nutzungsrechte für die Schlösser in Greiz und Schleiz und sprach der Familie das Eigentum an umfänglichen Wald- und Forstflächen zu.

Fürst Heinrich XXVII. starb 1928,[6] sein geisteskranker Greizer Vetter, Fürst Heinrich XXIV., bereits im Jahr zuvor. Mit ihm erlosch die ältere Linie des Hauses Reuss. Seine Schwester Hermine, verwitwete Prinzessin von Schoenaich-Carolath, die vierte Tochter des Greizer Preußenhassers Fürst Heinrich XXII., heiratete 1922 den im Doorner Exil lebenden ehemaligen preußischen König und Deutschen Kaiser

Wilhelm II. Bis in die 1930er Jahre hoffte sie vergeblich darauf, im Falle einer monarchischen Restauration als »Kaiserin Hermine« mit ihrem erneut inthronisierten Gatten nach Deutschland zurückkehren zu können. Im Interesse solcher – vollkommen unrealistischer – Überlegungen war sie zeitweise zur Kooperation mit nationalsozialistischen Politikern bereit.[7]

Die jüngere Linie des Hauses Reuss fand zunächst eine Fortsetzung in dem 1895 geborenen Heinrich XLV., der seit dem Tod seiner beiden älteren Brüder ab 1913 als Erbprinz und ab 1928, in der Nachfolge seines Vaters, als Oberhaupt des reussischen Gesamthauses firmierte. Stärker noch und weitaus ausschließlicher als Heinrich XXVII. widmete sich der musisch hochbegabte Sohn dem Theater- und Bühnenschaffen. Er trat als Verfasser zahlreicher Schauspiele hervor[8] und wirkte als leitender Regisseur und Dramaturg am Geraer Theater, dessen Ausrichtung er auch publizistisch begleitete.[9] 1931 gründete er, gemeinsam mit dem Dirigenten Hans Oppenheim (1892–1964), die »Deutsche Musikbühne« mit Sitz in Berlin. Sie entwickelte sich unter seiner und Oppenheims Leitung zu einem der anspruchsvollsten und innovativsten Operntheater in den späten Jahren der Weimarer Republik und ging im gesamten damaligen Reichsgebiet auf Tournee. Nach der Ausbootung Oppenheims und der Gleichschaltung der »Musikbühne« durch die Nationalsozialisten 1934 gab auch der Erbprinz deren Leitung ab, wirkte jedoch weiterhin am Theater in Gera.

Heinrich XLV. war Zeit seines Lebens ein überzeugter Junggeselle und blieb ohne Nachkommen. 1930 wurde daher familienintern festgelegt, dass der Zusatz »jüngerer Linie« im Namen des Hauses hinfort entfalle und dass angesichts eines drohenden Erlöschens der verbliebenen Hauptlinie die Angehörigen der 1692 begründeten und seitdem wiederum in zahlreiche Zweige unterteilten Köstritzer Nebenlinie als zukünftige Hauschefs gelten sollten. Der Köstritzer Linie entstammten der Komponist Heinrich XXIV. Reuss zu Köstritz (1855–1910),[10] ein Meisterschüler von Johannes Brahms, sowie dessen Schwester Prinzessin Eleonore Reuß-Köstritz (1860–1917), die seit 1907 mit dem bulgarischen Zaren Ferdinand I. (1861–1948) verheiratet

Trauriges Schicksal: Gedenkstein für Erbprinz Heinrich XLV. im Park von Schloss Ebersdorf

war. Der Erbfall trat ein, nachdem der »Theaterprinz« Heinrich XLV. im August 1945 – wie auch der letzte regierende Herzog von Anhalt, Joachim Ernst – von den Sowjets in das berüchtigte »Speziallager« auf dem Gelände des NS-Konzentrationslagers Buchenwald verschleppt und dort gemeinsam mit bis zu 28 000 Leidensgenossen eingekerkert worden war. Man geht heute davon aus, dass er dort von den Gewalttätern des sowjetischen Geheimdienstes NKWD zu Tode geprügelt wurde oder dass er verhungert ist. Er gilt seitdem als verschollen. Zur Erinnerung an sein trauriges Schicksal dient seit 1995 ein Gedenkstein im Park von Schloss Ebersdorf, einer ehemals reussischen Residenz, die mittlerweile wieder in den Besitz der Familie gelangt ist.

Nachfolger als Chef des Hauses Reuss wurden Heinrich IV. Fürst Reuss zu Köstritz (1919–2012) und nach dessen Tod sein Sohn Fürst Heinrich XIV. Reuss (geb. 1955), ein studierter Forstwirt. Die fürstliche Familie lebt auf Schloss Ernstbrunn in Niederösterreich, das sich seit den 1820er Jahren in reussischem Besitz befindet. Sie unterhält jedoch einen Zweitwohnsitz in Bad Köstritz und pflegt von dort aus ihre Beziehungen zur alten Heimat. Der Dynastie glückte es nach 1990 leichter als manchen anderen ehemaligen mitteldeutschen Herrscherhäusern, die Rückerstattung früherer, von den Kommunisten 1945 geraubter Besitzungen einzufordern. Der Fürst bewirtschaftet Forstbetriebe in Gera-Aga und Bad Lobenstein und nimmt am gesellschaftlichen Leben Thüringens auf vielfältige Weise teil. Ein Vetter des Fürsten, Prinz Heinrich XIX. Reuss (geb. 1974), erwarb 2017 nach jahrzehntelangengem Leerstand das Residenzschloss in Ebersdorf für 100 000 Euro vom Freistaat Thüringen und lässt gegenwärtig die kostbare klassizistische Innenausstattung restaurieren.

Ein unerwartet lebhaftes Medienecho erlangte das Haus Reuss im Dezember 2022, nachdem Heinrich XIII. Prinz Reuss (geb. 1951) als Anführer eines von ihm angeblich geplanten Staatsstreichs gegen die Bundesregierung festgenommen wurde. Den Familienverband hatte der »Putschistenprinz« allerdings bereits 2008 verlassen.

WO SIE BLIEBEN, WAS SIE WURDEN
Bilanz und Perspektive

Mit der Entthronung von neunzehn regierenden Herrschern in den zweiundzwanzig monarchisch verfassten Bundesstaaten des Reiches verschwand eine Institution aus dem politischen und gesellschaftlichen Leben Deutschlands, die dessen Erscheinungsbild jahrhundertelang maßgeblich geprägt hatte. Der Sturz der Kronen war nicht nur für den deutschen Adel der wohl dramatischste Einschnitt in seiner weit mehr als eintausendjährigen Geschichte.[1] Auch das Bürgertum verlor damals vielerorts, vor allem in den mittel- und kleinstaatlichen Residenzen, einen seiner zentralen lebensweltlichen Bezugspunkte.

Denn der Hof – als das personelle, soziale und architektonische Umfeld der jeweils regierenden Ersten Familie – war bis 1914 in zahlreichen Landeshauptstädten ein Kristallisationsort gesellschaftlichen Austauschs gewesen. Er hatte Leitbilder des Benehmens vermittelt, Muster des Geschmacks und Vorgaben der Etikette, und er war in diesem Sinne eine stilprägende und mentalitätsformende Größe von erheblicher Strahlkraft. Weite Kreise der hauptstädtischen Bevölkerung waren in sein Umfeld einbezogen.[2] Vor allem in den Ländern des deutschen Südwestens, in Württemberg, Baden und Hessen, doch auch in Sachsen und selbst in Preußen, hatte sich das Hofzeremoniell nach unten hin geöffnet, waren die Zugangsmöglichkeiten zu den öffentlichen Auftritten der Dynastie weit über den Kreis der gesellschaftlich Privilegierten hinweg ausgedehnt worden.

Insgesamt verloren im Gefolge des Novemberumsturzes von 1918 ein Kaiser, vier Könige, fünf Großherzöge, fünf Herzöge und fünf Fürsten ihre Throne – unabhängig vom Grad ihrer Beliebtheit und vom Ausmaß ihres teilweise sehr hohen Ansehens in der Bevölkerung. Die meisten von ihnen wichen ohne größeren Widerstand vor den Forderungen der revolutionären Arbeiter, Soldaten und Matrosen zurück. Die Palette möglicher Reaktionen reichte dabei von der oftmals als voreilig und würdelos empfundenen Flucht des bayerischen Königs aus seiner Münchener Residenz, über rasch und geräuschlos vollzogene Verzichtserklärungen, etwa in Oldenburg oder in Anhalt, bis hin zur merkwürdigen Handlungsweise des letzten Fürsten von Schwarzburg, der – ohne von irgendeiner Seite bedrängt worden zu sein – von sich aus seinen Thronverzicht aussprach. Nur der Fürst von Waldeck verweigerte kategorisch den Rücktritt und ignorierte das Revolutionsgeschehen vollkommen.

Die späteren Lebenswege der neunzehn depossedierten Herrscher verliefen in den meisten Fällen unspektakulär. Die beiden betagten Könige von Württemberg und von Bayern, Wilhelm II. (Jahrgang 1848) und Ludwig III. (Jahrgang 1845), starben bereits wenige Jahre nach ihrem Sturz kurz hintereinander im Oktober 1921. Als letzter der 1918 entthronten Monarchen wurde Herzog Ernst II. von Sachsen-Altenburg (Jahrgang 1871), nun schon ein Bürger der DDR, 1955 zu Grabe getragen. Adolf II. (Jahrgang 1883), bis 1918 Fürst von Schaumburg-Lippe, kam 1936 bei einem Flugzeugabsturz in Mexiko ums Leben – dem gleichen Unglück sollte ein Jahr später nahezu die gesamte großherzoglich hessen-darmstädtische Familie zum Opfer fallen. Joachim Ernst (Jahrgang 1901), der jugendliche letzte Herrscher des Herzogtums Anhalt, und Erbprinz Heinrich XLV. (Jahrgang 1895), letzter Thronfolger des Fürstentums Reuss jüngerer Linie, wurden nach dem Zusammenbruch des Dritten Reiches als vermeintliche Klassenfeinde von den Sowjets eingekerkert und im berüchtigten Speziallager Buchenwald umgebracht.

Politisch spielten die ehemaligen Landesherren lediglich in Ausnahmefällen noch eine Rolle. Das entsprach ganz jener Stellung, die viele von ihnen bereits während ihrer aktiven Regierungszeit eingenommen hatten. Schon damals waren die meisten nur sehr verhalten am politischen Tagesgeschehen beteiligt gewesen. Dieses Feld hatten sie in der Regel den Aushandlungsprozessen zwischen ihren

Kabinetten und den in den Landesparlamenten versammelten Volksvertretern überlassen, die ja in allen Bundesstaaten – außer in den beiden mecklenburgischen Großherzogtümern – das öffentliche Leben mitbestimmten. Eigenmächtige Handlungen oder Einmischungsversuche der Herrscher in laufende Regierungsgeschäfte gab es kaum. Sie hätten dem konstitutionellen Konsens widersprochen und wären dauerhaft auch nicht akzeptiert worden. Das galt selbst für das angebliche »persönliche Regiment« Wilhelms II. als König von Preußen, das sich bei genauer Betrachtung der historischen Wirklichkeit[3] weitgehend als eine Fiktion der späteren Forschung entpuppt.[4]

Die Hohenzollern waren es dann auch, die sich – neben den Wittelsbachern – eine Zeitlang um die Rückkehr auf den Thron bemühten. Alle anderen Hauschefs akzeptierten, dass ein kleinstaatlicher Monarchismus in den 1920er und 1930er Jahren keine realistische politische Option mehr darstellte.[5] Sie fanden sich mit ihrer neuen Situation ab und lebten zumeist auf den verbliebenen Schlössern, wo sie sich der Verwaltung ihrer Besitzungen widmeten. Öffentliche Präsenz in ihren ehemaligen Herrschaftsgebieten zeigten hingegen viele entthronte Regenten – soweit sie es nicht vorzogen, im selbstgewählten »Exil« zu verweilen, wie etwa König Friedrich August III. von Sachsen, Fürst Adolf II. von Schaumburg-Lippe oder der allzu früh, kaum 47-jährig, als dritter deutscher Bundesfürst 1923 verstorbene letzte Großherzog Wilhelm Ernst von Sachsen-Weimar-Eisenach. Einige wenige, wie der letzte badische Großherzog Friedrich II., Fürst Leopold IV. von Lippe oder Herzog Bernhard III. von Sachsen-Meiningen, mieden öffentliche Auftritte. Andere, allen voran Großherzog Ernst Ludwig von Hessen, nahmen weiterhin regen Anteil am künstlerischen und kulturellen Geschehen in ihrem Land.

Angesehen und beliebt blieb nicht zuletzt manche »Landesmutter«, teilweise bis in die Zeit der frühen Bundesrepublik hinein. So setzte Fürstin Bathildis, die Ehefrau des letzten Fürsten Friedrich von Waldeck, ihr Engagement für körperbehinderte, blinde und taubstumme Kinder nach 1918 unvermindert fort. Auch Herzogin Viktoria Adelheid von Sachsen-Coburg und Gotha, Fürstin Anna Luise

Karitatives Engagement: Fürstin Bathilids von Waldeck (o. l.), Herzogin Victoria Adelheid von Sachsen-Coburg und Gotha (o. r.), Großherzogin Hilda von Baden (u. l.), Kronprinzessin Cecilie von Preußen (u. r.)

von Schwarzburg oder Großherzogin Hilda von Baden, vor allem aber die letzte preußisch-deutsche Kronprinzessin Cecilie, genossen bis an ihr Lebensende erheblichen Respekt, den sie sich durch ihre sozialen, karitativen und kulturfördernden Aktivitäten vor und nach 1918 erworben hatten. Herzogin Viktoria Luise, einzige Tochter Kaiser Wilhelms II. und Gattin des letzten Herzogs Ernst August von Braunschweig, trat in späten Jahren mit erfolgreichen Büchern über ihr Leben »im Glanz der Krone« hervor und verdankte ihre überregionale Bekanntheit bei einem breiten Publikum ihrer Karriere als Schriftstellerin.

Weitgehend befreit von allen Repräsentationspflichten, fanden viele entthronte Häupter Erfüllung auf jenen Tätigkeitsfeldern, die ihren persönlichen Neigungen entsprachen. So machte der letzte regierende Herrscher des Fürstentums Reuss jüngerer Linie, Fürst Heinrich XXVII., in seiner neuen Rolle als professioneller Regisseur zahlreicher Opernaufführungen und Theaterinszenierungen in der ehemaligen Residenz Gera von sich Reden. Kronprinz Rupprecht von Bayern betätigte sich schriftstellerisch als Autor umfänglicher Reisebücher über den indischen Subkontinent, China, Japan und Korea und den gesamten Vorderen Orient, deren Inhalte durch die präzise Beobachtungsgabe des Verfassers bis heute einen kulturhistorischen Wert haben. Der entthronte deutsche Kaiser und König von Preußen, Wilhelm II., trat mit einem halben Dutzend eigener wissenschaftlicher Veröffentlichungen hervor und verfasste, ebenso wie sein ältester Sohn, Kronprinz Wilhelm von Preußen, mehrfach Memoirenbände. Erbprinz Ernst von Sachsen-Meiningen wirkte als begabter und erfolgreicher Maler, Prinz Georg Wilhelm, der zweite Sohn des unglücklichen und früh verstorbenen letzten Großherzogs Wilhelm Ernst von Sachsen-Weimar-Eisenach, erwarb sich unter dem Künstlernamen »Jörg Brena« internationale Reputation als Oratoriensänger. Einen drastischen Berufswechsel vollzog der Thronfolger des Königreichs Sachsen, Kronprinz Georg, der nach einem Theologiestudium zum Priester geweiht und Ordensgeistlicher wurde. Den gleichen Weg ging Herzog Carl Alexander von Württemberg (»Pater Odo«), der jüngste Sohn des ehemaligen württembergischen Thronfolgers. Auch Prinz Friedrich Alfred von Sachsen-Meiningen, ein Enkel des »Theaterherzogs« Georg II., Prinz Max von Sachsen, der jüngere Bruder des letzten sächsischen Königs, und Prinz Georg von Bayern, ein Enkel des bayerischen Prinzregenten Luitpold, entschieden sich für diesen Lebensentwurf.

Zur neuen republikanischen Staatsform hielten sich die entthronten Monarchen naturgemäß auf Distanz – ohne unbedingt mit dem aufkommenden Nationalsozialismus zu sympathisieren, wie oftmals pauschal unterstellt wird. Nur ein einziger früherer Bundesfürst, Herzog Carl Eduard von Sachsen-Coburg und Gotha, ließ sich vorbehaltlos für die Zwecke und Ziele der neuen Partei einspannen. Den meisten anderen ehemaligen Herrschern galt Adolf Hitler, nicht zu Unrecht, als demagogischer Anführer einer proletarischen Massenbewegung. Die von ihm ausgehende Gefahr erkannten freilich nur wenige.

Allerdings gab es unter der nachfolgenden jüngeren Thronfolger- und Prinzengeneration der um 1900 Geborenen mancherlei Sympathien für die Nationalsozialisten. Als prominente Beispiele firmierten die Thronfolger von Mecklenburg-Schwerin, von Lippe und von Waldeck – Erbgroßherzog Friedrich Franz, Erbprinz Ernst und Erbprinz Josias – sowie Prinz Friedrich Christian von Schaumburg-Lippe, der jüngere Bruder des dort bis 1918 regierenden Fürsten Adolf II. Sie alle waren keine bloßen Mitläufer, sondern zählten bis zuletzt zur Funktionselite der NSDAP. Auch Prinz August Wilhelm von Preußen, der viertälteste Sohn Kaiser Wilhelms II., und Prinz Philipp, seit 1940 Hauschef der Linie Hessen-Kassel, dienten lange Zeit als hochadlige Aushängeschilder der Partei, bevor sie bei Hitler in Ungnade fielen. Die Familienchefs wiederum betrachteten solches Engagement wohl auch deshalb vielfach mit Unbehagen, weil jegliche Form der Festlegung für eine bestimmte politische Partei gleich welcher Ausrichtung dem monarchischen Grundsatz strikter Neutralitätswahrung widersprach. Im Falle der Häuser Mecklenburg-Schwerin und Lippe führte dies dazu, dass die ehemals regierenden Väter ihre Erstgeborenen, die sich über diesen Grundsatz hinwegsetzten, jeweils von der Erbfolge ausschlossen.

Weit über solche eher verhalten artikulierte Abneigung hinaus gingen die Vertreter jener Dynastien, die sich den Zumutungen des nationalsozialistischen Unrechtsregimes von Anfang an entschieden widersetzten. Das waren neben den Albertinischen Wettinern in Sachsen und dem Haus Württemberg vor allem die Wittelsbacher. Kronprinz Rupprecht von Bayern, von Anfang an und bis zuletzt ein entschiedener Feind Hitlers, ging 1939 in die Emigration, seine gesamte Familie wurde 1944 in verschiedene deutsche Konzentrationslager verschleppt und dort gefangen gehalten. Das gleiche Schicksal traf den seit 1934 als Chef des Hauses Mecklenburg-Strelitz firmierenden strenggläubigen Herzog Georg und dessen Sohn und Nachfolger Herzog Georg Alexander. Erbprinz Georg Moritz von Sachsen-Altenburg verbrachte als überzeugter Anhänger der Anthroposophie ebenso monatelang in Gestapohaft wie der letzte regierende Herzog von Anhalt, Joachim Ernst, der sich den nationalsozialistischen Bestrebungen zur Vereinnahmung seiner Vorfahren widersetzte – und später in sowjetischer Lagerhaft starb. Am Umsturzversuch des Grafen Stauffenberg vom 20. Juli 1944 war keiner dieser Gegner und Opfer des NS-Regimes aktiv beteiligt, wenngleich die Häuser Wittelsbach und Württemberg enge Kontakte zu militärischen und politischen Widerstandskreisen besaßen. Mit ihrem facettenreichen Changieren zwischen Tätertum und Gegnerschaft boten die ehemaligen Herrscherfamilien insgesamt ein ziemlich getreues Abbild der deutschen Gesellschaft.

Ein politisch heftig umstrittenes Problem bildete in den 1920er Jahren die vermögensrechtliche Einigung zwischen den entthronten Herrscherhäusern und den Regierungen ihrer nunmehr republikanisch verfassten Länder, die als »Freistaaten« oder »Volksstaaten« firmierten. In den meisten Fällen glückten Abfindungsregelungen, bei denen sich beide Seiten einvernehmlich entgegenkamen. Am frühesten geschah dies zunächst dort, wo man schon vor 1914 an ein besonders harmonisches Zusammenwirken zwischen Monarch und Volksvertretung gewöhnt war – so in Anhalt, Sachsen-Meiningen, Baden und Hessen. Länger währende, teilweise bis in die späten 1930er Jahre reichende Auseinandersetzungen führten die Häuser Schwarzburg, Sachsen-Altenburg und Lippe. Fast überall wurden die Liegenschaften zwischen Staat und Fürstenhaus geteilt, kulturelle Einrichtungen, wie Theater, Museen, Bibliotheken sowie ein Großteil der Schlösser gingen in staatliche Hände über, oftmals in Form von Stiftungen. Der 1923 etablierte »Wittelsbacher Ausgleichsfond« gilt in dieser Hinsicht bis heute als vorbildlich. Ein von den Kommunisten 1926 angeregter und von der SPD unterstützter Volksentscheid zur entschädigungslosen Enteignung aller Fürstenhäuser scheiterte.

Während die nach 1945 in den westlichen Besatzungszonen beheimateten Dynastien ihre Besitzungen ungeschmälert bewahren konnten, gingen die jenseits des Eisernen Vorhangs gelegenen hohenzollernschen, thüringischen, sächsischen, anhaltinischen und mecklenburgischen Fürstenhäuser in der SBZ/DDR ihres Eigentums verlustig. Nach 1990 kam es hier zu zeitraubenden Restitutionsauseinandersetzungen, die mit Blick auf das frühere preußische Königs- und deutsche Kaiserhaus bis heute andauern.

Die Trennung zwischen westlichen und östlichen deutschen Herrscherhäusern bestimmt auch Grad und Ausmaß ihrer Präsenz im öffentlichen Leben der Gegenwart. Ausgestorben sind die Häuser Hessen-Darmstadt, Schwarzburg, Sachen-Altenburg und Mecklenburg-Schwerin. Das Haus Mecklenburg-Strelitz ist fürstenrechtlich erloschen, lebt aber in morganatischer Linie im Mannesstamm weiter. Hohe Wertschätzung als Anknüpfungspunkte regionaler Identitäten besitzen weiterhin die Wittelsbacher in Bayern, sowie die Häuser Württemberg, Baden, Oldenburg, Lippe, Schaumburg-Lippe und Waldeck. Der aktuelle Chef des Hauses Anhalt, Prinz Eduard, erlangte einige Bekanntheit als Fernsehkommentator und Zeitschriftenkolumnist. Prinz Michael-Benedikt, Enkel des letzten Großherzogs von Sachsen-Weimar-Eisenach, engagiert sich mit großem persönlichen Einsatz in der Kulturpflege des Freistaats Thüringen. Gleiches gilt für das Familienoberhaupt der Wittelsbacher, Prinz Franz, Herzog von

Bayern, der sich als Kenner, Sammler und Förderer moderner Kunst einen Namen gemacht hat.

Und Prinz Georg Friedrich von Preußen, als Oberhaupt des früheren deutschen Kaiser- und preußischen Königshauses der ranghöchste Repräsentant aller ehemals regierenden deutschen Dynastien? Er ist seit 1994 eingebunden in die von seinen Großeltern, Prinz Louis Ferdinand und Prinzessin Kira, initiierte Förderung von sozial benachteiligten Kindern und Jugendlichen, denen im Rahmen der bereits 1951 etablierten »Prinzessin Kira von Preußen-Stiftung« kontinuierliche Unterstützung gewährt wird. Nach dem Raubüberfall Russlands auf die Ukraine Ende Februar 2022 hat das Haus Hohenzollern die Räumlichkeiten seiner Stammburg in Bisingen für Flüchtlingskinder aus den umkämpften Gebieten unentgeltlich zur Verfügung gestellt. Herzog Franz von Bayern kümmert sich über den hauseigenen »Hilfsverein Nymphenburg« um die Versendung von Hilfsgütern in zerstörte ukrainische Ortschaften, und Erbprinz Heinrich Donatus zu Schaumburg-Lippe begleitet Transportfahrten mit Hilfsgütern und sorgt persönlich für deren Verteilung an der polnisch-ukrainischen Grenze. Ressentimentgeladene Adelskritiker blenden solche Tatsachen allzu gerne aus.

Soziales Engagement und fürstliches Mäzenatentum gehörten schon in den Zeiten ihrer aktiven staatspolitischen Verantwortlichkeit zu den vornehmsten Aufgaben deutscher Landesherren. Mit ihrem Sturz im November 1918 verlor vor allem das kulturelle Leben in den Regionen diese spezielle und höchst individuelle Fördermöglichkeit. Auch sonst schwand in den verwaisten Residenzen mancherlei an Farbigkeit und Vielfalt einer über Jahrhunderte entwickelten, heute weithin vergessenen Lebenswelt, die doch mehr gewesen ist als bloßer Duodez oder überlebte ornamentale Beigabe zu den rationalen Gegebenheiten moderner Staatlichkeit. Die bunte Welt der deutschen Fürsten war entbehrlich – doch zugleich unersetzbar. Sie ist für immer dahin und kehrt niemals wieder, außer – vielleicht – in den Träumen jener, die neidvoll in unsere monarchisch verfassten Nachbarstaaten wie Belgien, Dänemark oder Großbritannien blicken.

ANHANG

Anmerkungen

Kein Abschied zweiter Klasse – Das Ende des monarchischen Zeitalters

1 Die zweifellos beste neuere Darstellung, ebenso quellennah wie detailliert, stammt aus der Feder von Lothar Machtan: Die Abdankung. Wie Deutschlands gekrönte Häupter aus der Geschichte fielen. Berlin 2008; vgl. ferner Benjamin Hasselhorn: Königstod. 1918 und das Ende der Monarchie in Deutschland. Leipzig 2018; Michael Horn: Zwischen Abdankung und Absetzung. Das Ende der Herrschaft der Bundesfürsten des Deutschen Reichs im November 1918. In: Susan Richter / Dirk Dirbach (Hrsg.): Thronverzicht. Die Abdankung in Monarchien vom Mittelalter bis in die Neuzeit. Köln / Weimar / Wien 2010, S. 267–290, sowie zuletzt Stefan Gerber: Die kleinstaatliche Monarchie im späten Kaiserreich und in der Revolution 1918/19. In: Ders. (Hrsg.): Das Ende der Monarchie in den deutschen Kleinstaaten. Vorgeschichte, Ereignis und Nachwirkungen in Politik und Staatsrecht 1914–1939. Wien / Köln / Weimar 2018, S. 7–37; eine ältere Darstellung stammt von Hans Riehl: Als die deutschen Fürsten fielen. München 1979; vorzüglich weiterhin Helmut Neuhaus: Das Ende der Monarchien in Deutschland 1918. In: Historisches Jahrbuch 111 (1991), S. 102–136 (mit reicher Literatur); Dieter Marek: Der Sturz der Fürstenhäuser im November 1918. In: Hans Hoffmeister / Volker Wahl (Hrsg.): Die Wettiner in Deutschland. Arnstadt / Weimar 1999, S. 406–414.

2 Vgl. z. B. Lothar Machtan: Deutschlands gekrönter Herrscherstand am Vorabend des Ersten Weltkriegs. Ein Inspektionsbericht zur Funktionstüchtigkeit des deutschen Monarchie-Modells. In: Zeitschrift für Geschichtswissenschaft 58 (2010), S. 222–242; ders.: Der erstaunlich lautlose Untergang von Monarchie und Bundesfürstentum – ein Erklärungsangebot. In: Alexander Gallus (Hrsg.): Die vergessene Revolution von 1918/19. Göttingen 2010, S. 39–56; ders.: Von Deutschlands Monarchie zur deutschen Demokratie. Die politische Signatur einer Zeitenwende. In: Bernd Braun (Hrsg.): Es lebe die Republik? Der Erste Weltkrieg und das Ende der Monarchien in Deutschland und Europa. Göttingen 2021, S. 22–44, bes. S. 38 ff.; ders. / Peter Brandt: Zu den Überlebenschancen der Monarchie in Deutschland im Herbst 1918. Zwei kontroverse Positionen. In: Zeitschrift für Geschichtswissenschaft 63 (2015), S. 262–272.

3 Dazu die ältere Untersuchung von Ingeborg Koch: Die Bundesfürsten und die Reichspolitik in der Zeit Wilhelms II. München 1961; vgl. aber zeitgenössisch Hermann Rehm: Die überstaatliche Rechtsstellung der deutschen Dynastien. In: Festschrift für die juristische Fakultät Gießen. Gießen 1907, S. 139–172.

4 Dies betonen nachdrücklich Frank Lorenz Müller: Symptomatisch für den Niedergang des Bismarck-Reiches? Die leise Entkrönung der kleineren deutschen Königreiche im November 1918. In: Holger Afflerbach / Ulrich Lappenküper (Hrsg.): 1918. Das Ende des Bismarck-Reiches? Paderborn 2021, S. 79–99, und Martin Otto: Revolution auf Raten. Das Ende der Monarchie in den deutschen Kleinstaaten als politischer Prozess. In: St. Gerber (Hrsg.): Das Ende der Monarchie (wie Anm. 1), S. 85–108.

5 Zur zeitgenössischen Popularität deutscher Landesfürsten vgl. exemplarisch Eva Giloi: Monarch, Myth, and Material Culture in Germany, 1750–1950. Cambridge 2011.

6 Vgl. knapp Frank-Lothar Kroll: Monarchen als Gelehrte. Zum Typus des »homme de lettre« in den deutschen Fürstenstaaten des 19. Jahrhunderts. In: König Johann von Sachsen. Zwischen zwei Welten. Halle / Saale 2001, S. 135–140.

7 Dazu Frank-Lothar Kroll: Monarchische Modernisierung. Überlegungen zum Verhältnis von Königsherrschaft und Elitenanpassung im Europa des 19. und frühen 20. Jahrhunderts. In: Ders. / Martin Munke (Hrsg.): Hannover – Coburg-Gotha – Windsor. Probleme und Perspektiven einer vergleichenden deutsch-britischen Dynastiegeschichte vom 18. bis in das 20. Jahrhundert / Problems and perspectives of a comparative German-British dynastic history from the 18th to the 20th century. Berlin 2015, S. 201–242, hier S. 229 ff.

8 Dazu umfassend Frank-Lothar Kroll: Die Idee eines sozialen Königtums im 19. Jahrhundert. In: Ders. / Dieter J. Weiß (Hrsg.): Inszenierung oder Legitimation? / Monarchy and the Art of Representation. Die Monarchie in Europa im 19. und 20. Jahrhundert. Ein deutsch-englischer Vergleich. Berlin 2015, S. 111–140, hier S. 135 ff.

9 Vgl. als prominentes Fallbeispiel Erik Lommatzsch: Kaiserin Auguste Victoria (1858–1921). Die allerhöchste Sozialarbeiterin des Deutschen Reiches. In: Michael Häusler / Jürgen Kampmann (Hrsg.): Protestantismus in Preußen. Lebensbilder aus seiner Geschichte. Bd. 3: Von der Mitte des 19. Jahrhunderts bis zum Ersten Weltkrieg. Frankfurt am Main 2013, S. 287–303.

Verspielte Alternativen – Die Hohenzollern

1 Zuletzt kenntnisreich und nicht ohne Empathie von Lothar Machtan: Kaisersturz. Vom Scheitern im Herzen der Macht. Darmstadt 2018, S. 216 ff.

2 Frank-Lothar Kroll: Stufen und Wandlungen der Fürstenherrschaft in Brandenburg-Preußen. In: Ders. (Hrsg.): Preußens Herrscher. Von den ersten Hohenzollern bis Wilhelm II., 4. ergänzte und erweiterte Aufl. München 2009, S. 9–25; ders.: Die Hohenzollern. München 2008; gelehrt und umfangreich

zuletzt Wolfgang Neugebauer: Die Hohenzollern. Bd 1: Anfänge, Landesstaat und monarchische Autokratie bis 1740. Stuttgart / Berlin / Köln 1996; Bd. 2: Dynastie im säkularen Wandel. Von 1740 bis in das 20. Jahrhundert. Stuttgart 2003.

3 Vgl. Martin Kohlrausch: Die Flucht des Kaisers. Doppeltes Scheitern adelig-bürgerlicher Monarchiekonzepte. In: Heinz Reif (Hrsg.): Adel und Bürgertum in Deutschland. Teil 2: Entwicklungslinien und Wendepunkte im 20. Jahrhundert. Berlin 2001, S. 65–101.

4 Johannes Haller: Gesehenes – Gehörtes – Gedachtes. Teil IV: Im Strom der Zeit (1946). In: Benjamin Hasselhorn: Johannes Haller. Eine politische Gelehrtenbiographie. Mit einer Edition des unveröffentlichten Teils der Lebenserinnerungen Johannes Hallers. Göttingen 2015, S. 290–439, Zitat S. 435.

5 Erinnerungen des Kronprinzen Wilhelm. Aus den Aufzeichnungen, Dokumenten, Tagebüchern und Gesprächen. Hrsg. von Karl Rosner. Stuttgart / Berlin 1922; Kronprinz Wilhelm: Meine Erinnerungen aus Deutschlands Heldenkampf. Berlin 1923; ders.: Ich suche die Wahrheit! Ein Buch zur Kriegsschuldfrage. Stuttgart / Berlin 1925.

6 Kaiser Wilhelm II.: Ereignisse und Gestalten aus den Jahren 1878–1918. Leipzig / Berlin 1922; ders.: Aus meinem Leben 1859–1888. Berlin / Leipzig 1927.

7 Kaiser Wilhelm II.: Erinnerungen an Korfu. Berlin / Leipzig 1924; ders.: Die chinesische Monade, ihre Geschichte und ihre Deutung. Leipzig 1934; ders.: Studien zur Gorgo. Berlin 1936; ders.: Das Königtum im alten Mesopotamien. Berlin 1938, ders.: Ursprung und Anwendung des Baldachins. Amsterdam 1939. Vgl. dazu knapp Oswald von Gschliesser: Das wissenschaftliche Oeuvre des ehemaligen Kaisers Wilhelm II. In: Archiv für Kulturgeschichte 54 (1972), S. 385–392.

8 Dazu jetzt Christoph Johannes Franzen / Karl-Heinz Kohl / Marie-Luise Recker (Hrsg.): Der Kaiser und sein Forscher. Der Briefwechsel zwischen Wilhelm II. und Leo Frobenius (1924–1938). Stuttgart 2012.

9 Vgl. zuletzt die Biographien von Elizza Erbstösser: Auguste Victoria. Die letzte deutsche Kaiserin. Erfurt 2003; Randy Fink: Auguste Viktoria. Die letzte deutsche Kaiserin. Berlin 2017, und Jörg Kirschstein: Auguste Victoria. Porträt einer Kaiserin. Berlin 2021.

10 Der Text des Vertrages vom 12. Oktober 1925 ist als Faksimile gedruckt bei Friedrich Wilhelm Prinz von Preußen: »Gott helfe unserem Vaterland«. Das Haus Hohenzollern 1918–1945. Mit 61 Seiten Dokumenten. 2., durchgesehene und erweiterte Neuaufl. München 2003, S. 346–351; vgl. neuerdings den ausgewogenen Überblick bei Martin Sabrow: Die Hohenzollern nach dem Sturz der Monarchie. In: Andreas Braune / Michael Dreyer / Markus Lang / Ulrich Lappenküper (Hrsg.): Einigkeit und Recht, doch Freiheit? Das Deutsche Kaiserreich in der Demokratiegeschichte und Erinnerungskultur. Stuttgart 2021, S. 321–340.

11 Dazu Wolfgang Stribrny: Der Versuch einer Kandidatur des Kronprinzen Wilhelm bei der Reichspräsidentenwahl 1932. In: Ernst Heinen / Hans Julius Schoeps (Hrsg.): Geschichte in der Gegenwart. Festschrift für Kurt Kluxen zu seinem 60. Geburtstag. Paderborn 1972, S. 199–210.

12 Reinhold Schneider: Die Hohenzollern. Tragik und Königtum. Leipzig 1933, 2. Aufl. Köln 1953.

13 Reinhold Schneider: Verhüllter Tag. Köln / Olten 1954, S. 108–110; vgl. auch die knappe Skizze bei Frank-Lothar Kroll: Wilhelm II. (1888–1918). In: Ders. (Hrsg.): Preußens Herrscher (wie Anm. 2), S. 290–310, 338–341.

14 Adolf Hitler: Monologe im Führerhauptquartier 1941–1944. Die Aufzeichnungen Heinrich Heims. Hrsg. von Werner Jochmann. Hamburg 1980, S. 389 f.

15 Die Tagebücher von Joseph Goebbels. Sämtliche Fragmente. Hrsg. von Elke Fröhlich. Teil I: Aufzeichnungen 1924–1941. Bde. 1–4. München / New York / London / Paris 1987, Eintrag vom 24. September 1939.

16 Zitiert nach Sigurd von Ilsemann: Der Kaiser in Holland. Aufzeichnungen des letzten Flügeladjutanten Kaiser Wilhelms II. Hrsg. von Harald von Koenigswald. Bd. II: Monarchie und Nationalsozialismus 1924–1941. München 1968, S. 230 (7. September 1933), 313 (14. November 1938). – Zum Quellenwert dieser Aufzeichnungen neuerdings Wendy Landewé: Mit dem Kaiser ins Exil. Die Tagebücher von Sigurd von Ilsemann (1884–1952). In: Gunnar Teske (Hrsg.): Adelige über sich selbst. Selbstzeugnisse in nordwestdeutschen und niederländischen Adelsarchiven. Münster 2015, S. 89–100.

17 Vgl. Friedhild den Toom / Sven Michael Klein: Hermine – die zweite Gemahlin von Wilhelm II. Greiz 2007.

18 Zum Ganzen jetzt die vorzügliche Biographie von Lothar Machtan: Der Kaisersohn bei Hitler. Hamburg 2006.

19 Dazu die einseitige Darstellung bei Stephan Malinowski: Vom König zum Führer. Sozialer Niedergang und politische Radikalisierung im deutschen Adel zwischen Kaiserreich und NS-Staat. 3., durchgesehene Aufl. Berlin 2003.

20 Vgl. als erste vorläufige Bilanz Jörg Kirschstein: KaiserKinder. Die Familie Wilhelms II. in Fotografien. Göttingen 2011.

21 Dazu zuletzt maßgeblich Lothar Machtan: Der Kronprinz und die Nazis. Hohenzollerns blinder Fleck. Berlin 2021.

22 So Jacco Pekelder / Joep Schenk / Cornelis van der Bas: Der Kaiser und das »Dritte Reich«. Die Hohenzollern zwischen Restauration und Nationalsozialismus. Göttingen. 2021, S. 60, 66, 72.

23 Zum historiographischen Problem Frank-Lothar Kroll: Preußenbild und Preußenforschung im Dritten Reich (2006). Wiederabgedruckt in: Ders.: Totalitäre Profile. Zur Ideologie des Nationalsozialismus und zum Widerstandspotenzial seiner Gegner. Berlin 2017, S. 207–228, sowie zuletzt ders.: »Preußische Tugenden« – Eine Maske für den totalitären Staat? In: Daniel E. D. Müller / Christoph Studt (Hrsg.): Vom bürgerlichen Humanismus zum »Herrenmenschentum«.

Die Transformation moralischer Werte als Ausgangspunkt für den Widerstand im »Dritten Reich«. Tagungsband zur XXXII. Königswinterer Tagung. Augsburg 2021, S. 61–70.

24 Lothar Machtan: Wie Fotos Politik machen (sollen). Oder der Nachruhm des Georg Pahl. In: Merkur 76 (2022), Heft 875, S. 87–92.

25 Dazu jetzt maßgeblich Wolfram Pyta / Rainer Orth: Nicht alternativlos. Wie ein Reichskanzler Hitler hätte verhindert werden können. In: Historische Zeitschrift 312 (2021), S. 400–444.

26 Erik Lommatzsch: Hans Globke (1898–1973). Beamter im Dritten Reich und Staatssekretär Adenauers. Frankfurt / New York 2009, S. 90.

27 Dazu Rüdiger von Voss: Auf der Suche nach einem gerechten Urteil. Zur Person des Kronprinzen Wilhelm von Preußen. In: Frank-Lothar Kroll / Christian Hillgruber / Michael Wolffsohn (Hrsg.): Die Hohenzollerndebatte. Beiträge zu einem geschichtspolitischen Streit. Berlin 2021, S. 209–228.

28 Zu ihrer Lebensgeschichte vgl. den Memoirenband Kronprinzessin Cecilie: Erinnerungen. Leipzig 1930; dies.: Sommer an der See. Berlin 1924; dies.: Erinnerungen an den Deutschen Kronprinzen. Biberach an der Riss 1952; über sie zuletzt Jörg Kirschstein: Kronprinzessin Cecilie. Eine Bildbiographie. 3., aktualisierte Aufl. Berlin 2020.

29 Dazu speziell Iselin Gundermann: Kronprinzessin Cecilie. Karwe bei Neuruppin 2004.

30 Dazu eingehend Susanne Meinl: Nationalsozialisten gegen Hitler. Die nationalrevolutionäre Opposition um Friedrich Wilhelm Heinz. Berlin 2000, S. 194 ff., 287 ff.

31 Jochen Klepper: Unter dem Schatten Deiner Flügel. Aus den Tagebüchern der Jahre 1932–1942. Hrsg. von Hildegard Klepper. Stuttgart 1956, S. 880, 887, 889.

32 Vgl. die allerdings subjektive und nicht unbedingt stimmige Darstellung dieser Zusammenhänge in den Memoirenbänden von Prinz Louis Ferdinand: Als Kaiserenkel um die Welt. 2. Aufl. Berlin 1954, S. 352–377; ders.: Die Geschichte meines Lebens. Göttingen 1968, S. 288–308.

33 So die jüngst erhobenen Vorwürfe von Stephan Malinowski: Die Hohenzollern und die Nazis. Geschichte einer Kollaboration. Berlin 2021, S. 509 ff., und Karina Urbach: Nützliche Idioten. Die Hohenzollern und Hitler. In: Thomas Biskup / Truc Vu Minh / Jürgen Luh (Hrsg.): Preußendämmerung. Die Abdankung der Hohenzollern und das Ende Preußens. Heidelberg 2019, S. 65–93; zu den hohenzollernfeindlichen Darstellungen Urbachs und Malinowskis vgl. jetzt die Gegenposition von Hans Rudolf Wahl: Geschichtspolitische Meinungsbildung. In: Forschungen zur Brandenburgischen und Preußischen Geschichte, N. F. 31 (2021), S. 263–272.

34 Louis Ferdinand Prinz von Preußen: Theorie der Einwanderung dargestellt am Beispiel Argentiniens. Berlin 1931.

35 Vgl. den Erinnerungsbericht von Klaus Mehnert: Der Besuch auf Hawaii. In: SKH Prinz Louis Ferdinand von Preußen zum 75. Geburtstag am 9. November 1982. Eine Festschrift. Moers 1983, S. 39–42.

36 Diese Geschehenszusammenhänge rekonstruiert ausführlich Frank-Lothar Kroll: Geschichtswissenschaft in politischer Absicht. Hans-Joachim Schoeps und Preußen. Berlin 2010, S. 63 ff.

37 Hans Bentzien: Die Heimkehr der Preußenkönige. Mit Geleitworten von Louis Ferdinand Prinz von Preußen und Manfred Stolpe. Berlin 1991.

38 Friedrich Wilhelm Prinz von Preußen: Bismarcks Reichsgründung und das Ausland. Göttingen/Hannover 1972.

39 Vgl. Anm. 10.

40 Michael von Preußen: Ein Preußenprinz zu sein. Aufgezeichnet von Georg A. Weth. München / Wien 1986, S. 76 ff.

41 Dazu erstmals ausführlich Frank-Lothar Kroll: Hohenzollernrestitution im europäischen Vergleich. In: Ders. / A. Hillgruber / M. Wolffsohn (Hrsg.): Die Hohenzollerndebatte (wie Anm. 27), S. 305–333.

42 Zu dieser Debatte weiterhin aktuell F.-L. Kroll / A. Hillgruber / M. Wolffsohn (Hrsg.): Die Hohenzollerndebatte (wie Anm. 27).

Ungekrönter König – Die Wittelsbacher

1 Dazu jetzt perspektivenreich Dieter J. Weiß: Das Wittelsbacher Königtum – Entwicklung des Legitimitätsprinzips. In: Benjamin Hasselhorn / Marc von Knorring (Hrsg.): Vom Olymp zum Boulevard: Die europäischen Monarchien von 1815 bis heute – Verlierer der Geschichte? Berlin 2018, S. 157–174.

2 Vgl. Hans-Michael Körner: Ludwig III. Totengräber der Monarchie? In: Alois Schmid / Katharina Weigand (Hrsg.): Die Herrscher Bayerns. 25 historische Portraits von Tassilo III. bis Ludwig III. München 2001, S. 376–388.

3 Die noch immer maßgebliche Darstellung stammt von Karl Möckl: Die Prinzregentenzeit. Gesellschaft und Politik während der Ära des Prinzregenten Luitpold in Bayern. München / Wien 1972; zuletzt die Biographie von Stefan März: Prinzregent Luitpold. Herrscher ohne Krone. Regensburg 2021.

4 Über ihn die Biographie von Alfons Beckenbauer: Ludwig III. von Bayern 1845–1921. Ein König auf der Suche nach seinem Volk. Regensburg 1987, sowie neuerdings Stefan März: Ludwig III. Bayerns letzter König. Regensburg 2014, bes. S. 123 ff.

5 Für die Begleitumstände jetzt sehr gut Stefan März: Das Haus Wittelsbach im Ersten Weltkrieg. Chance und Zusammenbruch monarchischer Herrschaft. Regensburg 2013, S. 486 ff.

6 Dazu Josef Benno Sailer: Des Bayernkönigs Revolutionstage. Ein Beitrag zur Geschichte des Umsturzes in Bayern. München 1919.

7 Über sie ausführlich Martha Schad: Bayerns Königinnen. 4., durchgesehene und aktualisierte Aufl. Regensburg 2006, S. 273–347.

8 Vgl. Dieter J. Weiß: Zwischen Revolution und Restauration. Zum Tod und zu den Beisetzungsfeierlichkeiten für König Ludwig III. von Bayern. In: Petronilla Gietl (Hrsg.): Vom Wiener Kongreß bis zur Wiedervereinigung Deutschlands. Betrachtungen zu Deutschland und Österreich im 19. und 20. Jahrhundert. Festschrift für Hubert Rumpel zum 75. Geburtstag. München 1997, S. 183 ff.
9 Rupprecht von Bayern: Mein Kriegstagebuch. Bde. 1–3. Berlin 1929.
10 Über ihn die maßgebliche Biographie von Dieter J. Weiß: Kronprinz Rupprecht von Bayern (1869–1955). Eine politische Biografie. Regensburg 2007; speziell für die Zeit nach 1918 ders.: Kronprinz Rupprecht von Bayern – Thronprätendent in einer Republik. In: Markus A. Denzel / Günther Schulz (Hrsg.): Deutscher Adel im 19. und 20. Jahrhundert. St. Katharinen 2004, S. 445–460.
11 Dazu zeitgenössisch das Erinnerungsbuch von Engelbert Huber: Marie Gabrielle Prinzessin von Bayern. 2., verbesserte und vermehrte Aufl. Diessen vor München 1913.
12 Rupprecht, Kronprinz von Bayern: Reise-Erinnerungen aus Indien. München 1922; ders.: Reise-Erinnerungen aus dem Süd-Osten Europas und dem Orient. München 1923; ders.: Reise-Erinnerungen aus Ostasien. München 1923.
13 Walter Goetz (Hrsg.): Festgabe für Seine Königliche Hoheit Kronprinz Rupprecht von Bayern. München-Pasing 1953.
14 Zur Ernsthaftigkeit seines diesbezüglichen Engagements vgl. Walter Goetz: Rupprecht Kronprinz von Bayern 1869–1955. Ein Nachruf. München 1956.
15 Wilhelm Hoegner: Flucht vor Hitler. Erinnerungen an die Kapitulation der ersten deutschen Republik 1933. Frankfurt am Main 1979, S. 60.
16 Max Krell: Das alles gab es einmal. Frankfurt am Main 1961, S. 280 f.
17 Zitat mit Nachweis bei D. J. Weiß: Kronprinz Rupprecht (wie Anm. 10), S. 327.
18 Vgl. seinen jüngst erschienenen Memoirenband: Franz von Bayern: Zuschauer in der ersten Reihe. Erinnerungen. München 2023.

Unverdientes Ende – Das Haus Württemberg

1 Zum »Nachleben« vgl. Wilhelm Hoffmann: Erinnerungen an und um König Wilhelm II. von Württemberg. In: Zeitschrift für Württembergische Landesgeschichte 42 (1983), S. 304–321.
2 Dazu die Biographie von Paul Sauer: Württembergs letzter König. Das Leben Wilhelms II. 2. Aufl. Stuttgart 1994, S. 261 ff.
3 Viktor Bruns (Hrsg.): Württemberg unter der Regierung König Wilhelms II. Stuttgart 1916.
4 Zitiert bei Eberhard Gönner: König Wilhelm II. (1891–1918). In: Robert Uhland (Hrsg.): 900 Jahre Haus Württemberg. Leben und Leistung für Land und Volk. Stuttgart / Berlin / Köln / Mainz 1984, S. 341–362, hier S. 355; vgl. auch Christian Belschner: Württembergs geliebter Herr. Festschrift zur Feier der 25jährigen Regierungstätigkeit König Wilhelms II. von Württemberg. Stuttgart / Berlin / Leipzig 1916.

5 Dazu jetzt vorzüglich und ausgewogen Ursula Rombeck-Jaschinski: König Wilhelm II. und das Ende der Monarchie in Württemberg. In: Bernd Braun (Hrsg.): Es lebe die Republik? Der Erste Weltkrieg und das Ende der Monarchien in Deutschland und Europa. Göttingen 2021, S. 71–89.

6 Theodor von Pistorius: Die letzten Tage des Königreichs Württemberg. Mit Lebenserinnerungen und Lebensbekenntnissen von seinem letzten Finanzminister, dem nachherigen Hochschullehrer. 2., durchgesehene und ergänzte Aufl. Stuttgart 1936, S. 23 ff.

7 Zu den Einzelheiten vgl. minutiös Wilhelm Kohlhaas: Der 9. November 1918 im Stuttgarter Wilhelmspalais. In: Zeitschrift für Württembergische Landesgeschichte 37 (1981), S. 307–361.

8 Eugen Gerstenmaier: Streit und Friede hat seine Zeit. Ein Lebensbericht. Frankfurt am Main / Berlin / Wien 1981, S. 18.

9 Kurt Georg Kiesinger: Dunkle und helle Jahre. Erinnerungen 1904–1958. Hrsg. von Reinhard Schmoeckel. Stuttgart 1989, S. 36 f., 62.

10 Zitiert nach Günter Cordes [Bearb.]: Krieg, Revolution, Republik. Die Jahre 1918 bis 1920 in Baden und Württemberg. Ulm 1978, S. 91 f.

11 Über ihn die Skizze von Theodor Pfizer: Albrecht Herzog von Württemberg (1865–1939). In: R. Uhland (Hrsg.): 900 Jahre Haus Württemberg (wie Anm. 4), S. 363–378.

Populär im Untergang – Die Albertinischen Wettiner in Sachsen

1 Bernhard Fürst von Bülow: Denkwürdigkeiten. Bd. 1: Vom Staatssekretariat bis zur Marokko-Krise. Hrsg. von Franz Stockhammern. Berlin 1930, S. 589 f.

2 Hans Reimann: Dr Geenij. In memoriam Friedrich August von Sachsen. Hannover / Leipzig 1923, S. 16.

3 Über ihn zuletzt die Porträtskizze von Frank-Lothar Kroll: Friedrich August III. 1904–1918. In: Ders.: (Hrsg.): Die Herrscher Sachsens Markgrafen, Kurfürsten, Könige 1089–1918. 3., durchgesehene Aufl. München 2013, S. 306–319, 351 f.; vgl. ferner die neuere Biographie von Walter Fellmann: Sachsens letzter König Friedrich August III. Berlin / Leipzig 1992.

4 Neuerer Überblick bei Reiner Groß: Die Wettiner. Stuttgart 2007.

5 Vgl. grundlegend Hellmut Kretzschmar: Das sächsische Königtum im 19. Jahrhundert. Ein Beitrag zur Typologie der Monarchie in Deutschland (1950). In: Ders.: Vom Anteil Sachsens an der neueren deutschen Geschichte. Ausgewählte Aufsätze. Hrsg. von Rainer Groß und Manfred Kobuch. Stuttgart 1999, S. 478–513.

6 Dazu jetzt Marc von Knorring: Nur Moderatoren und Medienstars? Europäische Herrscherfamilien seit dem Zweiten Weltkrieg. In: Ders. / Benjamin Hasselhorn (Hrsg.): Vom Olymp zum Boulevard: Die europäischen Monarchien von 1815 bis heute – Verlierer der Geschichte? Berlin 2018, S. 61–80.

7 Zum »Nachleben« des Monarchen vgl. Josef Matzerath: Ein königlicher Weg. Reflexe der Depossedierung des sächsischen Königs Friedrich August III. im kulturellen Gedächtnis. In: Jahrbuch Staatliche Schlösser, Burgen und Gärten Sachsens 13 (2005), S. 171–174.

8 Vgl. zuletzt umfassend: Ein Prinz im Orient. Johann Georg von Sachsen als Reisender, Sammler und Schlossbesitzer. Dresden 2017.

9 Vgl. die Bibliographie von Erwin Hensler: Prinz Johann Georg, Herzog zu Sachsen als Schriftsteller 1909–1929. Leipzig 1929.

10 Birgit Heide /Andreas Thiel (Bearb.): Sammler – Pilger – Wegbereiter. Die Sammlung des Prinzen Johann Georg von Sachsen. Katalog zur Ausstellung. Mainz 2004.

11 Über sein wissenschaftliches und seelsorgerisches Wirken existiert mittlerweile eine umfangreiche Forschungsliteratur; vgl. die monumentale Biographie von Iso Baumer: Max von Sachsen. Prinz und Prophet, Priester und Professor. 3 Bde. Freiburg im Üechtland 1990–1996; knapper zuletzt Iris Kretschmann / André Thieme (Hrsg.): Seiner Zeit voraus! Prinz Max von Sachsen – Priester und Visionär. Dresden 2019.

12 Dazu Erika Bestenreiner: Luise von Toscana. Skandal am Königshof. München 1999.

13 Luise von Toskana, frühere Kronprinzessin von Sachsen: Mein Lebensweg. Neue, ungekürzte Ausgabe. Hrsg. von Adolf Sommerfeld. Berlin-Friedenau 1926.

14 Pater Georg von Sachsen S. J.: Erinnerungen an meinen lieben Vater. In: Franz Josef Weißzt: Das war unser König Friedrich August. Ein Charakterbild. Dresden 1933, S. 91–107.

15 Zitiert nach Clemens Brodkorb / Christoph Kentrup: Georg von Sachsen. Kronprinz – Priester – Jesuit. Heiligenstadt 2004, S. 33.

16 Dazu sein Memoirenband Ernst Heinrich von Sachsen: Mein Lebensweg vom Königsschloss zum Bauernhof. München 1968.

17 Albert zu Sachsen: Die Reform der sächsischen Gewerbegesetzgebung (1840–1861). München 1970.

18 Vgl. z. B. Albert Prinz von Sachsen Herzog zu Sachsen: Die Albertinischen Wettiner. Geschichte des sächsischen Königshauses 1763–1932. 3., aktualisierte Aufl. Gräfelfing 1995; ders.: Königreich Sachsen 1806–1918. Traditionen in Schwarz und Gelb. Marienberg 2007.

Verkannter Regent – Die Ernestinischen Wettiner in Weimar-Eisenach

1 Dazu überblickhaft Frank-Lothar Kroll: Geschichte Sachsens. München 2014, S. 29 ff., 76 ff.

2 Zu den letzten regierenden Herrschern in den vier Ernestinischen Territorialmonarchien vgl. die beiden kenntnisreichen Kollektivskizzen von Manuel Schwarz: »Die Throne brachen, und Dynastien [..] sind vom Schauplatz ih-

res Daseins verschwunden.« Zeitenwende in den Thüringer Fürstentümern 1900–1918. In: Stefan Gerber (Hrsg.): Das Ende der Monarchie in den deutschen Kleinstaaten. Vorgeschichte, Ereignis und Nachwirkungen in Politik und Staatsrecht 1914–1939. Wien / Köln / Weimar 2018, S. 181–198; ders.: »Nein ich sehe schwarz, sehr schwarz in die Zukunft…«. Bernhard III. im Verhältnis zur Generation der »Übergangsfürsten«. In: Stefan Gerber / Maren Goltz (Hrsg.): Herzog Bernhard III. von Sachsen-Meiningen (1851–1928). Zwischen Erwartung und Realität. Wien / Köln / Weimar 2021, S. 83–106.

3 Vgl. als Überblick Klaus Günzel: Das Weimarer Fürstenhaus. Eine Dynastie schreibt Kulturgeschichte. Köln / Weimar / Wien 2001, bes. S. 175–198.

4 Dazu die Biographie von Angelika Pöthe: Carl Alexander. Mäzen in Weimars Silberner Zeit. Köln 1998, sowie knapp dies.: Menschen, Literatur, Träume – das kulturelle Leben Weimars zur Zeit Carl Alexanders. In: Jürgen John (Hrsg.): Kleinstaat und Kultur in Thüringen vom 16. bis 20. Jahrhundert. Weimar / Köln / Wien 1994, S. 453–469.

5 Die einzelnen Facetten dieses weitgespannten mäzenatischen Engagements beleuchten Lothar Ehrlich / Justus H. Ulbricht (Hrsg.): Carl Alexander von Sachsen-Weimar-Eisenach. Erbe, Mäzen und Politiker. Köln / Weimar / Wien 2004.

6 Vgl. Peter Grupp: Harry Graf Kessler 1868–1937. Eine Biographie. München 1995, S. 121 ff.

7 Harry Graf Kessler: Das Tagebuch. Dritter Band 1897–1905. Hrsg. von Carina Schäfer und Gabriele Biedermann, unter Mitarbeit von Elea Rüstig und Tina Schumacher. Stuttgart 2004, Tagebucheintragungen vom 24. Januar 1902 und vom 1. November 1905.

8 Über ihn die monumentale Biographie von Bernhard Post / Dietrich Werner: Herrscher in der Zeitenwende. Wilhelm Ernst von Sachsen-Weimar-Eisenach 1876–1923. Jena 2006, bes. S. 556–562; knapper Bernhard Post: Wilhelm Ernst von Sachsen-Weimar-Eisenach. Ein Monarch im Spannungsfeld von kulturellem Erbe und dem Beginn der Moderne. In: Ronald G. Asch / Johannes Arndt / Mattias Schnettger (Hrsg.): Die frühneuzeitliche Monarchie und ihr Erbe. Festschrift für Heinz Duchhardt zum 60. Geburtstag. Münster / New York / München / Berlin 2003, S. 261–286.

9 Beide Zitate bei Justus H. Ulbricht: Wilhelm Ernst von Sachsen-Weimar-Eisenach. Landesherr – Monarch – Mäzen. Weimar 2016, S. 145.

10 Jörg Brena: Heinrichau. Eine Jugend in Schlesien zwischen Schloß und Park. In: Schlesien. Kunst, Wissenschaft, Volkskunde 39 (1994), S. 1–19.

Auf Abwegen – Die Ernestinischen Wettiner in Coburg und Gotha

1 Als Überblick vgl. Harald Sandner: Das Haus Sachsen-Coburg und Gotha 1826 bis 2001. Coburg 2001.

2 Diese europäischen Verflechtungen der Dynastie schildert ausführlich Thomas

Nicklas: Das Haus Sachsen-Coburg. Europas späte Dynastie. Stuttgart 2003, S. 76–143; knapp ders.: Von der Regionalität zum europäischen Konnubium. Sachsen-Coburgs Heiratspolitik zwischen Früher Neuzeit und 19. Jahrhundert. In: Jahrbuch für Europäische Geschichte 8 (2007), S. 103–119. – Vgl. generell Frank-Lothar Kroll: Möglichkeiten und Grenzen dynastischer Netzwerkbildung im 19. und frühen 20. Jahrhundert. In: Joachim Horn / Alexander Jehn / Hans Sarkowicz / Rainer von Hessen (Hrsg.): Die Battenbergs. Eine europäische Familie. Wiesbaden 2019, S. 31–48.

3 Dazu speziell Marc von Knorring: Ungleiche Brüder? Prinz Albert und Herzog Ernst II. von Sachsen-Coburg und Gotha als Förderer von Kunst, Bildung und Wissenschaft. In: Frank-Lothar Kroll / Martin Munke (Hrsg.): Hannover – Coburg-Gotha – Windsor. Probleme und Perspektiven einer vergleichenden deutsch-britischen Dynastiegeschichte vom 18. bis in das 20. Jahrhundert / Problems and perspectives of a comparative German-British dynastic history from the 18th to the 20th century. Berlin 2015, S. 147–173.

4 Vgl. seine voluminösen Memoirenbände Ernst II., Herzog von Sachsen-Coburg-Gotha: Aus meinem Leben und aus meiner Zeit. Bde. 1–2, 5. Aufl. Berlin 1888, Bd. 3, Berlin 1889; zu deren zeitgenössischer Breitenwirkung jetzt sehr gut Anja Schöbel: Monarchie und Öffentlichkeit. Zur Inszenierung der deutschen Bundesfürsten 1848–1918. Köln / Weimar / Wien, S. 201 ff., 309–321.

5 Über ihn Elisabeth Scheeben: Ernst II., Herzog von Sachsen-Coburg und Gotha. Studien zu Biographie und Weltbild eines liberalen deutschen Bundesfürsten in der Reichsgründungszeit. Frankfurt am Main 1987.

6 Dazu speziell Stefan Gerber: Hort des »Radikalismus«? Die Revolution 1918/19 in Sachsen-Gotha. In: Ders. (Hrsg.): Das Ende der Monarchie in den deutschen Kleinstaaten. Vorgeschichte, Ereignis und Nachwirkungen in Politik und Staatsrecht 1914–1939. Wien / Köln / Weimar 2018, S. 199–240.

7 Zu den Weltreisen des Coburger Herzogs speziell Hubertus Büschel: Hitlers adeliger Diplomat. Der Herzog von Coburg und das Dritte Reich. Frankfurt am Main 2016, S. 203 ff., 217 ff.

8 Darüber zuletzt Frank-Lothar Kroll: Das Dritte Reich, England und Europa. In: Ders. / Franziska Bartl / Stefan Schieren (Hrsg.): Britannien und Europa / Britain and Europe. Entwicklungslinien und Zukunftsperspektiven vom Mittelalter bis in das 20. Jahrhundert / Developments and Future Prospects from the Middle Ages to the 21st Century. Berlin 2022, S. 75–93.

9 Vgl. Harald Sandner: Hitlers Herzog. Carl-Eduard von Sachsen-Coburg und Gotha. Die Biographie. Aachen 2011.

Kultur als Leitbild – Die Ernestinischen Wettiner in Meiningen

1 Über ihn die vorzügliche Biographie von Alfred Erck / Hannelore Schneider: Georg II. von Sachsen-Meiningen. Ein Leben zwischen ererbter Macht und künstlerischer Freiheit. Zella-Mehlis / Meiningen 1997, ergänzt durch Alfred

Erck / Axel Schneider / Hannelore Schneider: Georg II. von Sachsen-Meiningen. Ein Leben in Bildern. Meiningen 2014.

2 Dazu knapp Hannelore Schneider: Nachklassische Kultur und konservativ-humanistische Politik Georgs II. von Sachsen-Meiningen. In: Jürgen John (Hrsg.): Kleinstaat und Kultur in Thüringen vom 16. bis 20. Jahrhundert. Weimar / Köln / Wien 1994, S. 471–488.

3 Vgl. ausführlich Dieter Hoffmeier: Die Meininger. Ihre europaweit wirkende Inszenierungskunst. Jena / Quedlinburg 2018, S. 77 ff.

4 Dazu Hans-Joachim Hinrichsen: »Daß die beste Republik ein kunstsinniger, kunstverständiger Fürst ist« – Georg II. und die Meininger Hofkapelle in der »Ära Bülow«. In: Maren Goltz / Werner Greiling / Johannes Mötsch (Hrsg.): Herzog Georg II. von Sachsen-Meiningen (1826–1914). Kultur als Behauptungsstrategie? Köln / Weimar / Wien 2015, S. 415–426; zu den Gastspielreisen des Theater- und Orchesterensembles vgl. generell Volker Kern / Herta Müller (Red.): Die Meininger kommen! Hoftheater und Hofkapelle zwischen 1874 und 1914 unterwegs in Deutschland und Europa. Meiningen 1999.

5 Dazu Maren Goltz: Helene von Heldburg – eine Ehefrau auf Augenhöhe. In: M. Goltz / W. Greiling / J. Mötsch (Hrsg.): Herzog Georg II. (wie Anm. 4), S. 83–100.

6 Vgl. Freifrau von Heldburg (Ellen Franz): Fünfzig Jahre Glück und Leid. Ein Leben in Briefen aus den Jahren 1873–1923. Hrsg. von Else von Hase-Koehler. 6. Aufl. Leipzig 1926.

7 Dazu im Zusammenhang ausführlich Martina Fetting: Zum Selbstverständnis der letzten deutschen Monarchen. Normverletzungen und Legitimationsstrategien der Bundesfürsten zwischen Gottesgnadentum und Medienrevolution. Frankfurt am Main 2013, S. 113–171.

8 Dazu speziell Stephan G. Schmid: Bernhard III. von Sachsen-Meiningen und die Altertumswissenschaften. In: Stefan Gerber / Maren Goltz (Hrsg.): Herzog Bernhard III. von Sachsen-Meiningen (1851–1928). Zwischen Erwartung und Realität. Wien / Köln / Weimar 2021, S. 113–146.

9 Vgl. ausführlich Barbara Beck: Bernhard III., Charlotte und Kaiser Wilhelm II. Die letzte Herzogin von Sachsen-Meiningen. Ebd., S. 39–55.

10 Zitiert in: Fritz Wecker: Unsere Landesväter. Wie sie gingen, wo sie blieben. Berlin 1928, S. 247.

11 Zur Domänenfrage vgl. in diesem Zusammenhang Hannelore Schneider: Der Domänenstreit in Sachsen-Meiningen. In: Michael Gockel / Volker Wahl (Hrsg.): Thüringische Forschungen. Festschrift für Hans Eberhardt zum 85. Geburtstag am 25. September 1993. Weimar / Köln / Wien 1993, S. 429–450.

12 Zitiert nach: Andrea Jakob: Umbruch und Kontinuität – die Novemberrevolution im Herzogtum Sachsen-Meiningen. In: St. Gerber / M. Goltz (Hrsg.): Herzog Bernhard III. (wie Anm. 8), S. 147–199, hier S. 180 f.

Gelassenheit im Untergang – Die Ernestinischen Wettiner in Altenburg

1 Vgl. zeitgenössisch Heinrich Ferdinand Schoeppl: Die Herzoge von Sachsen-Altenburg. Mit einem Vorwort von S. H. Franz Prinz von Sachsen-Altenburg. Bozen 1917.

2 Gedruckt in: Uwe Gillmeister: Vom Thron auf den Hund. Das Leben des Herzogs Ernst II. von Sachsen-Altenburg. Vom Reichsfürsten zum DDR-Bürger. 3., überarb. und erweiterte Aufl. Borna 2009, S. 239–269.

3 Zitiert in: Fritz Wecker: Unsere Landesväter. Wie sie gingen, wo sie blieben. Berlin 1928, S. 256.

4 Ernst, Herzog von Sachsen-Altenburg: Fröhliche Wiederkunft. In: Sachsen-Altenburgischer vaterländischer Geschichts- und Hauskalender aus dem Jahr 1931, S. 113–116.

5 Deutsch: Friedrich Ernst Prinz von Sachsen: Das Rätsel der Madame Royale. Marie Thérèse Charlotte von Frankreich. Ein zweihundertjähriges Geheimnis im Licht neuerer Forschung. Hildburghausen 1991.

Weltbürgertum im Südwesten – Das Haus Baden

1 Zur Dynastiegeschichte vgl. Hansmartin Schwarzmaier: Baden. Dynastie – Land – Staat. Stuttgart 2005.

2 Dazu zeitgenössisch Alfred Dove: Großherzog Friedrich von Baden als Landesherr und deutscher Fürst. Heidelberg 1902, S. 170ff.

3 Dazu knapp Walther Peter Fuchs: Hof und Hofgesellschaft in Baden. In: Ders.: Studien zu Großherzog Friedrich I. von Baden. Stuttgart 1995, S. 1–7.

4 Vgl. das Doppelportrait von Wilhelm Ilgenstein / Anna Ilgenstein-Katterfeld (Hrsg.): Friedrich I. und Friedrich II.: Die letzten Großherzöge von Baden. Ein Gedenkbuch zum 25. Todestag Friedrich II. Karlsruhe 1954.

5 Über ihn zuletzt die knappe Skizze von Leonhard Müller: Friedrich II. Großherzog von Baden. In: Lebensbilder aus Baden-Württemberg 20 (2001), S. 341–366.

6 Über ihn zuletzt im vorliegenden Zusammenhang vorzüglich Lothar Machtan: Der Endzeitkanzler. Prinz Max von Baden und der Untergang des Kaiserreiches. Darmstadt 2018.

7 Vgl. im Einzelnen Cajetan von Aretin: Vom Umgang mit gestürzten Häuptern: Zur Zuordnung der Kunstsammlungen in deutschen Fürstenabfindungen 1918–1924. In: Thomas Biskup / Martin Kohlrausch (Hrsg.): Das Erbe der Monarchie. Nachwirkungen einer deutschen Institution seit 1918. Frankfurt am Main 2008, S. 161–183.

8 Hans Ottomeyer: Vom wahren Wert der Kunst. In: Frank-Lothar Kroll / Christian Hillgruber / Michael Wolffsohn (Hrsg.): Die Hohenzollerndebatte. Beiträge zu einem geschichtspolitischen Streit. Berlin 2021, S. 335–346, Zitat S. 342.

Geteilte Lebenswege – Das Haus Mecklenburg

1 Zuletzt ausführlich Matthias Manke / Ernst Münch (Hrsg.): Verfassung und Lebenswirklichkeit. Der Landesgrundgesetzliche Erbvergleich von 1755 in seiner Zeit. Lübeck 2006.

2 Bernd Kasten: Bismarck und der Weltuntergang in Mecklenburg – Zur Geschichte eines historischen Zitats. In: Mecklenburgische Jahrbücher 123 (2008), S. 229–240.

3 Susanne Nicholas: Parlamentarische Repräsentanz oder Ständevertretung? Der Verfassungskampf in Mecklenburg. In: Modernisierung und Freiheit. Beiträge zur Demokratiegeschichte in Mecklenburg-Vorpommern. Schwerin 1995, S. 722–743.

4 Zum Problem vgl. Helge bei der Wieden: Der Ausgang der in Strelitz regierenden Linie des Hauses Mecklenburg. In: Der Herold, N. F. 13 (1992), S. 349–356.

5 Über ihn jetzt die biographische Skizze von Bernd Kasten: Der letzte Großherzog – Friedrich Franz IV. von Mecklenburg-Schwerin (1882–1945). In: Mecklenburgische Jahrbücher 122 (2007), S. 253–285.

6 Dazu ausführlich die beiden umfänglichen Monographien von Anke John: Die Entwicklung der beiden mecklenburgischen Staaten im Spannungsfeld von Landesgrundgesetzlichem Erbvergleich und Bundes- bzw. Reichsverfassung. Rostock 1997, und York-Friedrich von Bremen-Kühne: Die letzte Bastion: Der Kampf um Mecklenburgs Ständestaat im Bismarck-Reich. Rostock 2002.

7 Dazu Bernd Kasten: Friedrich Franz IV. Das Ende des Hauses Mecklenburg. In: Ders. / Matthias Manke / René Wiese (Hrsg.): Die Großherzöge von Mecklenburg-Schwerin. Rostock 2015, S. 126–145, hier S. 133 ff.

8 Georg Herzog zu Mecklenburg, Graf von Carlow: Richelieu als merkantilistischer Wirtschaftspolitiker und der Begriff des Staatsmerkantilismus. Jena 1929.

9 Carl Gregor Herzog zu Mecklenburg: Correggio in der deutschen Kunstanschauung in der Zeit von 1750 bis 1850. Mit besonderer Berücksichtigung der Frühromantik. Baden-Baden / Straßburg 1970.

10 Z. B. Carl Gregor Herzog zu Mecklenburg: Stilformen des modernen Jazz. Vom Swing zum Free Jazz. Baden-Baden 1979; ders.: International Bibliography of Jazz Books, Bd. 1: 1921–1949. Baden-Baden 1983; Bd. 2: 1950–1959. Baden-Baden 1988.

Verpflichtendes Erbe – Das Haus Hessen

1 Carl Zuckmayer: Als wär's ein Stück von mir. Horen der Freundschaft. Frankfurt am Main 1966, S. 261 f.

2 Eckhart G. Franz: Das Haus Hessen. Eine europäische Familie. Stuttgart 2005.

3 Vgl. überblickhaft Frank-Lothar Kroll: Geschichte Hessens. 3., erweiterte und ergänzte Aufl. München 2017, S. 58–66; ders.: Hessen. Eine starke Geschichte. Darmstadt 2006, S. 21–24.

4 Renate Ulmer: »Mein Hessenland blühe und in ihm die Kunst« – Großherzog

Ernst Ludwig von Hessen und bei Rhein. In: Bernd Heidenreich / Eckhart G. Franz (Hrsg.): Kronen, Kriege, Künste. Das Haus Hessen im 19. und 20. Jahrhundert. Frankfurt 2009, S. 164–189.

5 Dazu beispielhaft seine sehr aufschlussreiche Korrespondenz bei Eckhart G. Frantz (Hrsg.): Friede durch geistige Erneuerung. Fritz von Unruh und Großherzog Ernst Ludwig von Hessen. Zum 50. Todestag Großherzog Ernst Ludwigs am 9.10.1987. Darmstadt 1987.

6 Großherzog Ernst Ludwig von Hessen und bei Rhein: Grundideen eines konstitutionellen Fürsten. Mit einem biographischen Essay von Golo Mann. Zum 40. Todestag des Großherzogs. Hrsg. von Eckhart G. Franz. Darmstadt 1977.

7 Z. B. Ernst Ludwig von Hessen: Verse. Leipzig 1917.

8 Z. B. Ernst Ludwig Großherzog von Hessen: Rosenhöhe. Darmstadt 1927.

9 Z. B. Großherzog Ernst Ludwig von Hessen [unter Pseudonym E. K. Ludhard]: Ostern. Ein Mysterium in drei Aufzügen. Darmstadt 1921.

10 Z. B. Ernst Ludwig Großherzog von Hessen und bei Rhein: Draussen. Sechs Stimmungen für Klavier. Mainz 1915.

11 Zitiert nach Hans Riehl: Als die deutschen Fürsten fielen. München 1979, S. 195.

12 Zitat nach Manfred Knodt: Ernst Ludwig. Großherzog von Hessen und bei Rhein. Sein Leben und seine Zeit. Darmstadt 1978, S. 381; vgl. ferner: Erinnertes. Aufzeichnungen des letzten Großherzogs Ernst Ludwig von Hessen und bei Rhein. Mit einem biographischen Essay von Golo Mann. Hrsg. von Eckhart G. Franz. Darmstadt 1983.

13 Vgl. Rainer Maaß: Das Unglück von Ostende. Der Flugzeugabsturz der großherzoglichen Familie von Hessen am 16. November 1937. In: Archiv für hessische Geschichte 77 (2019), S. 183–203.

14 Ludwig Prinz von Hessen: Agamemnon Wurstlfing der Träumer. Kleine Episoden aus dem Leben des Knaben Agamemnon. Darmstadt 1927; ders.: Carolus Fridolin Gummimann. Darmstadt 1930.

15 Ludwig von Hessen und bei Rhein [als Ludwig Landgraf]: Gedichte. Darmstadt 1951.

16 Z. B. Prinz Ludwig von Hessen und bei Rhein: Die Darmstädter Künstlerkolonie und ihr Gründer Großherzog Ernst Ludwig. Darmstadt 1950; ders.: Erinnerungen eines Darmstädters. Darmstadt 1968.

17 Dazu detailliert Anders Huldén: Finnlands deutsches Königsabenteuer 1918. Reinbek 1997.

18 Dazu Jonathan Petropoulos: Royals and the Reich. The Princes von Hessen in Nazi Germany. New York 2006, S. 380–399.

19 Heinrich Prinz von Hessen: Der kristallene Lüster. Meine deutsch-italienische Jugend 1927 bis 1947. Aus dem Italienischen von Barbara Schaden. München / Zürich 1992, S. 135 ff., 162 ff.; vgl. Andreas Dobler / Christine Klössel / Markus Miller: Prinz Heinrich von Hessen – Enrico d'Assia (1927–1999). Maler und Sammler. Eichenzell 2009.

Europa im Norden – Das Haus Oldenburg

1 Dazu Gerd Steinwascher: Die Oldenburger. Die Geschichte einer europäischen Dynastie. Stuttgart 2011.

2 Hermann Oncken: Großherzog Peter von Oldenburg (1827–1900). Ein Nachruf (1900). In: Ders.: Historisch-politische Aufsätze und Reden. Bd. 2. München / Berlin 1914, S. 35–92.

3 Karl Jaspers: Schicksal und Wille. Autobiographische Schriften. Hrsg. von Hans Saner. München 1967, S. 45, 44; für den Zusammenhang vgl. die Publikation: Dem Wohle Oldenburgs gewidmet. Aspekte sozialen und kulturellen Wirkens des Hauses Oldenburg 1773–1918. Oldenburg 2004.

4 Zu den damit verbundenen Problemen im größeren Rahmen noch immer die ältere Untersuchung von Ulrich Schüren: Der Volksentscheid zur Fürstenenteignung 1926. Die Vermögensauseinandersetzung mit den depossedierten Landesherren als Problem der deutschen Innenpolitik unter besonderer Berücksichtigung der Verhältnisse in Preußen. Düsseldorf 1978.

5 Dazu speziell Martina Fetting: Zum Selbstverständnis der letzten deutschen Monarchen. Normverletzungen und Legitimationsstrategien der Bundesfürsten zwischen Gottesgnadentum und Medienrevolution. Frankfurt am Main 2013, S. 304–362.

6 Georg von Eucken-Addenhausen: Politische Lebenswanderung mit Großherzog Friedrich August von Oldenburg. Oldenburg 1932.

7 Vgl. Hans-Ulrich Evers: Oldenburg und Schaumburg-Lippe nach den Volksentscheiden auf Wiederherstellung als Länder vom 19. 1. 1975. Hildesheim 1975.

Kurzes Glück – Die Welfen in Braunschweig

1 Dazu Henning Steinführer: Monarchische Inszenierung und bürgerliche Organisation. Der Einzug des Herzogspaares am 3. November 1913 in Braunschweig. In: Ders. / Gerd Biegel (Hrsg.): 1913 – Braunschweig zwischen Monarchie und Moderne. Braunschweig 2015, S. 152–169.

2 Vgl. Jörg Kirschstein: Kaisertochter und Welfenprinz. Die glanzvolle Hochzeit von Victoria Luise und Ernst August im Jahr 1913. In: Stiftung Residenzschloss Braunschweig (Hrsg.): Europas letztes Rendezvous. Die Hochzeit von Victoria Luise und Ernst August. Braunschweig 2013, S. 16–55; Daniel Schönpflug / Henning Holsten: Liebe auf den ersten Blick: Die Hochzeit von Viktoria Luise von Preußen und Ernst August von Cumberland. In: Meike Buck / Maik Ohnezeit / Heike Pöppelmann (Hrsg): 1913 – Herrlich moderne Zeiten? Braunschweig 2013, S. 34–42; diess.: Widersprüche eines dynastischen Gipfeltreffens im Jahr 1913. In: Ute Daniel / Christian K. Frey (Hrsg.): Die preußisch-welfische Hochzeit 1913. Das dynastische Europa in seinem letzten Friedensjahr. Braunschweig 2016, S. 50–68.

3 Dazu eingehend Hans Philippi: Preußen und die braunschweigische Thronfolgefrage 1866–1913. Hildesheim 1966, und Wilhelm Bringmann: Die braun-

schweigische Thronfolgefrage (1884–1913). Frankfurt am Main 1988.

4 Dazu knapp Christian K. Frey: Ernst August und Viktoria Luise in Braunschweig 1913 bis 1918. In: Ders. / U. Daniel (Hrsg.): Hochzeit 1913 (wie Anm. 2), S. 111–123.

5 Dazu Burkhard Schmidt: Die Vermögensauseinandersetzung zwischen dem welfischen Herzogshaus und dem Freistaat im Lande Braunschweig. In: Stefan Gerber (Hrsg.): Das Ende der Monarchie in den deutschen Kleinstaaten. Vorgeschichte, Ereignis und Nachwirkungen in Politik und Staatsrecht 1914–1939. Wien / Köln / Weimar 2018, S. 301–320.

6 Dazu kritisch Peter Steckhan: Herzog und Kaisertochter. Ernst August von Braunschweig und Victoria Luise von Preußen. Göttingen 2019, S. 90 ff.

7 Dazu jetzt Frank-Lothar Kroll: Das Dritte Reich, England und Europa. In: Ders. / Franziska Bartl / Stefan Schieren (Hrsg.): Britannien und Europa / Britain and Europe. Entwicklungslinien und Zukunftsperspektiven vom Mittelalter bis in das 20. Jahrhundert / Developments and Future Prospects from the Middle Ages to the 21st Century. Berlin 2022, S. 75–93.

8 Vgl. knapp Otto Wulf: Herzogin Victoria Luise – braunschweigische Landesmutter. In: Gerd Biegel (Hrsg.): Victoria Luise. Kaisertochter, Herzogin und Braunschweiger Bürgerin. Streiflichter aus ihrem Leben. Braunschweig 1992, S. 129–142.

9 Herzogin Viktoria Luise: Ein Leben als Tochter des Kaisers. Göttingen / Hannover 1965; dies.: Im Glanz der Krone. Göttingen / Hannover 1967; dies.: Bilder der Kaiserzeit. Göttingen / Hannover 1969; dies.: Im Strom der Zeit. Hannover 1974.

10 Viktoria Luise, Herzogin zu Braunschweig und Lüneburg, Prinzessin von Preußen: Vor 100 Jahren. Göttingen / Hannover 1971.

11 Herzogin Viktoria Luise: Deutschlands letzte Kaiserin. Göttingen / Hannover 1971; dies.: Die Kronprinzessin. Hannover 1977.

12 Vgl. ihren Memoirenband Königin Friederike der Hellenen: Erfahrungen. Tübingen / Stuttgart 1971, S. 45 ff.

13 Dazu jetzt maßgeblich Costas M. Stamatopoulos: Monarchy in Modern Greece. Athen 2017, S. 222–261.

14 Björn Thümler: Dynastisches Kulturerbe in der demokratischen Gesellschaft. Die Sicherung des Schlosses Marienburg für die Öffentlichkeit. In: Frank-Lothar Kroll / Christian Hillgruber / Michael Wolffsohn (Hrsg.): Die Hohenzollerndebatte. Beiträge zu einem geschichtspolitischen Streit. Berlin 2021, S. 347–367, Zitat S. 366.

Trauriges Schicksal – Die Askanier in Anhalt

1 Dazu Ralf Regener: Ein vergessener Herrscher – Biographische Studien zu Herzog Friedrich II. von Anhalt. In: Mitteilungen des Vereins für Anhaltische Landeskunde 25 (2016), S. 137–154.

2 Über ihn Ralf Regener: Ein vergessener Herrscher – Biographische Studien zu Herzog Eduard von Anhalt. In: Mitteilungen des Vereins für Anhaltische Landeskunde 26 (2017), S. 141–146.

3 Zitiert nach Ralf Regener: Der Sturz der Askanier 1918 in Anhalt. Bedingungen, Verlauf und Nachwirkungen des Untergangs einer kleinstaatlichen deutschen Monarchie. 2., korrigierte Aufl. Dessau-Roßlau 2014, S. 82.

4 Dazu knapp Ralf Regener: Fürstliche Abfindungen – Die Askanier und der Freistaat Anhalt nach 1918. In: Ders. (Hrsg.): 800 Jahre Anhalt. Magdeburg 2016, S. 34–43.

5 Dazu jetzt eingehend aus persönlicher Sicht Prinz Eduard von Anhalt: Das verfluchte Jahrhundert. Eine Dynastie am Abgrund. München 2021, S. 340 ff.

Später Erfolg – Das Haus Lippe

1 Vgl. Elisabeth Fehrenbach: Der Lippische Thronfolgestreit. Zum Problem des monarchischen Bundesstaates in Deutschland. In: Kurt Kluxen / Wolfgang J. Mommsen (Hrsg.): Politische Ideologien und nationalstaatliche Ordnung. Studien zur Geschichte des 19. und 20. Jahrhunderts. Festschrift für Theodor Schieder zu seinem 60. Geburtstag. München / Wien 1968, S. 337–355.

2 Zu den Einzelheiten vgl. ausführlich Helmut Reichold: Der Streit um die Thronfolge im Fürstentum Lippe 1895–1905. Münster 1967.

3 Zur Vorgeschichte vgl. Johannes Bauermann: Um eine Ehrendoktorwürde für Fürst Leopold IV. zur Lippe. Eine Episode aus den Julitagen 1914. In: Lippische Mitteilungen aus Geschichte und Landeskunde 46 (1977), S. 134–150.

4 Zu den damit prinzipiell verbundenen Problemen ausführlich Otmar Jung: Volksgesetzgebung. Die »Weimarer Erfahrungen« aus dem Fall der Vermögensauseinandersetzungen zwischen Freistaaten und ehemaligen Fürsten. 2. Aufl. Hamburg 1996; ferner Karl Heinrich Kaufhold: Fürstenabfindung oder Fürstenenteignung? Der Kampf um das Hausvermögen der ehemaligen regierenden Fürstenhäuser im Jahre 1926 und die Innenpolitik der Weimarer Republik. In: Markus A. Denzel / Günther Schulz (Hrsg.): Deutscher Adel im 19. und 20. Jahrhundert. St. Katharinen 2004, S. 261–285.

5 Dazu detailliert Frank-Lothar Kroll: Utopie als Ideologie. Geschichtsdenken und politisches Handeln im Dritten Reich. 2., durchgesehene Aufl. Paderborn / München / Wien / Zürich 1999, S. 157–205.

Mehr als Duodez – Das Haus Schaumburg-Lippe

1 Zitiert bei Helmut Reichold: Bismarcks Zaunkönige. Duodez im 20. Jahrhundert. Eine Studie zum Föderalismus im Bismarckreich. Paderborn 1977, S. 60.

2 Zur historischen Verortung der Dynastie Helge Bei der Wieden: Schaumburg-Lippische Genealogie. Stammtafeln der Grafen – später Fürsten – zu Schaumburg-Lippe bis zum Thronverzicht 1918. 2., ergänzte Aufl. Melle 1995.

3 Dazu Thorsten Albrecht: Architektur in Schaumburg-Lippe in der zweiten

Hälfte des 19. und im frühen 20. Jahrhundert. In: Hubert Höing (Hrsg.): Vom Ständestaat zur freiheitlich-demokratischen Republik. Etappen in Schaumburg. Melle 1995, S. 57–78.

4 Wilhelm Gerntrup: Das Mausoleum im Schlosspark. Gifkendorf 2010.

5 Dazu amüsant Alexander Zoubkoff: Mein Leben und Lieben. Nach seiner Ausweisung aus Deutschland von ihm selbst geschrieben April bis Juni 1918. Bonn 1928; Viktoria Zoubkoff: Was mir das Leben gab – und nahm. Mit einem Nachwort von Horst Jürgen Winkel. Bonn 2005.

6 Die Gründe erläutern Joachim von Meien: Kleinstaat und Weltkrieg. Das Fürstentum Schaumburg-Lippe 1914–1918. Bielefeld 2012, S. 261 ff., 263 ff., und Karl Heinz Schneider: 1918 im Kleinstaat – Vorgeschichte und Folgen in Schaumburg-Lippe. Eine Annäherung. In: Stefan Gerber (Hrsg.): Das Ende der Monarchie in den deutschen Kleinstaaten. Vorgeschichte, Ereignis und Nachwirkungen in Politik und Staatsrecht 1914–1939. Wien / Köln / Weimar 2018, S. 147–160.

7 Die Zusamenhänge rekonstruiert ausführlich Alexander vom Hofe: Vier Prinzen zu Schaumburg-Lippe, Kammler und von Behr. Madrid 2013.

8 Dazu detailliert Alexander vom Hofe: Vier Prinzen zu Schaumburg-Lippe und das parallele Unrechtssystem. Madrid 2006, S. 87 ff.

9 Dazu knapp Heinz-Siegfried Strelow: Ein Niedersachse sollte König von Island werden. Die kaum bekannte Episode aus dem Leben eines Schaumburger Prinzen. In: Heimatland 4 / Oktober 2018, S. 159–163.

10 Vgl. z. B. Friedrich Christian Prinz zu Schaumburg-Lippe: Zwischen Krone und Kerker. Wiesbaden 1952; ders.: Verdammte Pflicht und Schuldigkeit. Weg und Erlebnis 1914–1933. Leoni am Starnberger See 1966; ders.: Damals fing das Neue an. Erlebnisse und Gedanken eines Gefangenen 1945–1948. Hannover 1969; ders.: Als die goldne Abendsonne. Aus meinen Tagebüchern der Jahre 1933–1937. Wiesbaden 1971.

11 Dazu jetzt Heinrich Prinz zu Schaumburg-Lippe: »Wiedergutmachung muss sein …«. Tagebuch 1938/45–1947. Hrsg. von Alexander vom Hofe. Göttingen 2016.

Gescheiterte Selbstbehauptung – Das Haus Waldeck

1 Fritz Wecker: Unsere Landesväter. Wie sie gingen, wo sie blieben. Berlin 1928, S. 213.

2 Vgl. Karl Murk: »Lasst uns bitten, Gott den Herrn, dass nicht verlösch der waldecksche Stern« – Der lange Abschied von der Monarchie in Waldeck-Pyrmont. In: Stefan Gerber (Hrsg.): Das Ende der Monarchie in den deutschen Kleinstaaten. Vorgeschichte, Ereignis und Nachwirkungen in Politik und Staatsrecht 1914–1939. Wien / Köln / Weimar 2018, S. 109–123, hier S. 117 f.

3 Wilhelmina Königin der Niederlande: Einsam und doch nicht allein. Stuttgart 1961, S. 30 ff.

4 Zur NS-Karriere des Prinzen vgl. die Monographie von Anke Schmeling: Josias Erbprinz zu Waldeck und Pyrmont. Der politische Weg eines hohen SS-Führers. Kassel 1993.

Stiller Abschied – Das Haus Schwarzburg

1 Für den Zusammenhang vgl. Friedrich Facius: Das Ende der kleinstaatlichen Monarchien Thüringens 1918. In: Walter Schlesinger (Hrsg.): Festschrift für Friedrich von Zahn. Zur Geschichte und Volkskunde Mitteldeutschlands. Köln / Graz 1968, S. 50–64.

2 Zur Frühgeschichte der Dynastie vgl. Kurt Herrmann: Die Erbteilungen im Hause Schwarzburg. Phil. Diss. Halle (Saale) 1919.

3 Vgl. Heinrich Ferdinand Schöppl: Die Regenten des Fürstentums Schwarzburg-Rudolstadt. Rudolstadt 1915.

4 Vgl. Christa Hirscher / Ulrich Hahnemann: Das Fürstliche Haus Schwarzburg-Sondershausen. Werl 2004.

5 Vgl. zeitgenössich die knappe Skizze von Max Oberbreyer: Zwanzig Jahre Fürst zu Schwarzburg. Ein Lebensbild des regierenden Fürsten Günther zu Schwarzburg-Rudolstadt-Sondershausen. Dresden 1910.

6 Doreen Winker: Günther Viktor. In: Jens Henkel / Lutz Unbehaun (Red.): Die Fürsten von Schwarzburg-Rudolstadt 1710–1918. 3. Aufl. Rudolstadt 2001, S. 161–179.

7 Vgl. als Fallstudie Jochen Lengemann: Günther Fürst zu Schwarzburg, letzter regierender Fürst in Deutschland und Wilhelm Starck, sein erster Staatsminister. In: Zeitschrift des Vereins für Thüringische Geschichte 48 (1994), S. 115–132.

8 Zu ihr liegen daher auch mehrere neuere Forschungsarbeiten vor; zuletzt die Biographie von Gerlinde Gräfin von Westphalen: Anna Luise von Schwarzburg. Die letzte Fürstin. 4., aktualisierte Aufl. Jena 2015; ferner bereits Peter Langhof: Reflektiertes Leben. Die persönlichen Tagebücher der Anna Luise von Schönburg-Waldenburg, letzter Fürstin zu Schwarzburg. In: Michael Gockel / Volker Wahl (Hrsg.): Thüringische Forschungen. Festschrift für Hans Eberhardt zum 85. Geburtstag am 25. September 1993. Weimar / Köln / Wien 1993, S. 475–490; Jens Berger: Die Revolutionstage von 1918 in Schwarzburg. Reflexionen und Aufzeichnungen der Fürstin Anna Luise von Schwarzburg. In: Zeitschrift für thüringische Geschichte 49 (1995), S. 55–63, sowie den Ausstellungskatalog: Anna Luise von Schwarzburg 1871–1951. Ein Leben in Bildern aus ihrem photographischen Nachlaß. Ausgewählt und kommentiert von Doreen Winker unter Mitarbeit von Dieter Marck. Rudolstadt 2005.

9 Dazu detailliert Ronald Hoffmann: Die vermögensrechtlichen Auseinandersetzungen zwischen dem Freistaat Thüringen und dem fürstlichen Haus Schwarzburg nach dem Ersten Weltkrieg. In: Stefan Gerber (Hrsg.): Das Ende der Monarchie in den deutschen Kleinstaaten. Vorgeschichte, Ereignis und

Nachwirkungen in Politik und Staatsrecht 1914–1939. Wien / Köln / Weimar 2018, S. 321–342; allgemeiner bereits ders.: Die Domänenfrage in Thüringen. Über die vermögensrechtlichen Auseinandersetzungen mit den ehemaligen Landesherren in Thüringen nach dem Ersten Weltkrieg. Frankfurt am Main 2006.

10 Alfred Koch: Schloß Schwarzburg im Zweiten Weltkrieg. In: Rudolstädter Heimathefte 42 (1996), S. 112–115, 149–153.

Eigenwillige Existenz – Das Haus Reuss

1 Dazu Berthold Schmidt: Die Reußen. Genealogie des Gesamthauses Reuß älterer und jüngerer Linie, sowie der ausgestorbenen Vogtslinien zu Weida, Gera und Plauen und der Burggrafen zu Meißen aus dem Hause Plauen. Schleiz 1903.

2 Dazu Hagen Rüster. Der Fürst als Skandal. Reuss älterer Linie und die politische Presse 1867–1902. In: Stefan Gerber (Hrsg.): Das Ende der Monarchie in den deutschen Kleinstaaten. Vorgeschichte, Ereignis und Nachwirkungen in Politik und Staatsrecht 1914–1933. Wien / Köln / Weimar 2018, S. 41–62.

3 Dazu ausführlich Friedrich Schneider (Hrsg.): Aus den Tagen Heinrichs XXII., souv. Fürsten Reuß ä. L. (1867 bis 1902). Aktenstücke, Aufzeichnungen und Briefe. Greiz 1921, S. 34ff.

4 Vgl. Sven Michael Klein: Fürst Heinrich XXII. Reuß Aelterer Linie. Sein Leben, sein Wirken und seine Zeit. Greiz 2002.

5 Vgl. Stefan Gerber: Chancen und Grenzen der kleinstaatlichen Monarchie im Kaiserreich. Das Beispiel Reuß älterer Linie 1866–1902. In: Werner Greiling / Hagen Rüster (Hrsg.): Reuß älterer Linie im 19. Jahrhundert. Das widerspenstige Fürstentum? Jena 2013, S. 133–144.

6 Über ihn die Erinnerungsschrift seines Sohnes Heinrich XLV. Erbprinz Reuss (Hrsg.): Fürst Heinrich XXVII. Reuss j. L., Fürstin Luise Reuss j. L. Gera 1939.

7 Dazu jetzt ihre jüngst veröffentlichten autobiographischen Aufzeichnungen Hermine Prinzessin von Preußen: Der Kaiser und ich. Mein Leben mit Kaiser Wilhelm II. im Exil. Aus dem Niederländischen übersetzt und kommentiert von Jens-Uwe Brinkmann. Göttingen 2008.

8 Z. B. Heinrich von Reuss: Die Wunderblume. Leipzig 1936; ders.: Das grosse Jagen. Leipzig 1940; ders.: Das sterbende Haus. Leipzig 1941.

9 Vgl. z. B. Heinrich XLV. Erbprinz Reuss (Hrsg.): Jahrbuch des Reussischen Theaters. Zum Jubiläum des Theaters 1902–1927. Leipzig 1927.

10 Den Titel »Fürst Reuß zu Köstritz« aus der Linie Reuß jüngerer Linie, führt nur der jeweilige Hauschef. Alle nachgeborenen Prinzen und Prinzessinnen führen den Namen »Reuß-Köstritz«.

Wo sie blieben, was sie wurden – Bilanz und Perspektive

1 Zu diesem Aspekt speziell bereits Johannes Rogalla von Bieberstein: Adel und Revolution 1918/19. In: Mentalitäten und Lebensverhältnisse. Beispiele aus der Sozialgeschichte der Neuzeit. Rudolf Vierhaus zum 60. Geburtstag. Hrsg. von Mitarbeitern und Schülern. Göttingen 1982, S. 243–259.

2 Dazu für die größeren Bundesstaaten Karl Möckl: Hof und Hofgesellschaft in den deutschen Staaten im 19. und beginnenden 20. Jahrhundert. Büdinger Forschungen zur Sozialgeschichte 1985 und 1986. Boppard am Rhein 1990.

3 So von Fritz Hartung: Das persönliche Regiment Kaiser Wilhelms II. In: Ders.: Staatsbildende Kräfte der Neuzeit. Gesammelte Aufsätze. Berlin 1961, S. 393–413, und Ernst Rudolf Huber: Das persönliche Regiment Wilhelms II. In: Ders.: Nationalstaat und Verfassungsstaat. Studien zur Geschichte der modernen Staatsidee. Stuttgart 1965, S. 224–248.

4 Dazu knapp Frank-Lothar Kroll: Geburt der Moderne. Politik, Gesellschaft und Kultur vor dem Ersten Weltkrieg. Berlin 2013, S. 11–22.

5 Zu dieser Frage generell Arne Hofmann: Obsoleter Monarchismus als Erbe der Monarchie: Das Nachleben der Monarchie im Monarchismus nach 1918. In: Thomas Biskup / Martin Kohlrausch (Hrsg.): Das Erbe der Monarchie. Nachwirkungen einer deutschen Institution seit 1918. Frankfurt / New York 2008, S. 241–260.

Quellen- und Literaturverzeichnis

Quellen

Albert Prinz von Sachsen Herzog zu Sachsen: Die Reform der sächsischen Gewerbegesetzgebung (1840–1861). München 1970.

Albert Prinz von Sachsen Herzog zu Sachsen: Die Albertinischen Wettiner. Geschichte des sächsischen Königshauses 1763–1932. 3., aktualisierte Aufl. Gräfelfing 1995.

Albert Prinz von Sachsen Herzog zu Sachsen: Königreich Sachsen 1806–1918. Traditionen in Schwarz und Gelb. Marienberg 2007.

Anna Luise von Schwarzburg 1871–1951. Ein Leben in Bildern aus ihrem photographischen Nachlaß. Ausgewählt und kommentiert von Doreen Winker unter Mitarbeit von Dieter Marck. Rudolstadt 2005.

Belschner, Christian: Württembergs geliebter Herr. Festschrift zur Feier der 25jährigen Regierungstätigkeit König Wilhelms II. von Württemberg. Stuttgart / Berlin / Leipzig 1916.

Brena, Jörg: Heinrichau. Eine Jugend in Schlesien zwischen Schloß und Park. In: Schlesien. Kunst, Wissenschaft, Volkskunde 39 (1994), S. 1–19.

Bülow, Bernhard von: Denkwürdigkeiten. Bd. 1: Vom Staatssekretariat bis zur Marokko-Krise. Berlin 1930.

Carl Gregor Herzog zu Mecklenburg: Correggio in der deutschen Kunstanschauung in der Zeit von 1750 bis 1850. Mit besonderer Berücksichtigung der Frühromantik. Baden-Baden / Straßburg 1970.

Carl Gregor Herzog zu Mecklenburg: Stilformen des modernen Jazz. Vom Swing zum Free Jazz. Baden-Baden 1979.

Carl Gregor Herzog zu Mecklenburg: International Bibliography of Jazz Books, Bd. 1: 1921–1949. Baden-Baden 1983; Bd. 2: 1950–1959. Baden-Baden 1988.

Kronprinzessin Cecilie: Sommer an der See. Berlin 1924.

Kronprinzessin Cecilie: Erinnerungen. Leipzig 1930.

Kronprinzessin Cecilie: Erinnerungen an den Deutschen Kronprinzen. Biberach an der Riss 1952.

Cordes, Günter (Bearb.): Krieg, Revolution, Republik. Die Jahre 1918 bis 1920 in Baden und Württemberg. Ulm 1978.

Prinz Eduard von Anhalt: Das verfluchte Jahrhundert. Eine Dynastie am Abgrund. München 2021.

Ernst II., Herzog von Sachsen-Altenburg: Fröhliche Wiederkunft. In: Sachsen-Altenburgischer vaterländischer Geschichts- und Hauskalender aus dem Jahr 1931, S. 113–116.

Ernst II., Herzog von Sachsen-Coburg-Gotha: Aus meinem Leben und aus meiner Zeit. Bde. 1–2, 5. Aufl. Berlin 1888, Bd. 3, Berlin 1889.

Ernst Heinrich von Sachsen: Mein Lebensweg vom Königsschloss zum Bauernhof. München 1968.

Ernst Ludwig Großherzog von Hessen und bei Rhein: Draussen. Sechs Stimmungen für Klavier. Mainz 1915.

Ernst Ludwig von Hessen: Verse. Leipzig 1917.

Großherzog Ernst Ludwig von Hessen [unter Pseudonym E. K. Ludhard]: Ostern. Ein Mysterium in drei Aufzügen. Darmstadt 1921.

Ernst Ludwig Großherzog von Hessen: Rosenhöhe. Darmstadt 1927.

Großherzog Ernst Ludwig von Hessen und bei Rhein: Grundideen eines konstitutionellen Fürsten. Mit einem biographischen Essay von Golo Mann. Zum 40. Todestag des Großherzogs. Hrsg. von Eckhart G. Franz. Darmstadt 1977.

Erinnertes. Aufzeichnungen des letzten Großherzogs Ernst Ludwig von Hessen und bei Rhein. Mit einem biographischen Essay von Golo Mann. Hrsg. von Eckhart G. Franz. Darmstadt 1983.

Eucken-Addenhausen, Georg von: Politische Lebenswanderung mit Großherzog Friedrich August von Oldenburg. Oldenburg 1932.

Franz von Bayern: Zuschauer in der ersten Reihe. Erinnerungen. München 2023.

Freifrau von Heldburg (Ellen Franz): Fünfzig Jahre Glück und Leid. Ein Leben in Briefen aus den Jahren 1873–1923. Hrsg. von Else von Hase-Koehler. 6. Aufl. Leipzig 1926.

Friede durch geistige Erneuerung. Fritz von Unruh und Großherzog Ernst Ludwig von Hessen. Zum 50. Todestag Großherzog Ernst Ludwigs am 9.10.1987. Hrsg. von Eckart G. Franz. Darmstadt 1987.

Königin Friederike der Hellenen: Erfahrungen. Tübingen / Stuttgart 1971.

Friedrich Christian Prinz zu Schaumburg-Lippe: Zwischen Krone und Kerker. Wiesbaden 1952.

Friedrich Christian Prinz zu Schaumburg-Lippe: Verdammte Pflicht und Schuldigkeit. Weg und Erlebnis 1914–1933. Leoni am Starnberger See 1966.

Friedrich Christian Prinz zu Schaumburg-Lippe: Damals fing das Neue an. Erlebnisse und Gedanken eines Gefangenen 1945–1948. Hannover 1969.

Friedrich Christian Prinz zu Schaumburg-Lippe: Als die goldne Abendsonne. Aus meinen Tagebüchern der Jahre 1933–1937. Wiesbaden 1971.

Friedrich Ernst Prinz von Sachsen: Das Rätsel der Madame Royale. Marie Thérèse Charlotte von Frankreich. Ein zweihundertjähriges Geheimnis im Licht neuerer Forschung. Hildburghausen 1991.

Friedrich I. und Friedrich II.: Die letzten Großherzöge von Baden. Ein Gedenkbuch zum 25. Todestag Friedrich II. Hrsg. von Wilhelm Ilgenstein / Anna Ilgenstein-Katterfeld. Karlsruhe 1954.

Friedrich Wilhelm Prinz von Preußen: Bismarcks Reichsgründung und das Ausland. Göttingen / Hannover 1972.

Friedrich Wilhelm Prinz von Preußen: »Gott helfe unserem Vaterland«. Das Haus Hohenzollern 1918–1945. Mit 61 Seiten Dokumenten. 2., durchgesehene und erweiterte Neuaufl. München 2003.

Georg Herzog zu Mecklenburg, Graf von Carlow: Richelieu als merkantilistischer Wirtschaftspolitiker und der Begriff des Staatsmerkantilismus. Jena 1929.

Pater Georg von Sachsen, S. J.: Erinnerungen an meinen lieben Vater. In: Franz Josef Weißzt: Das war unser König Friedrich August. Ein Charakterbild. Dresden 1933, S. 91–107.

Gerstenmaier, Eugen: Streit und Friede hat seine Zeit. Ein Lebensbericht. Frankfurt am Main / Berlin / Wien 1981.

Goebbels, Joseph: Sämtliche Fragmente. Hrsg. von Elke Fröhlich. Teil I: Aufzeichnungen 1924–1941. Bde. 1–4. München / New York / London / Paris 1987.

Goetz, Walter: Rupprecht Kronprinz von Bayern 1869–1955. Ein Nachruf. München 1956.

Haller, Johannes: Gesehenes – Gehörtes – Gedachtes. Teil IV: Im Strom der Zeit (1946). In: Benjamin Hasselhorn: Johannes Haller. Eine politische Gelehrtenbiographie. Mit einer Edition des unveröffentlichten Teils der Lebenserinnerungen Johannes Hallers. Göttingen 2015, S. 290–439.

Aus den Tagen Heinrichs XXII., souv. Fürsten Reuß ä. L. (1867 bis 1902). Aktenstücke, Aufzeichnungen und Briefe. Hrsg. von Friedrich Schneider. Greiz 1921.

Heinrich XLV. Erbprinz Reuss (Hrsg.): Fürst Heinrich XXVII. Reuss j. L., Fürstin Luise Reuss j. L. Gera 1939.

Heinrich XLV. Erbprinz Reuss (Hrsg.): Jahrbuch des Reussischen Theaters. Zum Jubiläum des Theaters 1902–1927. Leipzig 1927.

Heinrich Prinz von Hessen: Der kristallene Lüster. Meine deutsch-italienische Jugend 1927 bis 1947. Aus dem Italienischen von Barbara Schaden. München / Zürich 1992.

Heinrich Prinz zu Schaumburg-Lippe: »Wiedergutmachung muss sein …«. Tagebuch 1938/45–1947. Hrsg. von Alexander vom Hofe. Göttingen 2016.

Hermine Prinzessin von Preußen: Der Kaiser und ich. Mein Leben mit Kaiser Wilhelm II. im Exil. Aus dem Niederländischen übersetzt und kommentiert von Jens-Uwe Brinkmann. Göttingen 2008.

Hitler, Adolf: Monologe im Führerhauptquartier 1941–1944. Die Aufzeichnungen Heinrich Heims. Hrsg. von Werner Jochmann. Hamburg 1980.

Ilsemann, Sigurd von: Der Kaiser in Holland. Aufzeichnungen des letzten Flügeladjutanten Kaiser Wilhelms II. Hrsg. von Harald von Koenigswald. Bd. II: Monarchie und Nationalsozialismus 1924–1941. München 1968.

Jaspers, Karl: Schicksal und Wille. Autobiographische Schriften. Hrsg. von Hans Saner. München 1967.

Sammler – Pilger – Wegbereiter. Die Sammlung des Prinzen Johann Georg von Sachsen. Katalog zur Ausstellung. Bearb. von Birgit Heide und Andreas Thiel. Mainz 2004.

Johann Georg von Sachsen als Reisender, Sammler und Schlossbesitzer. Dresden 2017.
Kessler, Harry Graf: Das Tagebuch. Dritter Band 1897–1905. Hrsg. von Carina Schäfer und Gabriele Biedermann, unter Mitarbeit von Elea Rüstig und Tina Schumacher. Stuttgart 2004.
Kiesinger, Kurt Georg: Dunkle und helle Jahre. Erinnerungen 1904–1958. Hrsg. von Reinhard Schmoeckel. Stuttgart 1989.
Klepper, Jochen: Unter dem Schatten Deiner Flügel. Aus den Tagebüchern der Jahre 1932–1942. Hrsg. von Hildegard Klepper. Stuttgart 1956.
Krell, Max: Das alles gab es einmal. Frankfurt am Main 1961.
Louis Ferdinand Prinz von Preußen: Theorie der Einwanderung dargestellt am Beispiel Argentiniens. Berlin 1931.
Prinz Louis Ferdinand: Als Kaiserenkel um die Welt. 2. Aufl. Berlin 1954.
Prinz Louis Ferdinand: Die Geschichte meines Lebens. Göttingen 1968.
Ludwig Prinz von Hessen: Agamemnon Wurstlfing der Träumer. Kleine Episoden aus dem Leben des Knaben Agamemnon. Darmstadt 1927.
Ludwig Prinz von Hessen: Carolus Fridolin Gummimann. Darmstadt 1930.
Prinz Ludwig von Hessen und bei Rhein: Die Darmstädter Künstlerkolonie und ihr Gründer Großherzog Ernst Ludwig. Darmstadt 1950.
Ludwig von Hessen und bei Rhein [als Ludwig Landgraf]: Gedichte. Darmstadt 1951.
Prinz Ludwig von Hessen und bei Rhein: Erinnerungen eines Darmstädters. Darmstadt 1968.
Luise von Toskana, frühere Kronprinzessin von Sachsen: Mein Lebensweg. Neue, ungekürzte Ausgabe. Hrsg. von Adolf Sommerfeld. Berlin-Friedenau 1926.
Seiner Zeit voraus! Prinz Max von Sachsen – Priester und Visionär. Hrsg. von Iris Kretschmann und André Thieme. Dresden 2019.
Mehnert, Klaus: Der Besuch auf Hawaii. In: SKH Prinz Louis Ferdinand von Preußen zum 75. Geburtstag am 9. November 1982. Eine Festschrift. Moers 1983, S. 39–42.
Micheal von Preußen: Ein Preußenprinz zu sein. Aufgezeichnet von Georg A. Weth. München / Wien 1986.
Pistorius, Theodor von: Die letzten Tage des Königsreichs Württemberg. Mit Lebenserinnerungen und Lebensbekenntnissen von seinem letzten Finanzminister, dem nachherigen Hochschullehrer. 2., durchgesehene und ergänzte Aufl. Stuttgart 1936.
Reimann, Hans: Dr Geenij. In memoriam Friedrich August von Sachsen. Hannover / Leipzig 1923.
Reuss, Heinrich von: Die Wunderblume. Leipzig 1936.
Reuss, Heinrich von: Das grosse Jagen. Leipzig 1940.
Reuss, Heinrich von: Das sterbende Haus. Leipzig 1941.
Rupprecht, Kronprinz von Bayern: Reise-Erinnerungen aus Indien. München 1922.

Rupprecht, Kronprinz von Bayern: Reise-Erinnerungen aus dem Süd-Osten Europas und dem Orient. München 1923.
Rupprecht, Kronprinz von Bayern: Reise-Erinnerungen aus Ostasien. München 1923.
Rupprecht von Bayern: Mein Kriegstagebuch. Bde. 1–3. Berlin 1929.
Schneider, Reinhold: Verhüllter Tag. Köln / Olten 1954.
Herzogin Viktoria Luise: Ein Leben als Tochter des Kaisers. Göttingen / Hannover 1965.
Herzogin Viktoria Luise: Im Glanz der Krone. Göttingen / Hannover 1967.
Herzogin Viktoria Luise: Bilder der Kaiserzeit. Göttingen / Hannover 1969.
Herzogin Viktoria Luise: Deutschlands letzte Kaiserin. Göttingen / Hannover 1971.
Viktoria Luise, Herzogin zu Braunschweig und Lüneburg, Prinzessin von Preußen: Vor 100 Jahren. Göttingen / Hannover 1971.
Herzogin Viktoria Luise: Im Strom der Zeit. Hannover 1974.
Herzogin Viktoria Luise: Die Kronprinzessin. Hannover 1977.
Kaiser Wilhelm II.: Ereignisse und Gestalten aus den Jahren 1878–1918. Leipzig / Berlin 1922.
Kaiser Wilhelm II.: Erinnerungen an Korfu. Berlin / Leipzig 1924.
Kaiser Wilhelm II.: Aus meinem Leben 1859–1888. Berlin / Leipzig 1927.
Kaiser Wilhelm II.: Die chinesische Monade, ihre Geschichte und ihre Deutung. Leipzig 1934.
Kaiser Wilhelm II.: Studien zur Gorgo. Berlin 1936.
Kaiser Wilhelm II.: Das Königtum im alten Mesopotamien. Berlin 1938.
Kaiser Wilhelm II.: Ursprung und Anwendung des Baldachins. Amsterdam 1939.
Der Kaiser und sein Forscher. Der Briefwechsel zwischen Wilhelm II. und Leo Frobenius (1924–1938). Hrsg. von Christoph Johannes Franzen, Karl-Heinz Kohl und Marie-Luise Recker. Stuttgart 2012.
Kronprinz Wilhelm: Meine Erinnerungen aus Deutschlands Heldenkampf. Berlin 1923.
Kronprinz Wilhelm: Ich suche die Wahrheit! Ein Buch zur Kriegsschuldfrage. Stuttgart / Berlin 1925.
Erinnerungen des Kronprinzen Wilhelm. Aus den Aufzeichnungen, Dokumenten, Tagebüchern und Gesprächen. Hrsg. von Karl Rosner. Stuttgart / Berlin 1922.
Wilhelmina Königin der Niederlande: Einsam und doch nicht allein. Stuttgart 1961.
Zoubkoff, Alexander: Mein Leben und Lieben. Nach seiner Ausweisung aus Deutschland von ihm selbst geschrieben April bis Juni 1918. Bonn 1928.
Zoubkoff, Viktoria: Was mir das Leben gab – und nahm. Mit einem Nachwort von Horst Jürgen Winkel. Bonn 2005.
Zuckmayer, Carl: Als wär's ein Stück von mir. Horen der Freundschaft. Frankfurt am Main 1966.

Literatur

Albrecht, Thorsten: Architektur in Schaumburg-Lippe in der zweiten Hälfte des 19. und im frühen 20. Jahrhundert. In: Hubert Höing (Hrsg.): Vom Ständestaat zur freiheitlich-demokratischen Republik. Etappen in Schaumburg. Melle 1995, S. 57–78.

Aretin, Cajetan von: Vom Umgang mit gestürzten Häuptern: Zur Zuordnung der Kunstsammlungen in deutschen Fürstenabfindungen 1918–1924. In: Thomas Biskup / Martin Kohlrausch (Hrsg.): Das Erbe der Monarchie. Nachwirkungen einer deutschen Institution seit 1918. Frankfurt am Main 2008, S. 161–183.

Bauermann, Johannes: Um eine Ehrendoktorwürde für Fürst Leopold IV. zur Lippe. Eine Episode aus den Julitagen 1914. In: Lippische Mitteilungen aus Geschichte und Landeskunde 46 (1977), S. 134–150.

Baumer, Iso: Max von Sachsen. Prinz und Prophet, Priester und Professor. Bde 1–3. Freiburg im Üechtland 1990–1996.

Beck, Barbara: Bernhard III., Charlotte und Kaiser Wilhelm II. Die letzte Herzogin von Sachsen-Meiningen. In: Stefan Gerber / Maren Goltz (Hrsg.): Herzog Bernhard III. von Sachsen-Meiningen (1851–1928). Zwischen Erwartung und Realität. Wien / Köln / Weimar 2021, S. 39–55.

Beckenbauer, Alfons: Ludwig III. von Bayern 1845–1921. Ein König auf der Suche nach seinem Volk. Regensburg 1987.

Bentzien, Hans: Die Heimkehr der Preußenkönige. Mit Geleitworten von Louis Ferdinand Prinz von Preußen und Manfred Stolpe. Berlin 1991.

Berger, Jens: Die Revolutionstage von 1918 in Schwarzburg. Reflexionen und Aufzeichnungen der Fürstin Anna Luise von Schwarzburg. In: Zeitschrift für thüringische Geschichte 49 (1995), S. 55–63

Bestenreiner, Erika: Luise von Toscana. Skandal am Königshof. München 1999.

Bieberstein, Johannes Rogalla von: Adel und Revolution 1918/19. In: Mentalitäten und Lebensverhältnisse. Beispiele aus der Sozialgeschichte der Neuzeit. Rudolf Vierhaus zum 60. Geburtstag. Hrsg. von Mitarbeitern und Schülern. Göttingen 1982, S. 243–259.

Bremen-Kühne, York-Friedrich von: Die letzte Bastion: Der Kampf um Mecklenburgs Ständestaat im Bismarck-Reich. Rostock 2002.

Bringmann, Wilhelm: Die braunschweigische Thronfolgefrage (1884–1913). Frankfurt am Main 1988.

Brodkorb, Clemens / Kentrup, Christoph: Georg von Sachsen. Kronprinz – Priester – Jesuit. Heiligenstadt 2004.

Büschel, Hubertus: Hitlers adeliger Diplomat. Der Herzog von Coburg und das Dritte Reich. Frankfurt am Main 2016.

Dobler, Andreas / Klössel, Christine / Miller, Markus: Prinz Heinrich von Hessen – Enrico d'Assia (1927–1999). Maler und Sammler. Eichenzell 2009.

Dove, Alfred: Großherzog Friedrich von Baden als Landesherr und deutscher Fürst. Heidelberg 1902.

Ehrlich, Lothar / Ulbricht, Justus H. (Hrsg.): Carl Alexander von Sachsen-Weimar-Eisenach. Erbe, Mäzen und Politiker. Köln / Weimar / Wien 2004.

Erck, Alfred / Schneider, Hannelore: Georg II. von Sachsen-Meiningen. Ein Leben zwischen ererbter Macht und künstlerischer Freiheit. Zella-Mehlis / Meiningen 1997.

Erck, Alfred / Schneider, Axel / Schneider, Hannelore: Georg II. von Sachsen-Meiningen. Ein Leben in Bildern. Meiningen 2014.

Evers, Hans-Ulrich: Oldenburg und Schaumburg-Lippe nach den Volksentscheiden auf Wiederherstellung als Länder vom 19. 1. 1975. Hildesheim 1975.

Facius, Friedrich: Das Ende der kleinstaatlichen Monarchien Thüringens 1918. In: Walter Schlesinger (Hrsg.): Festschrift für Friedrich von Zahn. Zur Geschichte und Volkskunde Mitteldeutschlands. Köln / Graz 1968, S. 50–64.

Fehrenbach, Elisabeth: Der Lippische Thronfolgestreit. Zum Problem des monarchischen Bundesstaates in Deutschland. In: Kurt Kluxen / Wolfgang J. Mommsen (Hrsg.): Politische Ideologien und nationalstaatliche Ordnung. Studien zur Geschichte des 19. und 20. Jahrhunderts. Festschrift für Theodor Schieder zu seinem 60. Geburtstag. München / Wien 1968, S. 337–355.

Fellmann, Walter: Sachsens letzter König Friedrich August III. Berlin / Leipzig 1992.

Fetting, Martina: Zum Selbstverständnis der letzten deutschen Monarchen. Normverletzungen und Legitimationsstrategien der Bundesfürsten zwischen Gottesgnadentum und Medienrevolution. Frankfurt am Main 2013.

Fink, Randy: Auguste Viktoria. Die letzte deutsche Kaiserin. Berlin 2017.

Franz, Eckhart G.: Das Haus Hessen. Eine europäische Familie. Stuttgart 2005.

Frey, Christian K.: Ernst August und Viktoria Luise in Braunschweig 1913 bis 1918. In: Ders. / Ute Daniel (Hrsg.): Die preußisch-welfische Hochzeit 1913. Das dynastische Europa in seinem letzten Friedensjahr. Braunschweig 2016, S. 111–123.

Fuchs, Walther Peter: Hof und Hofgesellschaft in Baden. In: Ders.: Studien zu Großherzog Friedrich I. von Baden. Stuttgart 1995, S. 1–7.

Gerber, Stefan: Die Domänenfrage in Thüringen. Über die vermögensrechtlichen Auseinandersetzungen mit den ehemaligen Landesherren in Thüringen nach dem Ersten Weltkrieg. Frankfurt am Main 2006.

Gerber, Stefan: Chancen und Grenzen der kleinstaatlichen Monarchie im Kaiserreich. Das Beispiel Reuß älterer Linie 1866–1902. In: Werner Greiling / Hagen Rüster (Hrsg.): Reuß älterer Linie im 19. Jahrhundert. Das widerspenstige Fürstentum? Jena 2013, S. 133–144.

Gerber, Stefan: Die kleinstaatliche Monarchie im späten Kaiserreich und in der Revolution 1918/19. In: Ders. (Hrsg.): Das Ende der Monarchie in den deutschen Kleinstaaten. Vorgeschichte, Ereignis und Nachwirkungen in Politik und Staatsrecht 1914–1939. Wien / Köln / Weimar 2018, S. 7–37.

Gerber, Stefan: Hort des »Radikalismus«? Die Revolution 1918/19 in Sachsen-

Gotha. In: Ders. (Hrsg.): Das Ende der Monarchie in den deutschen Kleinstaaten. Vorgeschichte, Ereignis und Nachwirkungen in Politik und Staatsrecht 1914–1939. Wien / Köln / Weimar 2018, S. 199–240.

Gerntrup, Wilhelm: Das Mausoleum im Schlosspark. Gifkendorf 2010.

Gillmeister, Uwe: Vom Thron auf den Hund. Das Leben des Herzogs Ernst II. von Sachsen-Altenburg. Vom Reichsfürsten zum DDR-Bürger. 3., überarb. und erweiterte Aufl. Borna 2009.

Gönner, Eberhard: König Wilhelm II. (1891–1918). In: Robert Uhland (Hrsg.): 900 Jahre Haus Württemberg. Leben und Leistung für Land und Volk. Stuttgart / Berlin / Köln / Mainz 1984, S. 341–362.

Goetz, Walter (Hrsg.): Festgabe für Seine Königliche Hoheit Kronprinz Rupprecht von Bayern. München-Pasing 1953.

Goltz, Maren: Helene von Heldburg – eine Ehefrau auf Augenhöhe. In: Maren Goltz / Werner Greiling / Johannes Mötsch (Hrsg.): Herzog Georg II. von Sachsen-Meiningen (1826–1914). Kultur als Behauptungsstrategie? Köln / Weimar / Wien 2015, S. 83–100.

Groß, Reiner: Die Wettiner. Stuttgart 2007.

Grupp, Peter: Harry Graf Kessler 1868–1937. Eine Biographie. München 1995.

Grützner, Günter / Ohlsen, Manfred: Schloss Cecilienhof und das Kronprinzenpaar. Berlin 1991.

Gschliesser, Oswald von: Das wissenschaftliche Oeuvre des ehemaligen Kaisers Wilhelm II. In: Archiv für Kulturgeschichte 54 (1972), S. 385–392.

Gundermann, Iselin: Kronprinzessin Cecilie. Karwe bei Neuruppin 2004.

Günzel, Klaus: Das Weimarer Fürstenhaus. Eine Dynastie schreibt Kulturgeschichte. Köln / Weimar / Wien 2001.

Hasselhorn, Benjamin: Königstod. 1918 und das Ende der Monarchie in Deutschland. Leipzig 2018.

Hartung, Fritz: Das persönliche Regiment Kaiser Wilhelms II. In: Ders.: Staatsbildende Kräfte der Neuzeit. Gesammelte Aufsätze. Berlin 1961, S. 393–413.

Hensler, Erwin: Prinz Johann Georg, Herzog zu Sachsen als Schriftsteller 1909–1929. Leipzig 1929.

Herrmann, Kurt: Die Erbteilungen im Hause Schwarzburg. Phil. Diss. Halle (Saale) 1919.

Hessen, Rainer von: Die Hessens. Geschichte einer europäischen Familie. Petersberg 2016.

Hinrichsen, Hans-Joachim: »Daß die beste Republik ein kunstsinniger, kunstverständiger Fürst ist« – Georg II. und die Meininger Hofkapelle in der »Ära Bülow«. In: Maren Goltz / Werner Greiling / Johannes Mötsch (Hrsg.): Herzog Georg II. von Sachsen-Meiningen (1826–1914). Kultur als Behauptungsstrategie? Köln / Weimar / Wien 2015, S. 415–426.

Hofe, Alexander vom: Vier Prinzen zu Schaumburg-Lippe und das parallele Unrechtssystem. Madrid 2006.

Hofe, Alexander vom: Vier Prinzen zu Schaumburg-Lippe, Kammler und von Behr. Madrid 2013.

Hoffmann, Ronald: Die Domänenfrage in Thüringen. Über die vermögensrechtlichen Auseinandersetzungen mit den ehemaligen Landesherren in Thüringen nach dem Ersten Weltkrieg. Frankfurt am Main 2006.

Hoffmann, Ronald: Die vermögensrechtlichen Auseinandersetzungen zwischen dem Freistaat Thüringen und dem fürstlichen Haus Schwarzburg nach dem Ersten Weltkrieg. In: Stefan Gerber (Hrsg.): Das Ende der Monarchie in den deutschen Kleinstaaten. Vorgeschichte, Ereignis und Nachwirkungen in Politik und Staatsrecht 1914–1939. Wien / Köln / Weimar 2018, S. 321–342.

Hoffmeier, Dieter: Die Meininger. Ihre europaweit wirkende Inszenierungskunst. Jena / Quedlinburg 2018.

Hofmann, Arne: Obsoleter Monarchismus als Erbe der Monarchie: Das Nachleben der Monarchie im Monarchismus nach 1918. In: Thomas Biskup / Martin Kohlrausch (Hrsg.): Das Erbe der Monarchie. Nachwirkungen einer deutschen Institution seit 1918. Frankfurt / New York 2008, S. 241–260.

Horn, Michael: Zwischen Abdankung und Absetzung. Das Ende der Herrschaft der Bundesfürsten des Deutschen Reichs im November 1918. In: Susan Richter / Dirk Dirbach (Hrsg.): Thronverzicht. Die Abdankung in Monarchien vom Mittelalter bis in die Neuzeit. Köln / Weimar / Wien 2010, S. 267–290.

Hirscher, Christa / Hahnemann, Ulrich: Das Fürstliche Haus Schwarzburg-Sondershausen. Werl 2004.

Huber, Engelbert: Marie Gabrielle Prinzessin von Bayern. 2., verbesserte und vermehrte Aufl. Diessen vor München 1913.

Huber, Ernst Rudolf: Das persönliche Regiment Wilhelms II. In: Ders.: Nationalstaat und Verfassungsstaat. Studien zur Geschichte der modernen Staatsidee. Stuttgart 1965, S. 224–248.

Huldén, Anders: Finnlands deutsches Königsabenteuer 1918. Reinbek 1997.

Ilgenstein, Wilhelm / Ilgenstein-Katterfeld, Anna (Hrsg.): Friedrich I. und Friedrich II.: Die letzten Großherzöge von Baden. Ein Gedenkbuch zum 25. Todestag Friedrich II. Karlsruhe 1954.

Jakob, Andrea: Umbruch und Kontinuität – die Novemberrevolution im Herzogtum Sachsen-Meiningen. In: Stefan Gerber / Maren Goltz (Hrsg.): Herzog Bernhard III. von Sachsen-Meiningen (1851–1928). Zwischen Erwartung und Realität. Wien / Köln / Weimar 2021, S. 147–199.

John, Anke: Die Entwicklung der beiden mecklenburgischen Staaten im Spannungsfeld von Landesgrundgesetzlichem Erbvergleich und Bundes- bzw. Reichsverfassung. Rostock 1997.

Jung, Otmar: Volksgesetzgebung. Die »Weimarer Erfahrungen« aus dem Fall der Vermögensauseinandersetzungen zwischen Freistaaten und ehemaligen Fürsten. 2. Aufl. Hamburg 1996.

Kasten, Bernd: Der letzte Großherzog – Friedrich Franz IV. von Mecklenburg-

Schwerin (1882–1945). In: Mecklenburgische Jahrbücher 122 (2007), S. 253–285.

Kasten, Bernd: Bismarck und der Weltuntergang in Mecklenburg – Zur Geschichte eines historischen Zitats. In: Mecklenburgische Jahrbücher 123 (2008), S. 229–240.

Kasten, Bernd: Friedrich Franz IV. Das Ende des Hauses Mecklenburg. In: Ders. / Matthias Manke / René Wiese (Hrsg.): Die Großherzöge von Mecklenburg-Schwerin. Rostock 2015, S. 126–145.

Kaufhold, Karl Heinrich: Fürstenabfindung oder Fürstenenteignung? Der Kampf um das Hausvermögen der ehemaligen regierenden Fürstenhäuser im Jahre 1926 und die Innenpolitik der Weimarer Republik. In: Markus A. Denzel / Günther Schulz (Hrsg.): Deutscher Adel im 19. und 20. Jahrhundert. St. Katharinen 2004. S. 261–285.

Kern, Volker / Müller, Herta (Red.): Die Meininger kommen! Hoftheater und Hofkapelle zwischen 1874 und 1914 unterwegs in Deutschland und Europa. Meiningen 1999.

Kirschstein, Jörg: KaiserKinder. Die Familie Wilhelms II. in Fotografien. Göttingen 2011.

Kirschstein, Jörg: Kaisertochter und Welfenprinz. Die glanzvolle Hochzeit von Victoria Luise und Ernst August im Jahr 1913. In: Stiftung Residenzschloss Braunschweig (Hrsg.): Europas letztes Rendezvous. Die Hochzeit von Victoria Luise und Ernst August. Braunschweig 2013, S. 16–55.

Kirschstein, Jörg: Kronprinzessin Cecilie. Eine Bildbiographie. 3., aktualisierte Aufl. Berlin 2020.

Kirschstein, Jörg: Auguste Victoria. Porträt einer Kaiserin. Berlin 2021.

Klein, Sven Michael: Fürst Heinrich XXII. Reuß Aelterer Linie. Sein Leben, sein Wirken und seine Zeit. Greiz 2002.

Knodt, Manfred: Ernst Ludwig Großherzog von Hessen und bei Rhein. Sein Leben und seine Zeit. Darmstadt 1978.

Knorring, Marc von: Ungleiche Brüder? Prinz Albert und Herzog Ernst II. von Sachsen-Coburg und Gotha als Förderer von Kunst, Bildung und Wissenschaft. In: Frank-Lothar Kroll / Martin Munke (Hrsg.): Hannover – Coburg-Gotha – Windsor. Probleme und Perspektiven einer vergleichenden deutsch-britischen Dynastiegeschichte vom 18. bis in das 20. Jahrhundert / Problems and perspectives of a comparative German-British dynastic history from the 18th to the 20th century. Berlin 2015, S. 147–173.

Knorring, Marc von: Nur Moderatoren und Medienstars? Europäische Herrscherfamilien seit dem Zweiten Weltkrieg. In: Ders. / Benjamin Hasselhorn (Hrsg.): Vom Olymp zum Boulevard: Die europäischen Monarchien von 1815 bis heute – Verlierer der Geschichte? Berlin 2018, S. 61–80.

Koch, Alfred: Schloß Schwarzburg im Zweiten Weltkrieg. In: Rudolstädter Heimathefte 42 (1996), S. 112–115, 149–153.

Koch, Ingeborg: Die Bundesfürsten und die Reichspolitik in der Zeit Wilhelms II. München 1961.

Körner, Hans-Michael: Ludwig III. Totengräber der Monarchie? In: Alois Schmid / Katharina Weigand (Hrsg.): Die Herrscher Bayerns. 25 historische Portraits von Tassilo III. bis Ludwig III. München 2001, S. 376–388.

Kretzschmar, Hellmut: Das sächsische Königtum im 19. Jahrhundert. Ein Beitrag zur Typologie der Monarchie in Deutschland. In: Ders.: Vom Anteil Sachsens an der neueren deutschen Geschichte. Ausgewählte Aufsätze. Hrsg. von Reiner Groß und Manfred Kobuch. Stuttgart 1999, S. 478–513.

Kroll, Frank-Lothar: Utopie als Ideologie. Geschichtsdenken und politisches Handeln im Dritten Reich. 2., durchgesehene Aufl. Paderborn / München / Wien / Zürich 1999.

Kroll, Frank-Lothar: Monarchen als Gelehrte. Zum Typus des »homme de lettre« in den deutschen Fürstenstaaten des 19. Jahrhunderts. In: König Johann von Sachsen. Zwischen zwei Welten. Halle / Saale 2001, S. 135–140.

Kroll, Frank-Lothar: Hessen. Eine starke Geschichte. Darmstadt 2006.

Kroll, Frank-Lothar: Die Hohenzollern. München 2008.

Kroll, Frank-Lothar: Stufen und Wandlungen der Fürstenherrschaft in Brandenburg-Preußen. In: Ders. (Hrsg.): Preußens Herrscher. Von den ersten Hohenzollern bis Wilhelm II., 4. ergänzte und erweiterte Aufl. München 2009, S. 9–25.

Kroll, Frank-Lothar: Wilhelm II. (1888–1918). In: Ders. (Hrsg.): Preußens Herrscher. Von den ersten Hohenzollern bis Wilhelm II., 4. ergänzte und erweiterte Aufl. München 2009, S. 390–310, 338–341.

Kroll, Frank-Lothar: Geschichtswissenschaft in politischer Absicht. Hans-Joachim Schoeps und Preußen. Berlin 2010.

Kroll, Frank-Lothar: Friedrich August III. 1904–1918. In: Ders. (Hrsg.): Die Herrscher Sachsens. Markgrafen, Kurfürsten, Könige 1089–1918. 3., durchgesehene Aufl. München 2013, S. 306–319, 351–352.

Kroll, Frank-Lothar: Geburt der Moderne. Politik, Gesellschaft und Kultur vor dem Ersten Weltkrieg. Berlin 2013.

Kroll, Frank-Lothar: Geschichte Sachsens. München 2014.

Kroll, Frank-Lothar: Die Idee eines sozialen Königtums im 19. Jahrhundert. In: Ders. / Dieter J. Weiß (Hrsg.): Inszenierung oder Legitimation? / Monarchy and the Art of Representation. Die Monarchie in Europa im 19. und 20. Jahrhundert. Ein deutsch-englischer Vergleich. Berlin 2015, S. 111–140.

Kroll, Frank-Lothar: Monarchische Modernisierung. Überlegungen zum Verhältnis von Königsherrschaft und Elitenanpassung im Europa des 19. und frühen 20. Jahrhunderts. In: Ders. / Martin Munke (Hrsg.): Hannover – Coburg-Gotha – Windsor. Probleme und Perspektiven einer vergleichenden deutsch-britischen Dynastiegeschichte vom 18. bis in das 20. Jahrhundert / Problems and perspectives of a comparative German-British dynastic history from the 18th to the 20th century. Berlin 2015, S. 201–242.

Kroll, Frank-Lothar: Geschichte Hessens. 3., erweiterte und ergänzte Aufl. München 2017.

Kroll, Frank-Lothar: Möglichkeiten und Grenzen dynastischer Netzwerkbildung im 19. und frühen 20. Jahrhundert. In: Joachim Horn / Alexander Jehn / Hans Sarkowicz / Rainer von Hessen (Hrsg.): Die Battenbergs. Eine europäische Familie. Wiesbaden 2019, S. 31–48.

Kroll, Frank-Lothar / Hillgruber, Christian / Wolffsohn, Michael (Hrsg.): Die Hohenzollerndebatte. Beiträge zu einem geschichtspolitischen Streit. Berlin 2021.

Kroll, Frank-Lothar: »Preußische Tugenden« – Eine Maske für den totalitären Staat? In: Daniel E. D. Müller / Christoph Studt (Hrsg.): Vom bürgerlichen Humanismus zum »Herrenmenschentum«. Die Transformation moralischer Werte als Ausgangspunkt für den Widerstand im »Dritten Reich«. Tagungsband zur XXXII. Königswinterer Tagung. Augsburg 2021, S. 61–70.

Kroll, Frank-Lothar: Das Dritte Reich, England und Europa. In: Ders. / Franziska Bartl / Stefan Schieren (Hrsg.): Britannien und Europa / Britain and Europe. Entwicklungslinien und Zukunftsperspektiven vom Mittelalter bis in das 20. Jahrhundert / Developments and Future Prospects from the Middle Ages to the 21st Century. Berlin 2022, S. 75–93.

Landewé, Wendy: Mit dem Kaiser ins Exil. Die Tagebücher von Sigurd von Ilsemann (1884–1952). In: Gunnar Teske (Hrsg.): Adelige über sich selbst. Selbstzeugnisse in nordwestdeutschen und niederländischen Adelsarchiven. Münster 2015, S. 89–100.

Langhof, Peter: Reflektiertes Leben. Die persönlichen Tagebücher der Anna Luise von Schönburg-Waldenburg, letzter Fürstin zu Schwarzburg. In: Michael Gockel / Volker Wahl (Hrsg.): Thüringische Forschungen. Festschrift für Hans Eberhardt zum 85. Geburtstag am 25. September 1993. Weimar / Köln / Wien 1993, S. 475–490.

Lengemann, Jochen: Günther Fürst zu Schwarzburg, letzter regierender Fürst in Deutschland und Wilhelm Starck, sein erster Staatsminister. In: Zeitschrift des Vereins für Thüringische Geschichte 48 (1994), S. 115–132.

Lommatzsch, Erik: Kaiserin Auguste Victoria (1858–1921). Die allerhöchste Sozialarbeiterin des Deutschen Reiches. In: Michael Häusler / Jürgen Kampmann (Hrsg.): Protestantismus in Preußen. Lebensbilder aus seiner Geschichte. Bd. 3: Von der Mitte des 19. Jahrhunderts bis zum Ersten Weltkrieg. Frankfurt am Main 2013, S. 287–303.

Maaß, Rainer: Das Unglück von Ostende. Der Flugzeugabsturz der großherzoglichen Familie von Hessen am 16. November 1937. In: Archiv für hessische Geschichte 77 (2019), S. 183–203.

Machtan, Lothar: Der Kaisersohn bei Hitler. Hamburg 2006.

Machtan, Lothar: Die Abdankung. Wie Deutschlands gekrönte Häupter aus der Geschichte fielen. Berlin 2008.

Machtan, Lothar: Der erstaunlich lautlose Untergang von Monarchie und Bundesfürstentum – ein Erklärungsangebot. In: Alexander Gallus (Hrsg.): Die vergessene Revolution von 1918/19. Göttingen 2010, S. 39–56.

Machtan, Lothar: Deutschlands gekrönter Herrscherstand am Vorabend des Ersten Weltkriegs. Ein Inspektionsbericht zur Funktionstüchtigkeit des deutschen Monarchie-Modells. In: Zeitschrift für Geschichtswissenschaft 58 (2010), S. 222–242.

Machtan, Lothar: Der Endzeitkanzler. Prinz Max von Baden und der Untergang des Kaiserreiches. Darmstadt 2018.

Machtan, Lothar: Kaisersturz. Vom Scheitern im Herzen der Macht. Darmstadt 2018.

Machtan, Lothar: Der Kronprinz und die Nazis. Hohenzollerns blinder Fleck. Berlin 2021.

Machtan, Lothar: Von Deutschlands Monarchie zur deutschen Demokratie. Die politische Signatur einer Zeitenwende. In: Bernd Braun (Hrsg.): Es lebe die Republik? Der Erste Weltkrieg und das Ende der Monarchien in Deutschland und Europa. Göttingen 2021, S. 22–44.

Machtan, Lothar / Brandt, Peter: Zu den Überlebenschancen der Monarchie in Deutschland im Herbst 1918. Zwei Kontroverse Positionen. In: Zeitschrift für Geschichtswissenschaft 63 (2015), S. 262–272.

Malinowski, Stephan: Vom König zum Führer. Sozialer Niedergang und politische Radikalisierung im deutschen Adel zwischen Kaiserreich und NS-Staat. 3., durchgesehene Aufl. Berlin 2003.

Malinowski, Stephan: Die Hohenzollern und die Nazis. Geschichte einer Kollaboration. Berlin 2021.

März, Stefan: Das Haus Wittelsbach im Ersten Weltkrieg. Chance und Zusammenbruch monarchischer Herrschaft. Regensburg 2013.

März, Stefan: Ludwig III. Bayerns letzter König. Regensburg 2014.

März, Stefan: Prinzregent Luitpold. Herrscher ohne Krone. Regensburg 2021.

Manke, Matthias / Münch, Ernst (Hrsg.): Verfassung und Lebenswirklichkeit. Der Landesgrundgesetzliche Erbvergleich von 1755 in seiner Zeit. Lübeck 2006.

Matzerath, Josef: Ein Königlicher Weg. Reflexe der Depossedierung des sächsischen Königs Friedrich August III. im kulturellen Gedächtnis. In: Jahrbuch Staatliche Schlösser, Burgen und Gärten Sachsens 13 (2005), S. 171–174.

Meien, Joachim von: Kleinstaat und Weltkrieg. Das Fürstentum Schaumburg-Lippe 1914–1918. Bielefeld 2012.

Meinl, Susanne: Nationalsozialisten gegen Hitler. Die nationalrevolutionäre Opposition um Friedrich Wilhelm Heinz. Berlin 2000.

Möckl, Karl: Die Prinzregentenzeit. Gesellschaft und Politik während der Ära des Prinzregenten Luitpold in Bayern. München / Wien 1972.

Möckl, Karl (Hrsg.): Hof und Hofgesellschaft in den deutschen Staaten im 19. und beginnenden 20. Jahrhundert. Büdinger Forschungen zur Sozialgeschichte 1985 und 1986. Boppard am Rhein 1990.

Müller, Frank Lorenz: Symptomatisch für den Niedergang des Bismarck-Reiches? Die leise Entkrönung der kleineren deutschen Königreiche im November 1918. In: Holger Afflerbach / Ulrich Lappenküper (Hrsg.): 1918. Das Ende des Bismarck-Reiches? Paderborn 2021, S. 79–99.

Müller, Leonhard: Friedrich II. Großherzog von Baden. In: Lebensbilder aus Baden-Württemberg 20 (2001), S. 341–366.

Murk, Karl: »Lasst uns bitten, Gott den Herrn, dass nicht verlösch der waldecksche Stern« – Der lange Abschied von der Monarchie in Waldeck-Pyrmont. In: Stefan Gerber (Hrsg.): Das Ende der Monarchie in den deutschen Kleinstaaten. Vorgeschichte, Ereignis und Nachwirkungen in Politik und Staatsrecht 1914–1939. Wien / Köln / Weimar 2018, S. 109–123.

Neugebauer, Wolfgang: Die Hohenzollern. Bd 1: Anfänge, Landesstaat und monarchische Autokratie bis 1740. Stuttgart / Berlin / Köln 1996; Bd. 2: Dynastie im säkularen Wandel. Von 1740 bis in das 20. Jahrhundert. Stuttgart 2003.

Neuhaus, Helmut: Das Ende der Monarchien in Deutschland 1918. In: Historisches Jahrbuch 111 (1991), S. 102–136.

Nicholas, Susanne: Parlamentarische Repräsentanz oder Ständevertretung? Der Verfassungskampf in Mecklenburg. In: Modernisierung und Freiheit. Beiträge zur Demokratiegeschichte in Mecklenburg-Vorpommern. Schwerin 1995, S. 722–743.

Nicklas, Thomas: Das Haus Sachsen-Coburg. Europas späte Dynastie. Stuttgart 2003.

Nicklas, Thomas: Von der Regionalität zum europäischen Konnubium. Sachsen-Coburgs Heiratspolitik zwischen Früher Neuzeit und 19. Jahrhundert. In: Jahrbuch für Europäische Geschichte 8 (2007), S. 103–119.

Oberbreyer, Max: Zwanzig Jahre Fürst zu Schwarzburg. Ein Lebensbild des regierenden Fürsten Günther zu Schwarzburg-Rudolstadt-Sondershausen. Dresden 1910.

Dem Wohle Oldenburgs gewidmet. Aspekte sozialen und kulturellen Wirkens des Hauses Oldenburg 1773–1918. Oldenburg 2004.

Oncken, Hermann: Großherzog Peter von Oldenburg (1827–1900). Ein Nachruf. In: Ders.: Historisch-politische Aufsätze und Reden. Bd. 2. München / Berlin 1914, S. 35–92.

Otto, Martin: Revolution auf Raten. Das Ende der Monarchie in den deutschen Kleinstaaten als politischer Prozess. In: Stefan Gerber (Hrsg.): Das Ende der Monarchie in den deutschen Kleinstaaten. Vorgeschichte, Ereignis und Nachwirkungen in Politik und Staatsrecht 1914–1939. Wien / Köln / Weimar 2018, S. 85–108.

Ottomeyer, Hans: Vom wahren Wert der Kunst. In: Frank-Lothar Kroll / Christian Hillgruber / Michael Wolffsohn (Hrsg.): Die Hohenzollerndebatte. Beiträge zu einem geschichtspolitischen Streit. Berlin 2021, S. 335–346.

Pekelder, Jacco / Schenk, Joep / Bas, Cornelis van der: Der Kaiser und das »Dritte

Reich«. Die Hohenzollern zwischen Restauration und Nationalsozialismus. Göttingen 2021.

Petropoulos, Jonathan: Royals and the Reich. The Princes von Hessen in Nazi Germany. New York 2006.

Pfizer, Theodor: Albrecht Herzog von Württemberg (1865–1939). In: Robert Uhland (Hrsg.): 900 Jahre Haus Württemberg. Leben und Leistung für Land und Volk. Stuttgart / Berlin / Köln / Mainz 1984, S. 363–378.

Philippi, Hans: Preußen und die braunschweigische Thronfolgefrage 1866–1913. Hildesheim 1966.

Post, Bernhard: Wilhelm Ernst von Sachsen-Weimar-Eisenach. Ein Monarch im Spannungsfeld von kulturellem Erbe und dem Beginn der Moderne. In: Ronald G. Asch / Johannes Arndt / Mattias Schnettger (Hrsg.): Die frühneuzeitliche Monarchie und ihr Erbe. Festschrift für Heinz Duchhardt zum 60. Geburtstag. Münster / New York / München / Berlin 2003, S. 261–286.

Post, Bernhard / Werner, Dietrich: Herrscher in der Zeitenwende. Wilhelm Ernst von Sachsen-Weimar-Eisenach 1876–1923. Jena 2006.

Pöthe, Angelika: Menschen, Literatur, Träume – das kulturelle Leben Weimars zur Zeit Carl Alexanders. In: Jürgen John (Hrsg.): Kleinstaat und Kultur in Thüringen vom 16. bis 20. Jahrhundert. Weimar / Köln / Wien 1994, S. 453–469.

Pöthe, Angelika: Carl Alexander. Mäzen in Weimars Silberner Zeit. Köln 1998.

Pyta, Wolfram / Orth, Rainer: Nicht alternativlos. Wie ein Reichskanzler Hitler hätte verhindert werden können. In: Historische Zeitschrift 312 (2021), S. 400–444.

Regener, Ralf: Der Sturz der Askanier 1918 in Anhalt. Bedingungen, Verlauf und Nachwirkungen des Untergangs einer kleinstaatlichen deutschen Monarchie. 2., korrigierte Aufl. Dessau-Roßlau 2014.

Regener, Ralf: Ein vergessener Herrscher – Biographische Studien zu Herzog Friedrich II. von Anhalt. In: Mitteilungen des Vereins für Anhaltische Landeskunde 25 (2016), S. 137–154.

Regener, Ralf: Fürstliche Abfindungen – Die Askanier und der Freistaat Anhalt nach 1918. In: Ders. (Hrsg.): 800 Jahre Anhalt. Magdeburg 2016, S. 34–43.

Regener, Ralf: Ein vergessener Herrscher – Biographische Studien zu Herzog Eduard von Anhalt. In: Mitteilungen des Vereins für Anhaltische Landeskunde 26 (2017), S. 141–146.

Reichold, Helmut: Der Streit um die Thronfolge im Fürstentum Lippe 1895–1905. Münster 1967.

Reichold, Helmut: Bismarcks Zaunkönige. Duodez im 20. Jahrhundert. Eine Studie zum Föderalismus im Bismarckreich. Paderborn 1977.

Riehl, Hans: Als die deutschen Fürsten fielen. München 1979.

Rombeck-Jaschinski, Ursula: König Wilhelm II. und das Ende der Monarchie in Württemberg. In: Bernd Braun (Hrsg.): Es lebe die Republik? Der Erste Welt-

krieg und das Ende der Monarchien in Deutschland und Europa. Göttingen 2021, S. 71–89.
Rüster, Hagen. Der Fürst als Skandal. Reuss älterer Linie und die politische Presse 1867–1902. In: Stefan Gerber (Hrsg.): Das Ende der Monarchie in den deutschen Kleinstaaten. Vorgeschichte, Ereignis und Nachwirkungen in Politik und Staatsrecht 1914–1939. Wien / Köln / Weimar 2018, S. 41–62.
Sabrow, Martin: Die Hohenzollern nach dem Sturz der Monarchie. In: Andreas Braune / Michael Dreyer / Markus Lang / Ulrich Lappenküper (Hrsg.): Einigkeit und Recht, doch Freiheit? Das Deutsche Kaiserreich in der Demokratiegeschichte und Erinnerungskultur. Stuttgart 2021, S. 321–340.
Sandner, Harald: Das Haus Sachsen-Coburg und Gotha 1826 bis 2001. Coburg 2001.
Sandner, Harald: Hitlers Herzog. Carl-Eduard von Sachsen-Coburg und Gotha. Die Biographie. Aachen 2011.
Sauer, Paul: Württembergs letzter König. Das Leben Wilhelms II. 2. Aufl. Stuttgart 1994.
Scheeben, Elisabeth: Ernst II., Herzog von Sachsen-Coburg und Gotha. Studien zu Biographie und Weltbild eines liberalen deutschen Bundesfürsten in der Reichsgründungszeit. Frankfurt am Main 1987.
Schmeling, Anke: Josias Erbprinz zu Waldeck und Pyrmont. Der politische Weg eines hohen SS-Führers. Kassel 1993.
Schmid, Stephan G.: Bernhard III. von Sachsen-Meiningen und die Altertumswissenschaften. In: Stefan Gerber / Maren Goltz (Hrsg.): Herzog Bernhard III. von Sachsen-Meiningen (1851–1928). Zwischen Erwartung und Realität. Wien / Köln / Weimar 2021, S. 113–146.
Schmidt, Berthold: Die Reußen. Genealogie des Gesamthauses Reuß älterer und jüngerer Linie, sowie der ausgestorbenen Vogtslinien zu Weida, Gera und Plauen und der Burggrafen zu Meißen aus dem Hause Plauen. Schleiz 1903.
Schmidt, Burkhard: Die Vermögensauseinandersetzung zwischen dem welfischen Herzogshaus und dem Freistaat im Lande Braunschweig. In: Stefan Gerber (Hrsg.): Das Ende der Monarchie in den deutschen Kleinstaaten. Vorgeschichte, Ereignis und Nachwirkungen in Politik und Staatsrecht 1914–1939. Wien / Köln / Weimar 2018, S. 301–320.
Schneider, Hannelore: Der Domänenstreit in Sachsen-Meiningen. In: Michael Gockel / Volker Wahl (Hrsg.): Thüringische Forschungen. Festschrift für Hans Eberhardt zum 85. Geburtstag am 25. September 1993. Weimar / Köln / Wien 1993, S. 429–450.
Schneider, Hannelore: Nachklassische Kultur und konservativ-humanistische Politik Georgs II. von Sachsen-Meiningen. In: Jürgen John (Hrsg.): Kleinstaat und Kultur in Thüringen vom 16. bis 20. Jahrhundert. Weimar / Köln / Wien 1994, S. 471–488.
Schneider, Karl Heinz: 1918 im Kleinstaat – Vorgeschichte und Folgen in Schaum-

burg-Lippe. Eine Annäherung. In: Stefan Gerber (Hrsg.): Das Ende der Monarchie in den deutschen Kleinstaaten. Vorgeschichte, Ereignis und Nachwirkungen in Politik und Staatsrecht 1914–1939. Wien / Köln / Weimar 2018, S. 147–160.

Schöbel, Anja: Monarchie und Öffentlichkeit. Zur Inszenierung der deutschen Bundesfürsten 1848–1918. Köln / Weimar / Wien 2017.

Schönpflug, Daniel / Holsten, Henning: Liebe auf den ersten Blick: Die Hochzeit von Viktoria Luise von Preußen und Ernst August von Cumberland. In: Meike Buck / Maik Ohnezeit / Heike Pöppelmann (Hrsg): 1913 – Herrlich moderne Zeiten? Braunschweig 2013, S. 34–42.

Schönpflug, Daniel / Holsten, Henning: Widersprüche eines dynastischen Gipfeltreffens im Jahr 1913. In: Ute Daniel / Christian K. Frey (Hrsg.): Die preußisch-welfische Hochzeit 1913. Das dynastische Europa in seinem letzten Friedensjahr. Braunschweig 2016, S. 50–68.

Schöppl, Heinrich Ferdinand: Die Regenten des Fürstentums Schwarzburg-Rudolstadt. Rudolstadt 1915.

Schoeppl, Heinrich Ferdinand: Die Herzoge von Sachsen-Altenburg. Mit einem Vorwort von S. H. Franz Prinz von Sachsen-Altenburg. Bozen 1917.

Schüren, Ulrich: Der Volksentscheid zur Fürstenenteignung 1926. Die Vermögensauseinandersetzung mit den depossedierten Landesherren als Problem der deutschen Innenpolitik unter besonderer Berücksichtigung der Verhältnisse in Preußen. Düsseldorf 1978.

Schwarz, Manuel: »Die Throne brachen, und Dynastien […] sind vom Schauplatz ihres Daseins verschwunden.« Zeitenwende in den Thüringer Fürstentümern 1900–1918. In: Stefan Gerber (Hrsg.): Das Ende der Monarchie in den deutschen Kleinstaaten. Vorgeschichte, Ereignis und Nachwirkungen in Politik und Staatsrecht 1914–1939. Wien / Köln / Weimar 2018, S. 181–198.

Schwarz, Manuel: »Nein, ich sehe schwarz, sehr schwarz in die Zukunft…«. Bernhard III. im Verhältnis zur Generation der »Übergangsfürsten«. In: Stefan Gerber / Maren Goltz (Hrsg.): Herzog Bernhard III. von Sachsen-Meiningen (1851–1928). Zwischen Erwartung und Realität. Wien / Köln / Weimar 2021, S. 83–106.

Schwarzmaier, Hansmartin: Baden. Dynastie – Land – Staat. Stuttgart 2005.

Stamatopoulos, Costas M.: Monarchy in Modern Greece. Athen 2017.

Steckhan, Peter: Herzog und Kaisertochter. Ernst August von Braunschweig und Victoria Luise von Preußen. Göttingen 2019.

Steinführer, Henning: Monarchische Inszenierung und bürgerliche Organisation. Der Einzug des Herzogspaares am 3. November 1913 in Braunschweig. In: Ders. / Gerd Biegel (Hrsg.): 1913 – Braunschweig zwischen Monarchie und Moderne. Braunschweig 2015, S. 152–169.

Steinwascher, Gerd: Die Oldenburger. Die Geschichte einer europäischen Dynastie. Stuttgart 2011.

Strelow, Heinz-Siegfried: Ein Niedersachse sollte König von Island werden. Die kaum bekannte Episode aus dem Leben eines Schaumburger Prinzen. In: Heimatland 4 / Oktober 2018, S. 159–163.

Stribrny, Wolfgang: Der Versuch einer Kandidatur des Kronprinzen Wilhelm bei der Reichspräsidentenwahl 1932. In: Ernst Heinen / Hans Julius Schoeps (Hrsg.): Geschichte in der Gegenwart. Festschrift für Kurt Kluxen zu seinem 60. Geburtstag. Paderborn 1972, S. 199–210.

Thümler, Björn: Dynastisches Kulturerbe in der demokratischen Gesellschaft. Die Sicherung des Schlosses Marienburg für die Öffentlichkeit. In: Frank-Lothar Kroll / Christian Hillgruber / Michael Wolffsohn (Hrsg.): Die Hohenzollerndebatte. Beiträge zu einem geschichtspolitischen Streit. Berlin 2021, S. 347–367.

Toom, Friedhild den / Klein, Sven Michael: Hermine – die zweite Gemahlin von Wilhelm II. Greiz 2007.

Ulbricht, Justus H.: Wilhelm Ernst von Sachsen-Weimar-Eisenach. Landesherr – Monarch – Mäzen. Weimar 2016.

Ulmer, Renate: »Mein Hessenland blühe und in ihm die Kunst« – Großherzog Ernst Ludwig von Hessen und bei Rhein. In: Bernd Heidenreich / Eckhart G. Franz (Hrsg.): Kronen, Kriege, Künste. Das Haus Hessen im 19. und 20. Jahrhundert. Frankfurt am Main 2009, S. 164–189.

Urbach, Karina: Nützliche Idioten. Die Hohenzollern und Hitler. In: Thomas Biskup / Truc Vu Minh / Jürgen Luh (Hrsg.): Preußendämmerung. Die Abdankung der Hohenzollern und das Ende Preußens. Heidelberg 2019, S. 65–93.

Wecker, Fritz: Unsere Landesväter. Wie sie gingen, wo sie blieben. Berlin 1928.

Weiß, Dieter J.: Zwischen Revolution und Restauration. Zum Tod und zu den Beisetzungsfeierlichkeiten für König Ludwig III. von Bayern. In: Petronilla Gietl (Hrsg.): Vom Wiener Kongreß bis zur Wiedervereinigung Deutschlands. Betrachtungen zu Deutschland und Österreich im 19. und 20. Jahrhundert. Festschrift für Hubert Rumpel zum 75. Geburtstag. München 1997, S. 183–206.

Weiß, Dieter J.: Kronprinz Rupprecht von Bayern – Thronprätendent in einer Republik. In: Markus A. Denzel / Günther Schulz (Hrsg.): Deutscher Adel im 19. und 20. Jahrhundert. St. Katharinen 2004, S. 445–460.

Weiß, Dieter J.: Kronprinz Rupprecht von Bayern (1869–1955). Eine politische Biografie. Regensburg 2007.

Weiß, Dieter J.: Das Wittelsbacher Königtum – Entwicklung des Legitimitätsprinzips. In: Benjamin Hasselhorn / Marc von Knorring (Hrsg.): Vom Olymp zum Boulevard: Die europäischen Monarchien von 1815 bis heute – Verlierer der Geschichte? Berlin 2018, S. 157–174.

Westphalen, Gerlinde Gräfin von: Anna Luise von Schwarzburg. Die letzte Fürstin. 4., aktualisierte Aufl. Jena 2015.

Wieden, Helge bei der: Der Ausgang der in Strelitz regierenden Linie des Hauses Mecklenburg. In: Der Herold, N. F. 13 (1992), S. 349–356.

Wieden, Helge bei der: Schaumburg-Lippische Genealogie. Stammtafeln der Gra-

fen – später Fürsten – zu Schaumburg-Lippe bis zum Thronverzicht 1918. 2., ergänzte Aufl. Melle 1995.
Winker, Doreen: Günther Viktor. In: Jens Henkel / Lutz Unbehaun (Red.): Die Fürsten von Schwarzburg-Rudolstadt 1710–1918. 3. Aufl. Rudolstadt 2001, S. 161–179.
Wulf, Otto: Herzogin Victoria Luise – braunschweigische Landesmutter. In: Gerd Biegel (Hrsg.): Victoria Luise. Kaisertochter, Herzogin und Braunschweiger Bürgerin. Streiflichter aus ihrem Leben. Braunschweig 1992, S. 129–142.

Bildnachweis

akg-images: S. 36, 44, 90 (Schütze/Rodemann), 69, 76, 96, 102 (Ostdeutscher Beobachter/DRK GS), 103 (TT News Agency/SVT), 148 (INTERFOTO/HERMANN HISTORICA GmbH), 151 (Mondadori Portfolio), 154, 167, 170 (Hilbich), 184, 187 o., 193, 203 (akg-images/arkivi), 205, 206, 213, 214, 225 (Bildarchiv Monheim), 232 o.l., 232 o.r., 232 u.l. (arkivi)
Alamy: S. 109 l., 110, 144, 221
Archiv des Autors: S. 16, 27, 28 l. & r., 29, 38, 45, 52, 55, 59 l. & r., 60, 62 o. & u., 66, 71, 72, 78, 81, 84, 86, 98, 106, 109 r., 117, 120, 125, 126, 128, 132, 134, 142, 147, 155, 156, 162, 175, 177, 181, 192, 198, 202, 217, 220, 222, 227
Bundesarchiv: S. 129 (Bild 102-00051B, Foto: Georg Pahl)
Daniel Corston (www.mecklenburg-strelitz.org): S. 137, 139
Hausarchiv Burg Hohenzollern: S. 32, 42 o., 48, 83, 92, 136, 166, 169
Rainer von Hessen: Die Hessens. Geschichte einer europäischen Familie. Petersberg 2016: S. 145
Alexander vom Hofe: Vier Prinzen zu Schaumburg-Lippe, Kammler und von Behr. Madrid 2013: S. 195
Peter Palm, Berlin: S. 17/18
picture alliance: S. 35 (brandstaetter images/Schostal Archiv), 42 u. (ullstein bild), 53 (ullstein bild/Gircke), 64 (ullstein bild/Milou Steiner), 73 o. (dpa/Thomas Warnack), 73 u. (dpa/Tobias Kleinschmidt), 88, 101 (imageBROKER/Martin Moxter), 119 (arkivi), 121 (ullstein bild/Selle & Kuntze), 143 (ullstein bild/Haeckel Archiv), 150 (dpa/Richard Kroll), 157 (akg-images), 158 (imageBROKER/Ingeborg Knol), 164 (akg-images), 174 (imageBROKER/Schoening), 179 u. (ullstein bild), 187 u. (akg-images), 189 (United Archives/Werner Otto), 207 (brandstaetter images/Votava), 232 u.r. (arkivi)
Carl von Voß: Reise in den Harz 1838, hrsg. und illustriert von Rüdiger von Voss. Berlin 2020: S. 179
Wikimedia Commons: S. 94 o., 196 (Bernd Schwabe in Hannover), 224

Personenregister

Danksagung

Der Ursprung dieses Buches liegt in einer Reihe von Beiträgen, die der Verfasser zwischen 2018 und 2021 dem »Deutschen Adelsblatt« zur Verfügung gestellt hat. Das seinerzeit eher essayistisch behandelte Thema wird hier in erheblich erweiterter, um Anmerkungen, Nachweise und Detailinformationen ergänzter Form wissenschaftlich aufgearbeitet und einem größeren, an dynastie- und monarchiegeschichtlichen Fragestellungen interessierten Leserkreis präsentiert.

Zum Erscheinen des Buches haben zahlreiche helfende Hände beigetragen. Meinen bewährten Chemnitzer Mitarbeiterinnen Patricia Otto und Antonia Sophia Podhraski oblag, wie gewohnt, die sorgfältige und gewissenhafte Texterfassung. Axel und Hanelore Schneider (Meiningen), Karl-Heinz Meyer (Ballenstedt) und Beatrix Weinhold (Altenburg) halfen bei der Literatur- und Informationsbeschaffung. Mein langjähriger Freund und bewährter Kollege aus gemeinsamen Erlanger Zeiten, Prof. Dr. Dieter J. Weiss (München), gab wichtige Hinweise zum Wittelsbach-Kapitel. Stefan Schimmel (Potsdam) und Dr. Robert Zagolla (Berlin) lasen das Manuskript mit kritisch geschultem Blick und trugen durch wertvolle und weiterweisende Angaben entscheidend zu seiner endgültigen Gestalt bei. Stefan Schimmel half darüber hinaus bei der Bildbeschaffung, Dr. Robert Zagolla unterzog sich der mühevollen und zeitraubenden Auswahl reproduktionsfähiger Vorlagen und hat die Veröffentlichung auch sonst auf vielfältige und freundschaftliche Weise durch rastlosen Einsatz unterstützt, dessen Ausmaß weit über jedes erwartbare verlegerische Engagement hinausging. Ein besonderer Dank geht schließlich an Herzog Borwin zu Mecklenburg, den Chef des Hauses Mecklenburg, für die unbürokratische Bereitstellung von Bildquellen aus seinem privaten Bestand.

F.-L. K.

Über den Autor

Frank-Lothar Kroll, Prof. Dr. phil, geboren 1959, lehrt seit 2000 Europäische Geschichte des 19. und 20. Jahrhunderts an der Technischen Universität Chemnitz. Er ist Vorsitzender der Preußischen Historischen Kommisssion und der Prinz Albert-Gesellschaft. Darüber hinaus war er Vorsitzender des Wissenschaftlichen Beraterkreises der Bundesstiftung »Flucht, Vertreibung, Versöhnung« und langjähriges Mitglied in zahlreichen wissenschaftlichen Beiräten, u. a. des Instituts für Zeitgeschichte München, des Deutschen Historischen Instituts Warschau und der Forschungsgemeinschaft 20. Juli 1944.

Von ihm erschienen zahlreiche Publikationen, zuletzt u. a. »Geburt der Moderne – Politik, Gesellschaft und Kultur vor dem Ersten Weltkrieg«, »Preußen in seinen künstlerischen Ausdrucksformen« (3 Bände, als Herausgeber), »Totalitäre Profile – Zur Ideologie des Nationalsozialismus und zum Widerstandspotenzial seiner Gegner«, »Identität und Differenz – Das Problem einer integralen europäischen Geschichte« und (gemeinsam herausgegeben mit Christian Hillgruber und Michael Wolffsohn) »Die Hohenzollerndebatte – Beiträge zu einem geschichtspolitischen Streit«.